高等职业教育优质校建设轨道交通通信信号技术专业群系列教材

铁路综合调度通信系统

主　编　谢　丹　赵　慧

副主编　刘　伟　曹　冰

主　审　陈享成

西南交通大学出版社

·成　都·

图书在版编目（CIP）数据

铁路综合调度通信系统 / 谢丹，赵慧主编. —成都：
西南交通大学出版社，2019.1
高等职业教育优质校建设轨道交通通信信号技术专业
群系列教材
ISBN 978-7-5643-6730-5

Ⅰ．①铁… Ⅱ．①谢… ②赵… Ⅲ．①铁路运输－运
输调度－铁路通信－高等职业教育－教材 Ⅳ．①U285

中国版本图书馆 CIP 数据核字（2019）第 018498 号

高等职业教育优质校建设轨道交通通信信号技术专业群系列教材

铁路综合调度通信系统

主编／谢　丹　赵　慧

责任编辑／李华宇
封面设计／吴　兵

西南交通大学出版社出版发行
（四川省成都市二环路北一段 111 号西南交通大学创新大厦 21 楼　610031）
发行部电话：028-87600564　028-87600533
网址：http://www.xnjdcbs.com
印刷：成都中永印务有限责任公司

成品尺寸　185 mm×260 mm
印张　19.75　字数　492 千
版次　2019 年 1 月第 1 版　印次　2019 年 1 月第 1 次

书号　ISBN 978-7-5643-6730-5
定价　49.00 元

前　言

铁路调度通信系统作为铁路通信系统的核心之一，是铁路指挥运输的重要基础设施。作为行车调度员与其管辖的指挥区段内各个车站值班人员进行业务联系的专用通信设备，它不仅对铁路运输安全起到保障作用，而且对我国铁路交通事业也具有重要的推动作用。为适应在高速铁路 GSM-R（Global System for Mobile Communications-Railway）大环境下铁路有线、无线调度通信统一的要求，GSM-R 调度通信系统中的固定用户接入系统（FAS）得到了广泛应用。

本书针对目前铁路广泛使用的调度通信设备类型编写而成，既包括既有线路上的数字调度通信设备，又包括高速铁路上使用的综合调度设备。全书采用项目化教学方式，共分为 4 个项目，每个项目里面前半部分是理论讲解，后半部分是实验操作。项目一理论部分介绍了铁路通信业务的分类，铁路调度通信系统的定义、组成、业务特点和发展历程；实训部分以北京佳讯飞鸿电气股份有限公司生产的 MDS3400 调度产品为例，介绍了实训平台的界面组成和安装启动。项目二理论部分介绍了数字调度通信系统的原理、业务和系统运用；实训部分介绍了既有线路上使用的 FH98 设备的典型业务数据配置方法。项目三理论部分介绍了 FAS 调度设备的原理、业务和系统运用；实训部分介绍了 MDS3400 设备的典型业务数据配置方法。项目四介绍了调度系统维护及故障处理。每个项目后附有习题，可供学生复习使用。

本书由郑州铁路职业技术学院谢丹、赵慧主编，郑州铁路职业技术学院陈享成主审。其中，项目一的任务一和任务二由刘成编写，任务三由朱彦龙编写；项目二由谢丹编写；项目三的任务一和任务二由曹冰编写，任务三由刘伟编写；项目四由赵慧编写。

本书在编写及审稿过程中，得到了郑州铁路局郑州通信段、北京佳讯飞鸿电气股份有限公司等单位的大力支持，在此一并表示衷心的感谢！

由于时间过于仓促、资料搜集不全、编者水平有限，书中难免存在不足之处，望读者给予批评指正，以便再版时修订。

编　者

2018 年 11 月

目　录

项目一　认识铁路调度通信系统

任务一　铁路通信业务分类

【知识要点】

（1）铁路通信业务分类。
（2）语音通信业务分类。
（3）数据通信业务分类。

【任务目标】

（1）了解铁路通信系统分类。
（2）掌握语音通信业务的分类方法。
（3）理解数据通信业务、图像通信业务、其他业务的分类方法。

一、铁路通信业务分类

《铁路通信业务分类》（TB/T 3130）对铁路通信业务进行了详细的分类。铁路通信业务是指铁路运输组织、客货营销、经营管理等活动中所使用的通信业务，主要包括语音通信业务、数据通信业务、图像通信业务和其他业务。

二、语音通信业务

语音通信业务的分类如图 1-1 所示。

1. 普通电话业务

普通电话业务是在铁路专用电话网或者公用电话网内完成接续通话过程的通信业务。铁路专用电话网和公用电话网包括固定交换网和移动交换网。

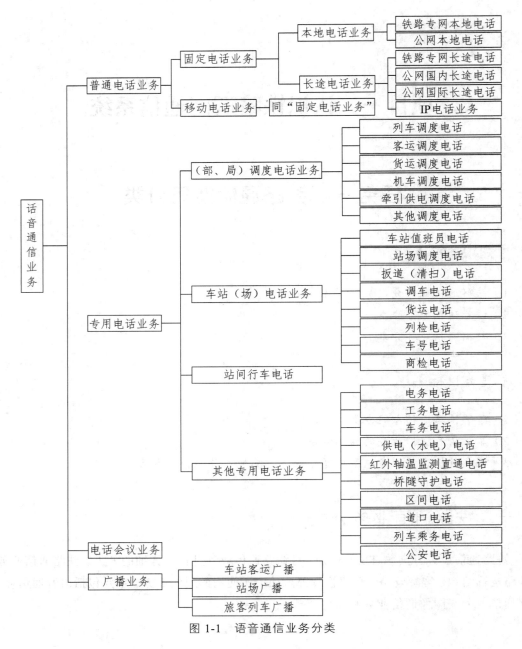

图 1-1　语音通信业务分类

1）固定电话业务

（1）本地电话业务。

铁路专网本地电话：在一个铁路专网长途区号内完成接续过程的电话业务。

公网本地电话：至少有一方用户在公用电话网内，并在一个共网长途区号内完成接续过程的电话业务。

（2）长途电话业务。

铁路专网长途电话：在铁路专用电话网内，使用铁路长途区号完成接续过程的电话业务。

公网国内长途电话：至少有一方用户在公用电话网内，使用公用电话网长途区号完成接续过程的电话业务。

公网国际长途电话：国家之间或国家与地区之间，使用国际长途区号完成接续过程的电话业务。

IP电话业务：由IP网络提供或通过电话交换网络和IP网络共同提供的电话业务，其业务范围包括国内长途IP电话业务和国际长途IP电话业务。

2）移动电话业务

为铁路运输生产人员或管理人员提供的普通移动电话业务。其业务范围包括铁路移动通信网（GSM-R）提供的移动电话业务和公众移动通信网提供的移动电话业务。移动电话业务分为本地和长途两大类，分类方式同固定电话业务。

2. 专用电话业务

专门用于铁路运输生产、指挥的电话业务。专用电话系统具有相对独立性，专用电话用户分固定用户和移动用户两类。

1）调度电话业务

为中国国家铁路集团有限公司调度指挥中心、铁路局调度所调度员与其所管辖区内有关运输生产作业人员之间业务联系使用的专用电话业务。可通过有线调度通信系统、GSM-R数字移动通信系统或列车无线调度通信系统实现。

（1）列车调度电话。

为列车调度员指挥列车运行而设置的专用电话。

（2）客运调度电话。

为客运调度员与其管辖区内的有关段值班员之间进行业务联系而设置的专用电话。

（3）货运调度电话。

为货运调度员进行货运组织和指挥车站装卸作业而设置的专用电话。

（4）机车调度电话。

为机车调度员与其管辖调度区段内的有关机车调度、机车司机之间进行业务联系而设置的专用电话。

（5）牵引供电调度电话。

为牵引供电调度员指挥其管辖调度区段内的有关牵引供电生产及调度人员进行业务联系而设置的专用电话。

（6）其他调度电话。

根据运输组织需要而设置的调度电话，如车辆调度、计划调度、煤调、燃料调度、特运调度、军运调度、罐车调度、篷布调度、港调、超限调度、集装箱调度、电务调度、工务调度等。

2）车站（场）电话业务

铁路车站（场）内进行作业指挥和业务联系的专用电话业务，包括固定电话和移动电话。

（1）车站值班员电话。

为车站值班员组织车站内运输作业及与部局调度联系而设置的专用电话。

（2）站场调度电话。

为站场值班员（调度员）指挥和组织站场内运输作业而设置的电话，简称站调电话。

（3）扳道（清扫）电话。

为车站值班员与扳道（清扫）人员进行联系而设置的专用电话。

（4）调车电话。

为铁路站（场）内调车人员进行调车作业而设置的专用电话，包括平面调车电话、驼峰调车电话和其他调车电话。

（5）货运电话。

为货运计划员和外勤货运员、车站（场）值班员、货运员、装卸所、常驻货主（专用线）、货运室值班员等之间的通信而设置的专用电话。

（6）列检电话。

为列检值班员和车检员、车站（场）值班员、车辆段调度室、红外线调度员、红外线值班员等之间的通信而设置的专用电话。

（7）车号电话。

为内勤车号员和外勤车号员及其他相关人员之间的通信而设置的专用电话。

（8）商检电话。

为商检组长和商检员及其他相关人员之间的通信而设置的专用电话。

3）站间行车电话

站间行车电话是为相邻车站（场）值班员之间办理行车事宜而设置的专用直通电话。

4）其他专用电话业务

（1）电务电话。

为电务部门及其管内段、车间（领工区）、工区人员相互间进行业务联系而设置的专用电话。

（2）工务电话。

为工务部门及其管内段、车间（领工区）、工区人员相互之间进行业务联系而设置的专用电话。

（3）车务电话。

为车务部门及其管内车站（场）工作人员相互间进行业务联系而设置的专用电话。

（4）供电（水电）电话。

为供电（水电）部门及其管内段、车间（领工区）、工区、变（配）电所人员相互间进行业务联系而设置的专用电话。

（5）红外轴温监测直通电话。

为红外轴温监测中心和监测点人员相互间通信而设置的专用电话。

（6）桥隧守护电话。

为铁路桥梁、隧道和隧道天井等地的守护人员与其指挥点相互间进行业务联系而设置的专用电话。

（7）区间电话。

为铁路沿线区间流动作业人员而设置的业务联系电话，也可作为车长或其他有关人员进行紧急防护及业务联系而设置的专用电话。

（8）道口电话。

为铁路道口值班人员与相邻车站值班员或列车司机进行业务联系而设置的专用电话。

（9）列车乘务电话。

为旅客列车乘务员之间进行作业联系而设置的专用电话。

（10）公安电话。

为铁路公安系统内公安局、公安处、公安段、车站派出所人员进行业务联系而设置的专用电话。

3．电话业务会议

通过会议汇接设备或者电话网把铁路内部两点以上的多点会议电话终端连接起来，实现多点间实时双向话音通信的业务。

4．广播业务

车站客运广播：在客运站，为客运部门指挥工作人员进行客运作业和对旅客通告乘车有关事项而使用的广播通信业务。

站场广播：在站场内，为室内外工作人员作业联系而使用的广播通信业务。

旅客列车广播：在旅客列车上，对旅客通告乘车有关事项及播送时事、文艺节目而使用的广播通信业务。

三、数据通信业务

数据通信业务分类如图 1-2 所示。

1．数据承载业务

为各类通信应用系统及信息系统组网提供数据传输通道的业务，包括运输组织信息网络通道、客运营销信息网络通道、经营管理信息网络通道及其他信息网络通道。

2．数据终端业务

数据终端业务是通过通信网络及其终端设备，直接向用户提供应用层功能的数据通信业务。

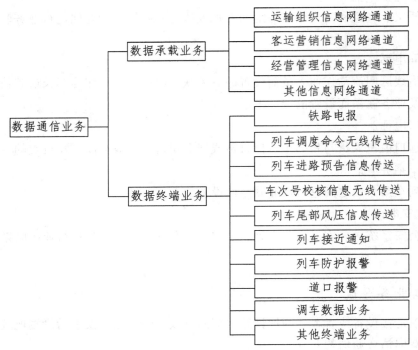

图 1-2 数据通信业务分类

1）铁路电报

铁路电报是为处理铁路公务而使用的一种文字通信业务，是铁路单位在行政管理过程中形成的具有法定效力和规范体式的文字材料。按电报性质和急缓程度，分为速投电报、急报、限时电报、列车电报、银行汇款电报、普通电报和传真电报。

2）列车调度命令无线传送

在铁路调度指挥管理系统（TDCS）或调度集中（CTC）系统中，将调度员编制的调度命令、车站值班员编制的行车凭证等信息实时传送给机车司机并显示、打印的数据应用业务。

3）列车进路预告信息传送

在调度集中（CTC）系统中，将列车运行前方站的进路开放情况实时传送到机车并显示，以提醒司机安全运行的数据应用业务。

4）车次号校核信息无线传送

在铁路调度指挥管理系统（TDCS）或调度集中（CTC）系统中，将运行中列车的车次号、机车号、列车速度、位置等信息，从机车上实时传送给调度指挥中心的数据应用业务。

5）列车尾部风压信息传送

通过机车电台与列尾主机间的无线数据通道，传送风压、查询、排风和欠压报警等信息的数据应用业务。

6）列车接近通知

由车载电台以间歇循环方式向铁路沿线作业区段或道口发送列车车次、位置（公里标）、运行速度和时间等信息的数据应用业务。

7）列车防护报警

当遇有危及行车安全的紧急情况时，为防止列车事故发生，利用专用无线报警设备向附近列车、人员发出报警信息的数据应用业务。

8）道口报警

为预防铁路道口事故并保护通过道口的列车、车辆或人员安全，利用专用报警设备向道口发出报警信息的数据应用业务。

9）调车数据业务

用于指挥编组场调车作业，为实现调车区长、调车司机、调车员、连接员、制动员等之间传递调车信令、调车信号和通信联络的数据应用业务。

10）其他数据终端业务

除上述数据应用业务以外的数据终端业务。

四、图像通信业务

1. 电视会议业务

通过电视会议系统召开的会议，会议期间电视会议系统可同时传送与会者的声音、图像信号。

2. 监视图像传送业务

用于铁路关键作业区域、列车运行和机房等监视图像传送，包括客运监视、站场监视、公安监视、消防监视、货场监视、列车监视和机房监视等。

五、其他业务

其他业务包括应急通信业务、战备通信业务和客运信息综合业务等，如图 1-3 所示。

1. 应急通信业务

在发生行车事件及自然灾害等紧急情况下，为确保实时救援指挥，在事件现场与救援中心之间、各相关救援中心之间以及现场内部进行的语音通信、图像和数据传输业务。

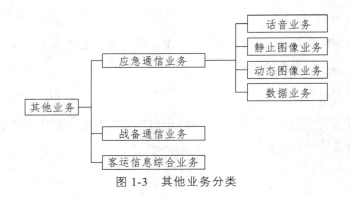

图 1-3　其他业务分类

1）话音业务

事件现场与救援中心之间、各相关救援中心之间以及现场内部的电话业务。

2）静止图像业务

为救援指挥中心人员了解现场灾情、险情和组织事故救援，将事件现场拍摄的图片传送到铁路局和中国国家铁路集团有限公司救援中心的业务。

3）动态图像业务

为救援指挥中心人员了解现场灾情、险情和组织事故救援，将事件现场拍摄的动态图像上传至铁路局和中国国家铁路集团有限公司救援中心的业务。

4）数据业务

事件现场与救援中心之间、救援中心之间的图形、文字和数据等信息的传送业务。

2. 战备通信业务

在战时和突发事件时，通过各种通信设施，采用有线通信、无线通信等多种手段，确保中国国家铁路集团有限公司—铁路局、铁路局—辖区的通信畅通的业务。

3. 客运信息综合业务

客运综合业务包括旅客通告（列车到发通告、旅客引导、旅客查询、综合显示屏）显示、车站安全监控（电视监视、旅客携带物品及行包托运安全检查设施、火灾自动报警系统、防盗监控系统）、售票及检票、旅客行包管理、车站综合信息管理及车站应用服务设施等。

复习思考题

1. 铁路话音通信业务是如何分类的？

2. 铁路调度电话业务是如何分类的？

3. 铁路应急通信业务有哪些？

4. 电话会议业务和电视会议业务分别属于哪一类通信业务？

任务二 铁路调度通信系统

【知识要点】

（1）铁路专用通信定义。
（2）铁路调度通信系统组成。
（3）调度通信系统的特点和要求。
（4）调度通信系统的业务。
（5）调度通信设备的发展历程。
（6）调度通信设备的特点。

【任务目标】

（1）掌握铁路调度通信系统组成、调度通信系统的特点和要求。
（2）理解铁路专用通信定义和调度通信系统的业务。
（3）了解调度通信设备的发展历程和调度通信设备的特点。

一、铁路专用通信定义

所谓铁路专用通信，是指直接为铁路运输生产和铁路信息化服务而设计、建设并使用的系统设施，即凡是与铁路运输有关的一切通信设施统称为铁路专用通信，其中与行车直接有关的有调度、站间、站内、区间等四项通信业务。这是根据行车组织的需要而提供的调度通信业务，其中各项通信业务有着不同的特点和要求。

二、铁路调度通信系统组成

铁路调度通信系统是直接为铁路运输生产服务的重要通信设施，它由干线调度与区段调度通信系统组成。铁路调度通信系统可实现干线调度通信、区段调度通信、站场通信、站间通信、区间通信、专用通信等与运输指挥相关的通信业务。

干线调度通信系统由铁道部（现为中国国家铁路集团有限公司）干调交换机与各铁路局干调交换机组成，负责中国国家铁路集团有限公司与各铁路局调度指挥业务，网络结构采用复合星型，如图 1-4 所示，以中国国家铁路集团有限公司调度交换机为主汇接中心，通过数字通道与各铁路局调度交换机相连，除直达路由外，还设置迂回路由确保中国国家铁路集团有限公司与各铁路局间可靠的调度通信。干线调度通信系统由中国国家铁路集团有限公司调度机械室负责统一指挥和协调各相关维护单位进行设备维护和故障处理。

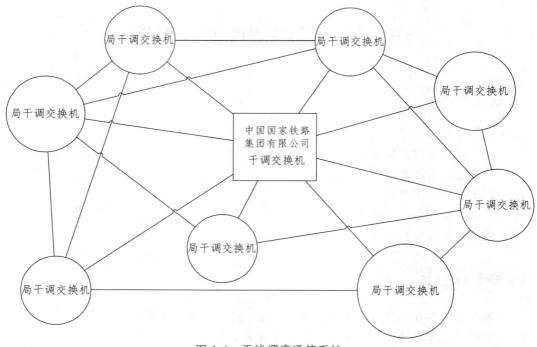

图 1-4　干线调度通信系统

　　区段调度通信系统由各铁路局调度交换机（主系统）与沿线各车站调度交换机（分系统）组成，负责铁路局与各车站调度指挥业务，网络结构采用环状，如图 1-5 所示，以闭合环路（由主用通道与保护环路构成）的形式确保铁路局管内调度通信的畅通。区段调度通信系统由铁道局调度机械室负责统一指挥和协调局管内各相关维护单位进行设备维护和故障处理。

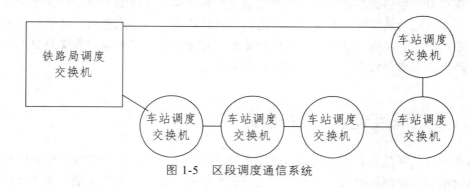

图 1-5　区段调度通信系统

三、调度通信系统的特点和要求

　　以列车调度为例，铁路局列车调度员使用的终端设备称为××列车调度台，其调度对象为所辖车站值班员、所辖区段的机务折返段和列车派班室以及与本调度台业务有关的本局或外局调度台，并包括所辖区段运行机车的机车司机间的调度。

调度通信的特点如下：

（1）是直接指挥列车运行的通信设备；

（2）调度员对车站值班员为指令型通信，值班员对调度员为请示汇报型通信；

（3）以调度员为中心，一点对多点的通信；

（4）铁路线点多线长，呈线状分布，列车调度通信系统组网也呈环状网络结构。

对调度通信的要求为：

（1）列车调度电话的电路是独立封闭型的，除应急通信区间救援电话可临时接入外，其他任何用户不允许接入；

（2）调度电话必须保证无阻塞通信，调度台处于定位受话状态，调度分机摘机便可直接呼叫调度台；

（3）调度台单键直呼所辖调度分机，并且有全呼、组呼功能；

（4）调度分机之间不允许相互直接呼叫。

四、调度通信系统的业务

为指挥列车运行，保证运输安全，铁路历来有一套完善的调度指挥系统。铁路调度系统按机构可分为中国国家铁路集团有限公司调度和铁路局调度两级。

中国国家铁路集团有限公司调度是指中国国家铁路集团有限公司指挥各铁路局协调完成全国铁路运输计划的工作。按调度业务性质，分为行调、客调、军调、特调、车流调度、集装箱调度、机车调度、车辆调度、电力调度、工务调度、电务调度等。其调度通信网络结构，以中国国家铁路集团有限公司为中心对各铁路局呈一点对多点的星型复合网络，我们习惯上称之为干线调度，简称干调，如图1-6所示。

铁路局调度是指铁路局指挥局内相关站段，协调完成全局铁路运输计划的工作。铁路局调度有两种类型。一是以铁路局运输指挥中心对全局相关站段的调度指挥，与相邻铁路局也有业务往来，同时接受中国国家铁路集团有限公司的调度指挥。按调度业务性质分客调、军特调度、篷布调度、计划调度、车流调度、机车调度、车辆调度、工务调度、电务调度等。他们有的归属局调度所，有的归属相关业务处，各铁路局不尽相同。这一类调度既是干调分机，又是局线调度，仍简称局调。其调度通信网络结构，有的用专线组成星型调度通信网络，有的用铁路自动电话拨号呼叫进行联络。二是铁路局调度所调度员指挥一段铁路线上的各车站（段、所、点）。按业务性质分列车调度、货运调度、电力牵引调度（供电调度）。对这一类调度，我们习惯上称之为区段调度。其通信网络结构取决于业务性质和地理位置，基本上是以共线型为主的调度通信网络组网。

此外，还有以站段为中心组成的调度系统，在大型车站及站场内车站调度员对各值班员之间调度通信，称之为站调。车务、工务、电务、水电等段调度员对所辖各工区（站）之间通信，统称为公务专用电话系统。其通信网络结构：站调采用星型通信网络，公务专用电话系统有共线型和自动电话两种方式。

铁路综合调度通信系统

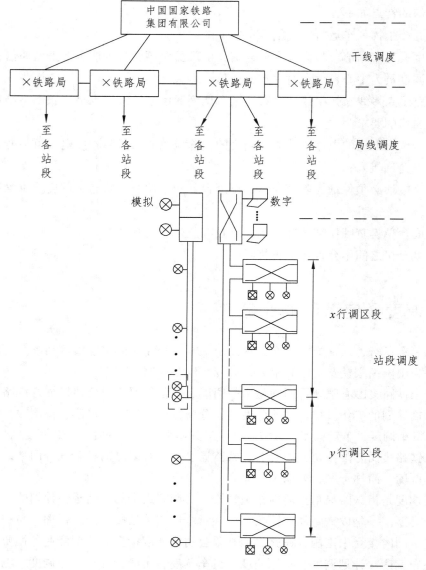

图 1-6 铁路调度通信系统网络示意图

综上所述，对铁路调度通信业务可归纳如下：

通信类型按机构分：干线通信中国国家铁路集团有限公司调度、局线通信铁路局调度、区段调度、站调。

按调度业务性质分：干线调度分为干线通信中国国家铁路集团有限公司调度、总调度长、行调、客调、军调、特调、车流调度、集装箱调度、机车调度、车辆调度、电力调度、工务调度、电务调度等。

区段调度分为：列调、货调、电调、红外线调等，以局调度员为中心，按管辖范围对所属调度对象以共线方式组成调度网络、区段通信、站场通信、站段调度。

公务专用电话分为：车务、工务、电务、水电等。

按调度通信网络组成方式：干线调度以中国国家铁路集团有限公司为中心，对各铁路局及相邻铁路局之间相连，组成星型复合网络。

区段调度组网是：① 以路局调度所调度员为中心，按管辖范围对所属调度对象以共线方式构成专用电话电路；② 利用铁路自动电话网，相互拨号呼叫联络。调度业务的通道组网方式有星型、共线型、综合型（星型+共线型）、混合型（数字+模拟）等。

站调组网是以车站调度员为中心，对相关值班员用专线组成多个星型站调通信网络。

具体调度通信系统业务如表 1-1 所示。

表 1-1　调度通信系统业务

干线通信	区段通信			站场通信	无线专用通信	应急通信	列车通信
	区段调度通信	区段专用电话	区段数据通信				
1. 干线各种调度通信； 2. 干线会议电话； 3. 干线会议电视	1. 列车调度通信； 2. 货运调度通信； 3. 电力调度通信； 4. 其他调度通信	1. 车务、工务、水电、供电等电话； 2. 桥隧守护电话； 3. 道口电话； 4. 区间电话	1. 各类 MIS 信息通信； 2. 电力远动通道； 3. 红外线轴温检测通道； 4. 信号控制信息通道； 5. 其他控制信息通道	1. 站内调度电话； 2. 站场内部电话； 3. 扳道电话； 4. 客运广播； 5. 客运信息系统； 6. 站场扩音对讲	1. 列车无线调度电话； 2. 列车无线防护报警； 3. 站场无线电话； 4. 铁路数字移动通信系统； 5. 公安、公务对讲； 6. 道口无线报警	1. 救援指挥系统电话； 2. 图像传输； 3. 数据传输	1. 列车广播； 2. 列车电话； 3. 闭路电视； 4. 旅客电话； 5. 列车安全告警系统

五、调度通信设备的发展历程

铁路调度通信设备的发展，从其技术特征来分析，大致经历了三个阶段。

第一阶段，20 世纪 50 年代至 20 世纪 60 年代末，以电子管为主要器件，采用脉冲选叫技术。建国初期，全路统一使用国产 55 型机械式选叫调度电话设备，到 20 世纪 60 年代改进为 63 型，仍为脉冲选叫技术。

第二阶段，20 世纪 70 年代初至 20 世纪 90 年代末，以晶体管为主要器件，采用双音频选叫技术。20 世纪 70 年代初 YD-I 型双音频调度电话的研制成功，使得我国铁路调度电话设备的技术水平有了新的突破，经过了 YD-I、YD-II、YD-III、YD-IV 型的几代改进，产品覆盖全路，部分产品还供应路外，以及出口援外。随着数字通信技术的发展，到 20 世纪 90 年代初又推出了以"数字编码"取代"双音频"的 DC-7 程控式调度电话总机，原来的双音频设备于 1994 年停产，程控式调度电话选叫速度由原来的 6 s 缩短为 600 ms，性能优越，功能增多，设备可靠，逐步取代了双音频调度电话，但 DC 型设备还是属于模拟设备，直到目前，YD 型和 DC 型调度设备仍在维持使用。

第三阶段，20 世纪 90 年代末至今，以集成电路芯片为主要器件，采用数字交换和计算机通信技术。20 世纪 90 年代的信息革命浪潮，信息和知识呈爆炸式增长，使人们意识到信息和知识已成为社会和经济发展新的增长点。庞大的铁路运输网的高速运转，需要相应的信息通信网的支持；各级运输指挥中心需要随时随地获取信息，并进行分析、处理；信息源点分散在全国铁道线上的各中间站和基层站段，迫切需要运输信息化。因此，铁路专用通信必须实现数字化。为此，铁道部（现为中国国家铁路集团有限公司）决定干线调度通信不再使用模拟调度设备，而采用西门子 Hicom 数字调度交换机组建干线调度通信网络，由单一的调度电话业务改建成具有图像、文字、语音等业务的多媒体调度通信。1998 年发布的《铁路专用通信技术体制》，确定了"车站通信设备一体化""专用通信数字化、综合化、智能化、宽带化"的发展方向。1995 年铁道科学研究院根据铁道部科技司、电务局下达的重点科研项目，进行了"铁路数字区段通信系统研究"，之后不少生产厂家针对区段通信数字化的要求，研制开发了"铁路数字专用通信系统"。

目前，新建铁路全部采用数字调度通信设备，现有铁路线已有 1/5 的区段进行了设备改造。目前使用的产品有：北京佳讯飞鸿电气有限责任公司生产的 FH98 Ⅱ 铁路数字专用通信系统；中软网络技术股份有限公司生产的 CTT2000L/M 专用数字通信系统；济南铁路天龙高新技术开发有限公司生产的 ZST-48 铁路数字专用通信系统。新型数字调度设备采用数字交换和计算机技术、大规模集成电路芯片器件，其技术水平和性能可以说"是一次质的飞跃"，开创了铁路专用通信数字化的新纪元。

2003 年，为了适应我国铁路快速发展的战略，实现铁路的信息化，铁道部选定 GSM-R（铁路全球移动通信系统）作为我国铁路建设的数字移动通信系统。GSM-R 系统的选定，将数字化的铁路调度通信又提升到了一个新的高度，为实现有线数字调度通信、无线数字调度通信以及其他专用通信（如区间通信）的统一提供了很好的条件，更为铁路现代化信号控制系统、铁路信息数字化等其他专业系统铺就了极好的平台。

为了适应在 GSM-R 大环境下铁路有线、无线调度通信统一的要求，北京佳讯公司在成熟产品 FH98 基础上开发了 FH98-G 调度通信系统，率先实现了 GSM-R 调度通信系统中的固定用户接入系统（FAS）。基于对铁路调度通信系统现在面临问题和对未来发展趋势的思考，佳讯公司推出了新一代铁路调度通信系统 MDS。MDS 系统既能用作一般的数字调度通信系统，也能用作 FAS 系统，同时容量比 FH98 和 FH98-G 更大。此外，MDS 也能平滑支持 IP组网应用和语音、数据、视频等各种多媒体通信，并保证能从现有数字调度系统或 FAS 系统平滑升级到多媒体调度。中软网络技术股份有限公司在 CTT2000L/M 基础上开发了 CTT4000（FAS 系统）专用数字调度通信系统，实现了有线调度业务和无线调度业务的融合。

随着 IP 网络的广泛使用，越来越多的通信系统和各类信息系统已基于 IP 传输网络，因此未来调度通信系统如何向这方面过渡，需要一个平滑过渡的方案。多来的调度指挥通信手段越来越多，将综合利用语音、数据和视频等多种通信方式，并实现联动，将它们融合一起，将给调度指挥带来很大的方便。

六、调度通信设备的特点

铁路调度通信的性能是针对调度业务性质来确定的。干、局线调度业务比较单一，可是区段调度通信网的调度用户——车站值班员，除了接受列车调度台指令性的调度业务之外，还要办理行车业务，因此还有站间通信、站内通信、区间通信等业务的接入，所以区段调度设备除了要有交换功能之外，还要实现共线型组网以及其他通信业务的接入，列车调度台既是局调用户，又是区段行车调度指挥员，要求其与干调联网接受呼叫，并能转接所辖区段内任一台行调分机。区段数字调度通信设备有以下主要特点：

（1）基于数字传输的数字通信设备，具有优良的传输性能。

提供端到端的数字连接，即从调度台至车站值班台之间的传输全部数字化，所以噪声、串音、信号失真都非常小。数字通道为无衰耗通道，所以近端分机和远端分机声音都一样大小，具有优良的传输性能。而且呼叫接续速度快，不超过 50 ms，比程控调度总机的 600 ms 又缩短了一个数量级。

（2）基于数字交换平台与计算机技术融为一体，体现了技术先进性。

使用计算机硬件、软件来控制时分交换网络的交换接续，实现各种调度功能，主要器件采用大规模集成电路芯片，模块化设计，分散式控制。

（3）数字设备与模拟设备兼容，为实际运用提供了方便。

在进行区段调度组网时，有时会碰到分叉站的分支线路为模拟设备，为了使模拟线路上的调度分机、站间、区间电话接入，采用专用接口，实现数模混用。利用专用接口还可实现将模拟实回线作为数字通道的备用。对于枢纽调度台某方向的小站仍为模拟设备时，同样可以组网，这种具有铁路特色的数模兼容的运用也是区段数字调度的一大特点。

（4）多种业务兼容，为区段通信数字化奠定了基础。

区段调度通信设备不仅成功地开放了各类区段调度通信业务，还很好地解决了站间通信、站内通信、区间通信等通信业务的接入。此外，配置数据接口，还可开放数据通信业务；配置用户接口还可将局调网的自动电话延伸至任何区段内的任意小站和区间，为应急通信提供话音业务和图像传输；配置音频 2/4 W 接口，为用户提供透明的音频通道。总之，根据业务需要配置相应接口，可实现多种业务的综合接入，为区段通信数字化、网络化奠定了基础。

（5）安全可靠性高，为保证调度指挥不间断通信创造了条件。

调度通信必须安全可靠，数字调度设备从硬件、软件两个方面来保证。元器件采用大规模集成电路芯片、模块化设计、分散式控制来保证安全可靠；主要部件采用 1+1 实时热备份，出现故障自动倒向备份；除传输系统具有自愈保护功能外，还采用了自愈环组网，即使中间断线仍然畅通不影响使用。

（6）具有集中维护网络管理功能，大大减少了维护工作量，安全运行更有保障。

在调度通信机械室设数字调度网管维护台，对沿线各车站分系统进行状态监视、故障告警监测、系统配置管理，沿线车站分系统可以做到无人值守，还具有远程诊断业务，技术支援响应快，对安全运行更有保障。

复习思考题

1. 说明铁路调度通信业务的特点和要求。
2. 调度通信业务有哪些？其主要功能是什么？
3. 什么是调度通信系统？其组成部分有哪些？
4. 干调系统与区调系统有什么区别？
5. 调度通信设备经历了哪些发展阶段？
6. 数字调度通信设备的特点是什么？

任务三　调度通信设备与实训平台认识

【知识要点】

（1）实训平台的组成。
（2）EMS 的启动与安装。
（3）界面介绍。

【任务目标】

（1）掌握实训平台的系统组成和必须配置的单板。
（2）熟练操作 EMS 软件的安装，了解 EMS 软件的界面介绍。

一、实训平台组成

本实训平台选用北京佳讯飞鸿公司生产的新一代统一指挥调度通信平台 MDS3400 铁路专用通信系统，MDS 调度通信系统包括 MDS3400 交换平台、一体化触摸屏调度终端、按键式调度终端，以及统一网管系统 Anymanager，如图 1-7 所示。

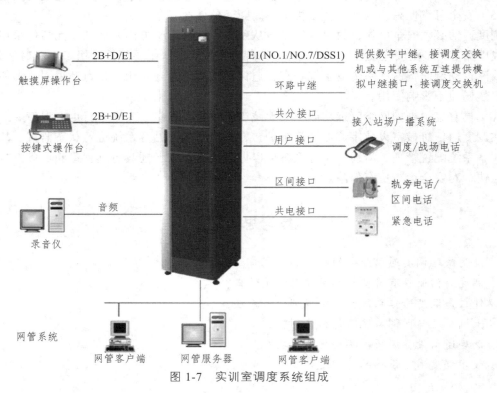

图 1-7　实训室调度系统组成

1. 调度交换平台

MDS3400 是一个交换平台，能用作专用调度交换机、FAS 交换机、公务电话交换机、人工话务台交换机，能平滑升级至同时支持电路交换和软交换。自身也能用作监控系统和视讯会议系统，并能接入其他多家厂商的视频会议系统或监控系统。系列化终端满足用户个性的需求，同一个终端能实现所有业务的操作和联动。单板种类少，所有业务板可以任意槽位混插，所有业务板都可以支持 1+1 保护。软件可扩展性好，在线升级方便。采用平台的设计思想和先进的软件设计方法，采用稳定性、可靠性及可扩展性好的实时操作系统，通过软件加载方式实现软件升级。通过严格先进的配置管理、设计和严格规范的测试，保证升级版本的一致性和兼容性。系统采用人性化的功能细节设计和人性化的维护管理。

MDS3400 调度平台提供数字中继、模拟中继、模拟用户、数字用户（2B+D）、数字 E1、2/4 线音频、磁石、环路中继、共电、选号、以太网和 RS485 等接口，并通过这些接口与电话公网、普通话机、磁石话机、2B+D 键控终端、2B+D 触摸屏调度台、集中数字录音仪、维护管理系统等相连。

2. 操作台

MDS 系统支持的调度台和车站台包括触摸屏操作台和键控式操作台，如图 1-8 所示。两者都是通过 2B+D 接口接入 M 系统后台。操作台采用了 DSP 数字信号处理技术，使喇叭对麦克风的回声得以抑制，同时抵消模拟接口 2/4 线转换所带来的回波，消除了自激现象产生的可能，实现了全双工通信。采用 AGC 自动增益控制技术，在系统内部自动进行电平调节，无论用户的声音是大还是小，操作人员所听到的声音都保持在一个比较合适的范围之内。

（a）一体化触摸屏操作台　　　　　　　　　　（b）键控式操作台

图 1-8　操作台示意图

3. 网管系统 Anymanager

MDS3400 通过 Anymanager 网管系统进行运行维护，包括数据和配置管理、告警与测试管理、话务统计与分析、计费、内置式信令分析等几大模块，各模块可以分别加载，可以部署在一台计算机上，也可以分别部署在不同的计算机上。

从逻辑上，把一台 MDS3400 交换机当作一个网元，在 MDS3400 叠加组成更大容量的交换机时也是如此。网管系统可以同时管理多个 MDS3400 网元，同时能管理交换机所属的终端。

网管与交换机之间采用 TCP/IP 通信，网管只需要与一台或几台交换机在一个 LAN 里通信，其余交换机可以靠主控之间的通信为网管管理远程网元提供 IP 通信通道。网管上和主控上都支持 IP 路由协议。网管系统和网元之间采用佳讯私有的应用层协议。

网管系统软件采用 C/S 方式。客户端软件相同，但根据不同的权限可以加载运行一个或多个或全部模块。客户端软件可以和服务器端软件部署在同一台计算机上。

网管服务器具备接受上层网管管理的能力，并已经能提供 SNMP 接口和私有接口接受上层网管管理。上层网管若需要其他接口则需要另行开发，但软件体系结构保证这种模块开发对系统其他部分没有影响，时间进度也会比较快。

网管系统要求运行平台最低配置如下：

硬件平台：CPU 为 P4 3 GHz 或以上；内存为 1GB 以上（推荐 1 G）；硬盘空闲空间 80 GB以上；显示器及显卡为 19″液晶显示，支持 1 280 × 1 024 ppi 分辨率；键盘和鼠标为标准键盘和 3 键鼠标；音箱可选配。

软件平台：操作系统为 WindowsXP 或者 Linux；数据库为 MySQL（免费）或 Oracle（需要购买 License）。

二、EMS 的安装与启动

前管理模块 FAM：负责整个交换系统模块间呼叫接续的管理与控制，完成模块间信令转发、内部路由选择等功能，并负责处理网管数据传输、话务统计、计费数据收集、告警信息处理等实时性较强的管理任务。FAM 在硬件上与 CM 结合在一起，合称为 FAM/CM。FAM面向用户提供业务接口，完成交换的实时控制与管理，也称主机系统。

1. 软件安装

图 1-9 是该软件的安装文件，双击该安装文件进入安装程序校验界面，安装程序验证完成后，出现语言选择界面，包括简体中文和英文两种，如图 1-10 所示。

 AnyManager_V1.7.33_D20090911.exe

图 1-9　安装文件

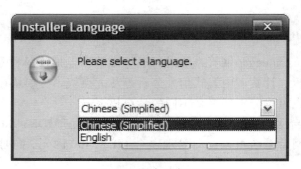

图 1-10　语言选择界面

选定语言类型后，点击"OK"进入安装向导界面，如图 1-11 所示。

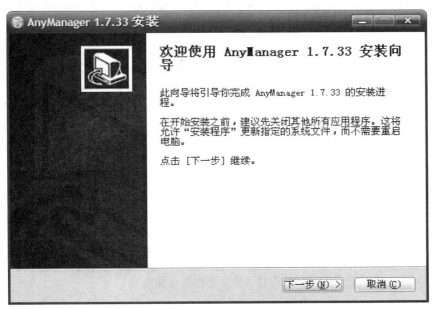

图 1-11　安装向导界面

点击"下一步"出现安装类型选择界面，如图 1-12 所示。

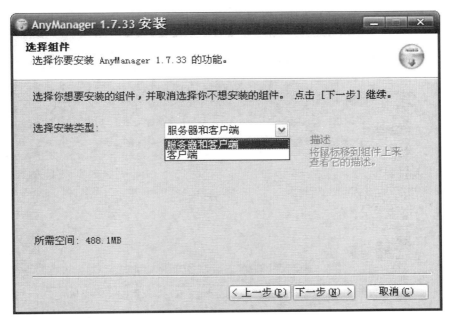

图 1-12　类型选择界面

在此界面可以选择安装类型，一种是服务器和客户端全部安装，另一种是只安装客户端，当选择"服务器和客户端"类型后，后点击"下一步"出现如图 1-13 所示的界面。

铁路综合调度通信系统

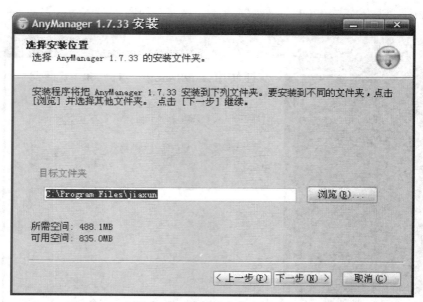

图 1-13　安装路径选择界面

　　在此界面可以选择软件的安装路径，默认为：C:\Program Files\jiaxun，点击"浏览"可以更改安装位置，选定安装位置后，点击"下一步"进入"开始菜单"文件夹选择界面，如图 1-14 所示。

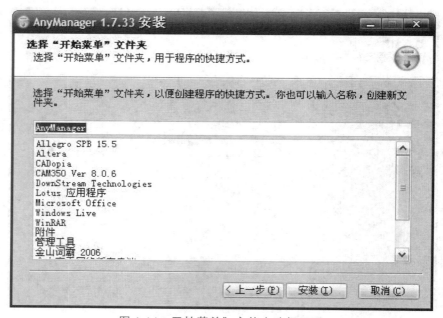

图 1-14　开始菜单"文件夹选择界面

　　在此界面可以选择软件在"开始菜单"中的快捷方式，默认新建文件夹的名称为"AnyManager"，可输入其他名称，也可以在下面的菜单中选择已有的文件夹，选定后点击"安装"便进入如图 1-15 所示的安装界面。

图 1-15 安装界面

当安装完毕，即进度条显示 100%时，出现界面如图 1-16 所示。

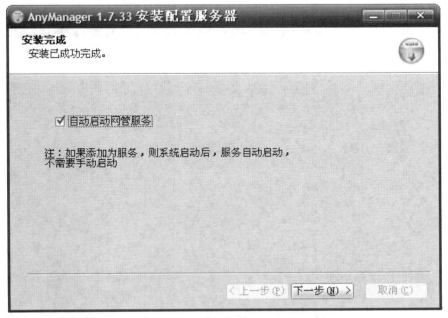

图 1-16 安装配置服务器界面

如果需要网管软件随系统自动启动则可以选择该项，如需手动启动，则不需要选择该项。
选定后点击"下一步"，出现如图 1-17 所示界面。

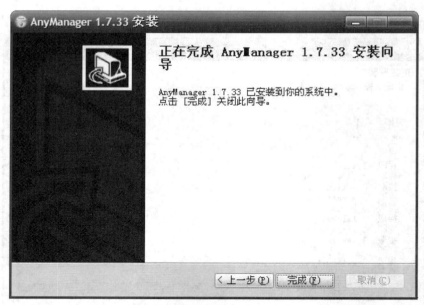

图 1-17　安装完成界面

此时网管软件已安装完毕，点击"完成"即可。

若在安装类型选择界面选择只安装是客户端时，则当安装完毕，即进度显示 100%时，出现如界面 1-18 所示。

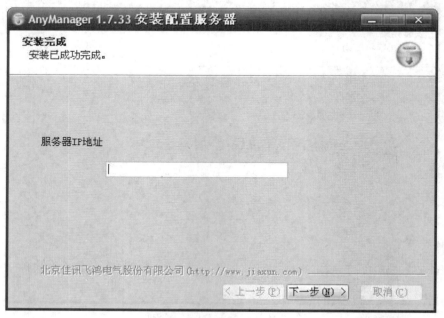

图 1-18　客户端安装界面

该处填写所连接的服务器的 IP 地址，填写完后点击"下一步"，出现确认界面如图 1-19 所示。

图 1-19　IP 确认界面

点击"是"安装结束，出现如图 1-20 所示的界面。

题 1-20　安装完成界面

图中显示安装结束信息，点击"完成"结束安装。

该安装过程是版本为 V1.7.28 的网管安装过程，其他版本的网管安装过程与此相同。

2. 软件启动运行

（1）启动网管服务器。

软件安装完成后，启动文件存储在桌面和如图 1-21 所示的路径中（开始→所有程序→AnyManager→Uninstall\网管服务器\网管客户端）。

图 1-21　启动文件路径

首先应当启动网管服务器，点击菜单中的"网管服务器"选项，或者双击桌面上的"服务器"启动图标，出现如图 1-22 所示的启动界面。

图 1-22　网管服务器启动界面

当 7 个启动状态块（代表 7 个进程）由红色全部变为绿色后，表示所有服务启动成功，服务器正在运行。

7 个进程的含义分别为：

Perfsrv：性能服务；

Emssrv：配置服务；

Qxadaptersrv：通信服务；

Accountsrv：计费服务；

Alarmsrv：告警服务；

Dbagentsrv：数据库服务；

Usersrv：事件服务，以及与用户有关的服务，如用户权限。

（2）启动网管客户端。

服务器启动成功后，点击菜单中的"网管客户端"选项，或者双击桌面上的"网管客户端"启动图标，出现如图 1-23 所示的登录界面。

图 1-23　网管客户端登录界面

系统刚安装后，提供一个初始用户名称"admin"，默认密码为"admin"（在登录后进入安全管理→EMS 用户，可修改密码）。可以在用户名称对应的下拉框中键入或选择用户的初始名称，然后输入相应的密码，单击 "登录" 按钮，系统进行用户名和密码的验证，正确后完成登录操作。

如果网管服务器和客户端部署在一台计算机上，则"服务器"一栏中不需要设置，直接点击"登录"即可。

如果网管服务器和客户端不是部署在同一台计算机上，则当客户端登录时需要输入服务器主机的 IP 地址，再点击"登录"即可。

三、界面介绍

1. 主界面描述

登录完成后，进行主程序初始化，登录后出现网管系统主界面，如图 1-24 所示。

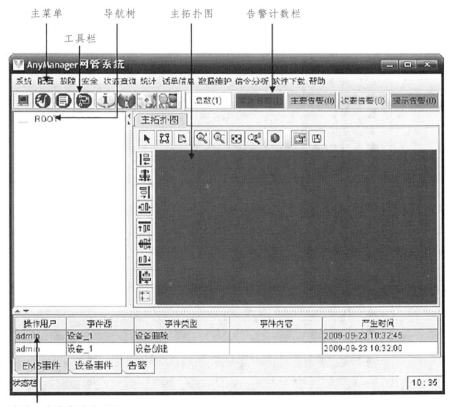

图 1-24　主界面

（1）主菜单（见图 1-25）。

图 1-25　主菜单

界面最上面为主菜单，菜单内容如表 1-2 所示。

表 1-2　主菜单内容

菜单	菜单内容
系统	■　退出：退出网管系统，或者通过键盘"Ctrl+E"退出管理界面
配置	■　子网管理：管理所有的子网 ■　设备列表：管理所有的网元属性 ■　VoIP 设备配置：为 VoIP 设备状态查询提供信息 ■　系统日历钟源配置：给设备校时，并可以修改系统时间配置 ■　数字环配置：管理数字环 ■　设备连接配置 ■　数字环半固定连接:创建数字环半固定连接 ■　设备管理：进入到设备管理界面 ■　设备数据复制：将某一个网元的所有数据复制到另一个网元 ■　调度台相关配置：包括辖区号、位置号、机车类型、机车/车次功能码、调度员/值班员功能码
故障	■　集中告警管理 ■　故障管理：管理告警信息 ■　活动告警列表：查看告警信息 ■　告警铃音设置：设置告警铃音 ■　全部告警级别屏蔽 ■　EMS 事件查询：查看 EMS 事件
安全	■　EMS 用户：管理用户名、密码、级别等信息
状态查询	■　中继用户状态 ■　VOIP 设备状态查询 ■　系统运行时间
统计	■　数字环统计 ■　业务用户统计
话单信息	■　话单接受配置 ■　话单查询 ■　设备 CDR 信息查询
数据维护	■　数据备份 ■　数据恢复 ■　调度台数据复制：将调度台数据从一个设备中复制到另一个设备中 ■　调度台按键数据导入：与上一个操作相反的动作
信令分析	■　信令监控：对信令进行监控
软件下载	■　调度台软件下载
帮助	■　关于：查看软件版本

（2）工具栏（见图 1-26）。

图 1-26　工具栏

工具栏位于主菜单的下方，实现快速执行主菜单中的一些常用操作，各快捷键功能从左至右依次是：退出、设备管理、设备列表、子网管理、故障管理、活动告警列表、告警铃音设置和 EMS 用户。

（3）告警计数栏（见图 1-27）。

图 1-27　告警计数栏

工具栏右侧为告警计数栏，能够按照告警的级别显示所有网元当前告警的计数，鼠标单击相应区域将弹出"告警列表"对话框，显示当前告警的详细信息。

（4）导航树（见图 1-28）。

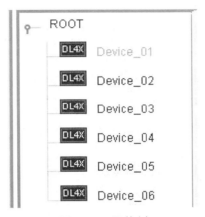

图 1-28　导航树

主界面中间左侧为导航树，显示子网、设备树型结构，供用户快速浏览和选择操作。各节点分别有相应的右键菜单可以进行快速操作。

（5）主拓扑图（见图 1-29）。

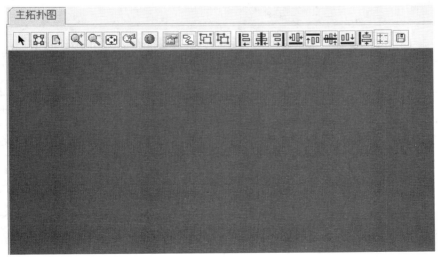

图 1-29　主拓扑图

主界面中间右侧为网络拓扑图窗口，显示设备的网络拓扑结构，在网络拓扑图窗口的上方和左侧有水平工具栏和垂直工具栏，可对图中设备直观地进行编辑操作。

主拓扑图水平工具栏中按钮如表 1-3 所示。

表 1-3　水平工具栏按钮

按　钮	名　称	功　能
	选择	切换到选择模式，只有处于"选择模式"，用户才可以在拓扑区拖动网元节点
	全选	选中拓扑区所有节点和连接
	不选	取消所有选中
	放大	放大拓扑图
	缩小	缩小拓扑图
	合适窗口	调整整个拓扑图大小使所有节点刚好在拓扑区中显示
	1：1	使拓扑图恢复原始大小
	鸟瞰图	弹出"鸟瞰图"对话框，通过移动红色方框的位置来调整拓扑区的显示范围
	背景属性	弹出"背景属性设置"对话框，可以设置背景颜色、背景图片、网格等属性
	保存拓扑位置	可以保存各节点的拓扑位置，下一次登录时将以保存后的位置显示各个节点
	左对齐	左对齐
	横向居中	横向居中
	右对齐	右对齐
	水平距离相等	水平距离相等
	上对齐	上对齐
	纵向居中	纵向居中
	下对齐	下对齐
	垂直距离相等	垂直距离相等
	自动布局	自动布局

在主拓扑图中分别右击主拓扑图（绿色空白处）、网元、子网，会出现相应右键菜单，菜单详细内容如表 1-4 所示。

表 1-4　主拓扑图右键菜单

右键菜单	菜单内容
主拓扑图右键菜单	■ 背景属性：配置背景颜色、线性等属性 ■ 创建子网：创建子网 ■ 创建设备：创建网元
网元右键菜单	■ 设备属性：查看、修改设备属性 ■ 登录失败原因：显示登录失败的各种原因 ■ 重新登录：设备重新登录 ■ 设备管理：进入到设备管理界面 ■ 设备重启：重新启动设备 ■ 设备校时：校对设备与网管的时间 ■ 系统状态：显示设备是处于非阻断还是人工阻断状态，当设置人工阻断状态时，可以实现全局切换 ■ 中继/用户状态 ■ VOIP 设备状态 ■ 查询设备类型：查询设备的类型 ■ 删除设备：删除设备 ■ 数据维护：实现对该层主控板的数据管理和状态显示 ■ 全部告警：显示全部告警列表
子网右键菜单	■ 子网属性：修改子网属性 ■ 告警管理：管理告警信息 ■ 删除子网：删除子网

（6）操作日志、运行日志、告警实时显示区（见图 1-30）。

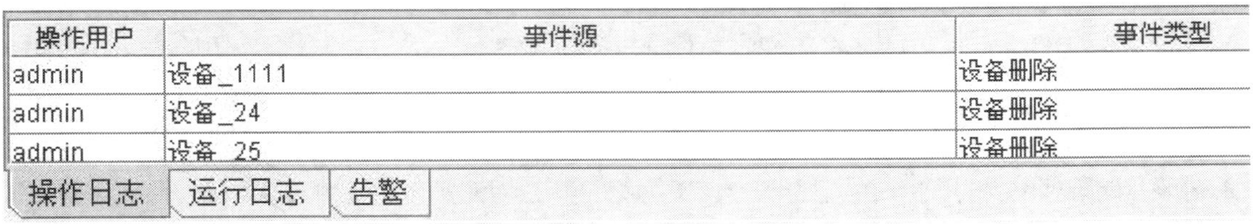

操作用户	事件源	事件类型
admin	设备_1111	设备删除
admin	设备_24	设备删除
admin	设备_25	设备删除

操作日志　运行日志　告警

图 1-30　操作日志、运行日志、告警实时显示区

主界面最下方状态栏为操作日志、运行日志和告警实时显示区。

操作日志：是指网络维护人员对设备及网管所做的各种操作，该区域以表格的形式实时显示发生的操作日志、操作用户、事件源、事件类型、事件内容、产生时间等信息，最多显示 500 条记录，超过这个范围时自动删除最早的记录。

告警记录显示区：该区域以表格形式实时记录告警的产生、确认、消失的过程，包括告警源、消息类型、告警名称、内容、告警类别、告警级别、产生时间等，最多显示 500 条记录，超过这个范围时自动删除最早的记录。

这两个区域的显示可通过点击下方的 操作日志　运行日志　告警 按钮进行选择。

2. 设备管理界面描述

在主界面中点击配置，在下拉菜单中选择设备管理选项或在主拓扑中双击所要管理的网元，便可进入如图 1-31 所示的设备管理界面。

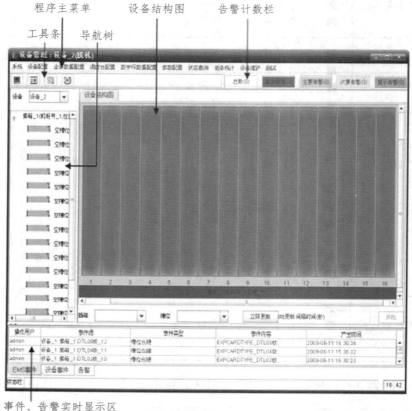

图 1-31　设备管理界面

（1）程序主菜单（见图 1-32）。

系统 设备配置 业务数据配置 调度台配置 数字环数据配置 参数配置 状态查询 话务统计 设备维护 测试

图 1-32　程序主菜单

界面最上面为程序主菜单，菜单内容如表 1-5 所示。

表 1-5　程序主菜单内容

菜单	菜单内容
系统	■　关闭：关闭设备管理界面
设备配置	■　设备属性：查看、修改设备属性 ■　插箱配置：管理插箱 ■　槽位配置：管理槽位 ■　设备重启：重新启动设备

菜单	菜单内容
业务数据配置	■ 用户数据配置 ■ 用户权限限制表 ■ 区间号码 ■ 模调配置 ■ 信令配置：包括信令配置和 7 号信令设置 ■ 路由配置：包括中继配置、路由配置和编号计划表 ■ 预设会议配置 ■ 组呼/全呼配置 ■ 振铃组 ■ 连选组配置 ■ 黑白名单配置 ■ 调度群配置 ■ 半固定连接配置 ■ 网管通道 ■ 固定会议 ■ 动态 IP 用户组
调度台配置	■ 调度台数据配置：配置调度台数据 ■ 调度台信息查询： ■ 远程调度台： ■ 调度台按键配置：配置调度台按键 ■ 调度台选项：配置调度台选项
数字环数据配置	■ 数字环与串口对应表 ■ 数字环入中继字冠 ■ 号码对照表 ■ 数字环路由表配置
参数配置	■ 系统参数配置 ■ 系统时间配置 ■ 录音仪配置 ■ 语音配置 ■ 设备告警级别屏蔽 ■ 用户录音配置 ■ 区别振铃配置 ■ MPU 板 DSP 类型设置 ■ 会议设置 ■ 参考时钟 ■ 域名设置 ■ RSVR 认证配置 ■ VOIP 参数配置 ■ VOIP 设备配置 ■ 电源管理
状态查询	■ 中继/用户状态 ■ VOIP 设备状态

续表

菜单	菜单内容
话务统计	■ 话务统计：统计话务数据
设备维护	■ 单板软件：管理单板软件 ■ 语音下载：下载语音文件 ■ 数据维护：实现对该层主控板的数据管理和状态显示 ■ 保存数据：保存主控板数据 ■ 硬件测试：包括半固定连接测试和音源测试 ■ 设备日志管理：管理 7、8 号 MPU 板的日志
测试	■ 创建立即测试任务 ■ 创建例行测试任务 ■ 管理测试任务

（2）工具条（见图 1-33）。

图 1-33　工具条

主菜单下为工具条，实现快速执行主菜单中一些常用操作，各快捷键功能从左至右依次是：关闭、故障管理、槽位、单板软件。

（3）告警计数栏（见图 1-34）。

图 1-34　告警计数栏

工具条右侧为告警计数栏，功能与主界面相同。

（4）导航树（见图 1-35）。

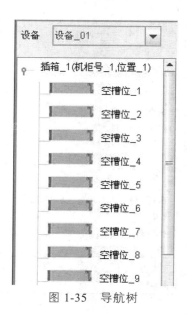

图 1-35　导航树

设备管理界面中间左侧为导航树，显示插箱中各槽位的单板，供用户快速浏览和选择操作。各单板分别有相应的右键菜单可以进行快速操作。

（5）设备结构图（见图1-36）。

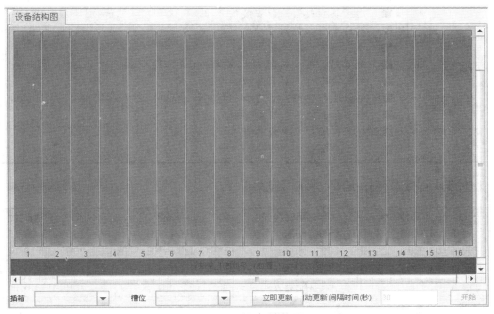

图 1-36　设备结构图

设备管理界面中间右侧为设备结构图，显示插箱中各单板的安装情况，右击设备结构图中绿色空白处、插箱、单板、空槽位，可出现相应右键菜单，菜单详细内容如表1-6所示。

表 1-6　设备结构图右键菜单

右键菜单	菜单内容
设备结构图右键菜单	■ 背景属性：配置背景颜色、线性等属性 ■ 增加插箱：增加插箱
插箱右键菜单	■ 插箱属性：查看插箱属性 ■ 删除插箱：删除插箱 ■ 自动识别：自动识别板卡 ■ 清除自动识别：清除自动识别的板卡 ■ 自动安装：自动安装板卡 ■ 更新配置灯：更新插箱所有单板端口的配置情况 ■ 更新状态灯：更新插箱所有单板端口的状态 ■ 当前告警：本插箱自身告警列表 ■ 全部告警：本插箱全部告警列表
空槽位右键菜单	■ 安装单板：在此空槽位上安装单板 ■ 自动识别：自动识别此槽位是否存在板卡 ■ 当前告警：此空槽位自身告警列表

右键菜单	菜单内容
单板右键菜单	■ 单板属性：配置各个单板属性 ■ 删除单板：删除此安装的单板 ■ 重启单板：重新启动此单板 ■ 测试单板：测试此单板 ■ 更新配置灯：更新单板端口的配置情况 ■ 更新状态灯：更新单板端口的状态 ■ 单板运行状态：查看、切换单板运行状态 ■ 查询单板软件：查询单板的软件 ■ 当前告警：本单板自身告警列表 ■ 全部告警：本单板全部告警列表

（6）事件、告警实时显示区（见图1-37）。

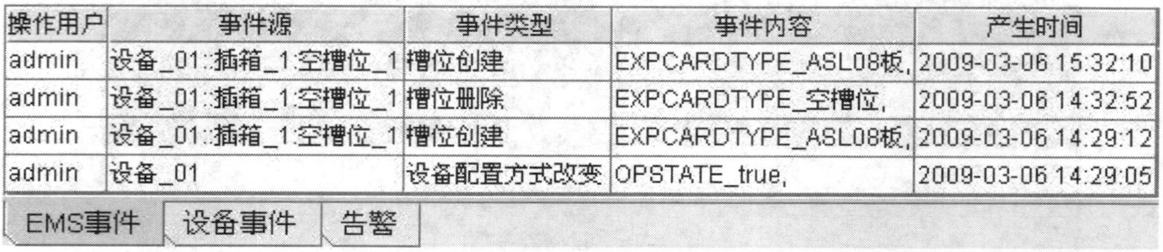

操作用户	事件源	事件类型	事件内容	产生时间
admin	设备_01::插箱_1:空槽位_1	槽位创建	EXPCARDTYPE_ASL08板,	2009-03-06 15:32:10
admin	设备_01::插箱_1:空槽位_1	槽位删除	EXPCARDTYPE_空槽位,	2009-03-06 14:32:52
admin	设备_01::插箱_1:空槽位_1	槽位创建	EXPCARDTYPE_ASL08板,	2009-03-06 14:29:12
admin	设备_01	设备配置方式改变	OPSTATE_true,	2009-03-06 14:29:05

EMS事件　设备事件　告警

图 1-37　事件、告警实时显示区

设备管理界面最下方状态栏为 EMS 事件实时显示区和告警记录实时显示区，功能与主界面相同。

复习思考题

1. 请画出实训平台调度系统的结构图。
2. 调度系统由什么构成？
3. EMS 软件安装时要注意什么？
4. 调度系统配置了哪些必需的单板？

项目二　数字调度通信系统

任务一　数字调度通信系统的基础知识

【知识要点】

（1）模拟信号数字化的基本原理。

（2）时分多路通信的基本原理。

（3）数字交换的基本原理。

（4）区调数字调度通信的基础知识。

【任务目标】

（1）掌握模拟信号数字化的基本原理。

（2）掌握时分多路复用的基本原理。

（3）掌握数字交换的基本原理。

（4）掌握区调数字调度的基础知识。

一、模拟信号数字化的基本原理

模拟信号指的是时间连续、幅值连续的信号；相反，数字信号指的是时间离散、幅值离散的信号。要想把模拟信号变成数字信号，通常采用脉冲编码调制（Pulse Code Modulation，PCM）的方法。将模拟信号数字化，一般必须经过抽样、量化、编码三个处理过程。

1. 抽　样

抽样就是将时间和幅度都连续的模拟信号变换成时间离散幅度连续的另一种模拟信号，即每隔一定的时间间隔 T（也称为抽样周期）来抽取模拟信号的瞬时电压值，抽样后的模拟信号称为脉冲幅度调制（PAM）信号，具体抽样过程如图 2-1 所示。

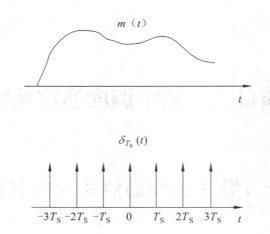

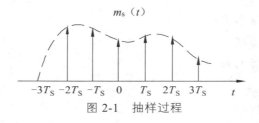

图 2-1　抽样过程

　　如果取出的样值足够多，那么抽样信号就越接近原来的模拟信号，也就是说抽样间隔时间 T 越短越好。为使抽样后的 PAM 信号能在接收端完全无失真地恢复为原始信号，抽样周期应该满足奈奎斯特抽样定理。

　　奈奎斯特抽样定理：对于一个最高频率为 f_m 的模拟信号，只要抽样频率以 $f_s \geqslant 2f_m$ 的速率进行均匀抽样，则抽出的样值可以完全表征原始模拟信号，因此抽样间隔时间 $T \leqslant 1/(2f_m)$。例如，语音频带为 300～3 400 Hz，抽样频率至少为 6 800 Hz。目前 PCM 通信普遍采用每秒抽样 8 000 次，因此抽样间隔时间 $T = 1/8\,000$ s $= 125$ μs。

2. 量　化

　　经过抽样后的 PAM 信号，是一个幅度连续、时间离散的模拟信号，连续的幅值可以有无限多个可能值，如果用 N 个二进制数字信号来代表 PAM 信号的大小，以便通过数字传输系统来传输该信号信息，那么这 N 个二进制信号不能对应无限多个 PAM 信号，只能代表 2^N 个数值，因此解决的办法就是量化。量化是将幅度连续的样值进行幅度的离散化（又叫分级），使幅度连续的模拟 PAM 信号的变换成为多进制（一般采用二进制）的数字信号。

　　我们可以将量化的过程概括为"分级取整"，把幅度连续的抽样信号分成若干个信号幅度区间（等级），这就是分级；如果连续的信号值落在一个幅度区间之内，就要采用"四舍五入"方法，将信号取值为一个幅度区间内最接近的量化值，这就是取整。

　　量化通常分为均匀和非均匀量化两类。均匀量化是把输入信号的取值域按等距离分割的量化。在均匀量化中，每个量化区间的量化值均取在各区间的中点。其中，量化级数的多少与编码方式有关，例如，如图 2-2 所示，假如输入信号 $m(t)$ 的最大值和最小值分别用 a 和 b 表示，M 为量化等级（量化电平）数，m_i 是第 i 个量化区间的终点，q_i 是每个量化区间中点，$i=1,2,...,M$，则量化间隔 Δv 可以表示为：$(b$-$a)$/M。如果采用了 3 位二进制码元，可将信号值分为 $2^3 = 8$ 个相等的量化等级，即 $M = 8$。

经量化后的输出量化值 $m_q(t)$ 为：

$$m_q(t) = q_i，\quad 当 \ m_{i-1} < m \leqslant m_i$$

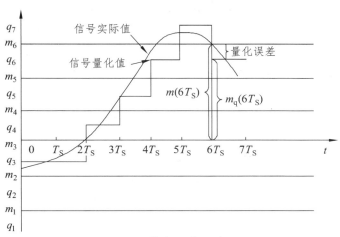

图 2-2　均匀量化示意图

图中信号实际值 $m(t)$ 与信号量化值 $m_q(t)$ 之间的误差称为量化误差。这一误差对接收者来说表现为噪声，故又称为量化噪声。显然，量化分级数越多，量化噪声就越小。在实际通信工程中，通常有用信号功率（S）和噪声功率（N_q）的比值，即信噪比来表示量化器的量化性能。信噪比可以表示为

$$(S/N_q)\ dB = 20 \lg M$$

由上式可知，量化信噪比随量化电平数 M 的增加而提高，M 越大，信号的逼真度越好。

均匀量化器广泛应用于计算机线性 A/D 变换接口和遥测遥控系统、仪表、图像信号的数字化接口中，但在数字语音通信中，均匀量化有一个明显的不足：量化信噪比随信号幅值的减小而下降。这是由于均匀量化的量化间隔 Δv 是固定不变的，量化电平分布均匀，因而无论信号大小如何，量化噪声功率固定不变。这样，小信号时的量化信噪比就难以达到给定的要求。为了克服均匀量化的缺点，在实际中往往采用非均匀量化。

非均匀量化是根据信号的不同区间来确定量化间隔的。对于信号取值小的区间，其量化间隔 Δv 也小；反之，量化间隔就大，这样可使量化噪声对大小信号的影响基本相同。采用非均匀量化是提高小信号信噪比的有效方法。

实现非均匀量化的技术称为压缩扩张技术，这种技术的实质是将输入信号先进行压缩处理，再把压缩过的信号进行均匀量化，结果是微弱的信号被放大，强的信号被压缩。国际上通常采用两种压扩方法，即 A 律压扩特性和 μ 律压扩特性，简称 A 律和 μ 律。美国采用 μ 律，

我国和欧洲各国均采用 A 律，其中 μ =255，A=87.6。

A 律特性曲线为一条指数型的曲线，可以用 13 段折线近似来表示，便于用数字电路实现。

这种压缩特性的特点是将 x 轴（代表输入信号）0～1 分成八段，采用非均匀分段的办法，达到非均匀量化的目的。具体分法是：将 0～1 一分为二，其中点是 1/2，取 1/2～1 为第 8 段；剩下 0～1/2 再一分为二，中点是 1/4，取 1/4～1/2 为第 7 段；剩下 0～1/4 再一分为二，中点是 1/8，取 1/8～1/4 为第 6 段；一直到分成 8 个段落，最小一段为 0～1/128，作为第 1 段，如图 2-3 所示。将 y 轴（代表输出信号）0～1 均匀地分成 8 个段落，分别为 1/8、2/8、3/8、4/8、5/8、6/8、7/8、1，与 x 轴的八段一一对应。把 x 轴与 y 轴相应的交点连接起来，可以做出由八段直线连成的折线，如图 2-4 所示。其中 1、2 段长度相等、斜率相同，其他各段折线的斜率都不相同，因此连接起来共有 7 段斜率不同的折线，各段落斜率如表 2-1 所示。

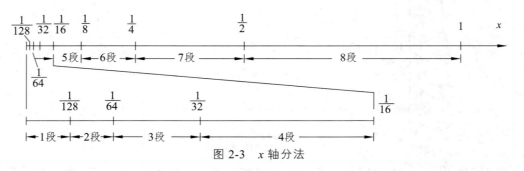

图 2-3　x 轴分法

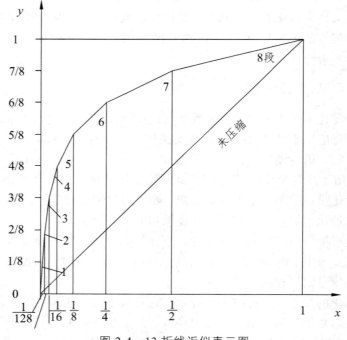

图 2-4　13 折线近似表示图

表 2-1　各段落斜率表

y	1	$\frac{1}{8}$	$\frac{2}{8}$	$\frac{3}{8}$	$\frac{4}{8}$	$\frac{5}{8}$	$\frac{6}{8}$	$\frac{7}{8}$	1
按折线分段时的 x	0	$\frac{1}{128}$	$\frac{1}{64}$	$\frac{1}{32}$	$\frac{1}{16}$	$\frac{1}{8}$	$\frac{1}{4}$	$\frac{1}{2}$	1
段落	1		2	3	4	5	6	7	8
斜率	16		16	8	4	2	1	$\frac{1}{2}$	$\frac{1}{4}$

语音信号有正负两个极性，因此在负方向也有一组与正方向对称的折线段，其中靠近零点的第 1、2 段斜率也等于 16，可以与正方向的第 1、2 段折线合并成一段直线，所以一共有 13 段折线，简称为 A 律 13 折线压扩特性，如图 2-5 所示。

通过 A 律 13 折线方法，在每个折线段内，当信号小时，其相应的量化间隔 Δv 小，信号大时，其相应的量化间隔 Δv 大。一般的语音信号，信号幅度小，出现的概率大，信号幅度大，出现的概率小，通过这种非均匀量化的方法，使得平均信噪比增大，从而克服了均匀量化小信号信噪比较小的缺点。

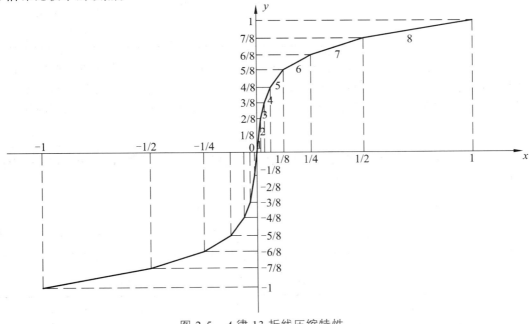

图 2-5　A 律 13 折线压缩特性

3．编　码

所谓编码，就是量化后的信号变换成二进制码，这个过程又称为模/数变换，即 A/D 变换。其相反的过程称为译码。常用的二进制码型有自然二进制码和折叠二进制码两种，如表 2-2 所示。显然，自然二进制码上下两部分无任何相似之处，而折叠二进制码除去最高位外，上半部分与下半部分呈倒影关系，这种码型的特点是用最高位表示极性，从而使编码电路得到简化；另外，在传输过程中，如果出现误码，对小信号的影响较小，从而降低小信号的平均量化噪声。下面结合 A 律 13 折线的量化来讨论编码的过程。

表 2-2　常用二进制码型

量化值序号	量化电压极性	自然二进制码	折叠二进制码
15		1111	1111
14		1110	1110
13		1101	1101
12	正极性	1100	1100
11		1011	1011
10		1010	1010
9		1001	1001
8		1000	1000
7		0111	0000
6		0110	0001
5		0101	0010
4	负极性	0100	0011
3		0011	0101
2		0010	0110
1		0001	0111
0		0000	

在 13 折线法中，无论输入信号是正是负，均按 8 段折线（8 个段落）进行编码。A 律 13 折线量化时正、负总共 256 个量化级，因此需要 8 位二进制码表示一个样值。码位由三部分组成，分别是极性码、段落码和段内码。以 8 位折叠二进制码 $A_0 A_1 A_2 A_3 A_4 A_5 A_6 A_7$ 为例：

1）极性码 A_0

表示量化值的正负极性。当 $A_0 =$ "1" 时，代表样值为正极性；$A_0 =$ "0" 时，代表样值为负极性。

2）段落码 $A_1 A_2 A_3$

段落码 $A_1 A_2 A_3$ 可表示为 000～111，它的 8 种可能状态分别代表单方向 8 个段落的起始电平，各段的长度不一样，段落起始电平、量化值范围也不一样，具体见表 2-3。

表 2-3　各段落对应的长度、起始电平、量化值范围

$A_1 A_2 A_3$	000	001	010	011	100	101	110	111
段落序号	1	2	3	4	5	6	7	8
段落长度（Δ）	16	16	32	64	128	256	512	1 024
段落起始电平（Δ）	0	16	32	64	128	256	512	1 024
量化值范围（Δ）	0～16	16～32	32～64	64～128	128～256	256～512	512～1 024	1 024～2 048

注：Δ 表示最小的量化间隔，则 $\Delta = \dfrac{1}{128} \times \dfrac{1}{16} = \dfrac{1}{2\,048}$（归一化值）。

3）段内码 $A_4A_5A_6A_7$

每个段落内又均匀等分成 $2^4 = 16$ 个量化级，段内码 $A_4A_5A_6A_7$ 可表示为 0000~1111，它的 16 种可能状态分别代表每一段落的 16 个均匀划分的量化级。这样处理的结果是 8 个段落被划分成 $2^7 = 128$ 个量化级。由于非线性量化分段每一段落长度不一样，各段落间的级差也不一样，见表 2-4。

表 2-4　段内电平码

量化级序号	段内码 / 量化段 段内电平 Δ	1	2	3	4	5	6	7	8
1	0000	0	16	32	64	128	256	512	1024
2	0001	1	17	34	68	136	272	544	1088
3	0010	2	18	36	72	144	288	576	1152
4	0011	3	19	38	76	152	304	608	1216
5	0100	4	20	40	80	160	320	640	1280
6	0101	5	21	42	84	168	336	672	1344
7	0110	6	22	44	88	176	352	704	1408
8	0111	7	23	46	92	184	368	736	1472
9	1000	8	24	48	96	192	384	768	1536
10	1001	9	25	50	100	200	400	800	1600
11	1010	10	26	52	104	208	416	832	1664
12	1011	11	27	54	108	216	432	864	1728
13	1100	12	28	56	112	224	448	896	1792
14	1101	13	29	58	116	232	464	928	1856
15	1110	14	30	60	120	240	480	960	1920
16	1111	15	31	62	124	248	496	992	1984
量化级级差 Δ		1	1	2	4	8	16	32	64

编码举例：假设抽样值为 $+635\Delta$，首先确定极性码 A_0 为 1；其次确定段落码，查表 2-3，635Δ 在第 7 段落的 512~1024 范围，所以段落码 $A_1A_2A_3$ 分别为 110；最后确定段内码，即在第 7 段落的哪一级，查表 2-4，635Δ 应在第 7 段落的第 4 级，该级起始电平为 608Δ，因此段内码 $A_4A_5A_6A_7$ 为 0011。

所以抽样值 $+635\Delta$ 的 8 位码为 11100011。

尽管模拟信号的数字化［通常称为模数转换（A/D）］及其逆过程［通常称为模数转换（D/A）］可按上述步骤先后处理而得，但实际上模拟信号与数字信号之间的转换处理却是同时实现的。随着大规模集成技术的发展，现在一般将上述各项处理过程集成于一片专用芯片中。

二、时分多路通信的基本原理

1. PCM 传输系统

模拟语音信号在发送端经过抽样、量化和编码以后得到了 PCM 信号，该信号经过传输线路送到接收端。在接收端，要想把接收到的 PCM 信号还原成模拟语音信号，需要经过两个步骤：第一，将 PCM 信号送入解码器，解码后得到抽样信号，即 PAM 信号；第二，将时间离散幅度连续的 PAM 信号通过低通滤波器，恢复为原有的模拟语音信号。图 2-6 是数字传输系统的原理框图，它表示 PCM 传输系统从发送端到接收端整个通信过程。

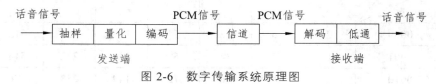

图 2-6　数字传输系统原理图

2. 多路复用技术

为了有效提高通信系统的传输效率，人们希望在一对传输线上能同时传输多个话路的信息，这就是多路复用技术。多路复用技术通常有频分复用（FDM）和时分复用（TDM）两种。频分复用是将传输通道从频率上进行分割，分成若干个相互不重叠的频段，每个频段均可作为一个独立传输信道使用，每路信号占用其中一个频段，如图 2-7（a）所示。被复用的各路信号必须是模拟信号，因此它是模拟通信的重要手段，主要用于电话和电缆电视（CATV）系统中。

时分复用是将传输通道从时间上进行分割，分成若干个相互不重叠的时间间隔，每个用户可以分到一个时间间隔，在相应的时间间隔内使用信道的全部带宽来传输信息，这样就可以使多个用户同时使用一条传输线路，如图 2-7（b）所示。被复用的各路信号必须是数字信号，因此它是数字电话多路通信的主要方法，PCM 通信系统就是典型的时分多路通信系统。

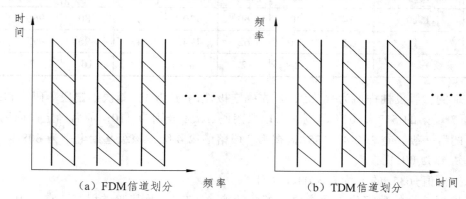

图 2-7　频分复用和时分复用信道划分示意图

在时分复用通信中，每个用户只能在其指定时间间隔内接通信道收发信息，而其他时间则不能工作，为了使发端各路和收端各路能互相对应协调一致地工作，在发端需传送一个同步信号，利用同步控制信号来确保发端和收端协调工作。

从上述模拟信号数字化的过程中可知，为确保接收端能够不失真地将离散的数字信号还原成连续的模拟信号，PCM 通信系统采用的抽样频率为 8 000 Hz，即每隔 $T = 1/8\ 000\ s = 125\ \mu s$ 抽样一次。因此，在 PCM 时分通信中，把 125 μs 的时间分成若干个时间间隔，每路信号占用一个时间间隔，也可称为时隙 TS（Time Slot）。这样，每路信号在其相应的时间间隔内传输信息，以达到共用一条传输线路的目的。

3. PCM30/32 基群帧结构

帧结构的概念就是把多路话音数字信号按照一定的时间顺序排列成的数字码流组合。我国采用的是 30/32 路 PCM 基群结构，即在传输数据时先传第 1 路信号，然后传第 2 路信号，第 3 路信号……直到传完第 32 路，再传第 1 路，第 2 路……如此循环下去。每一路信号分配不同的时隙，用 TS_0，TS_1，TS_2，…，TS_{31} 来表示。其中 TS_0 为帧同步时隙，用于传输同步码、监视码、对端告警码组（简称对告码）；TS_{16} 为话路标志信号时隙，用于传输信令码；剩余 $TS_0 \sim TS_{15}$ 及 $TS_{17} \sim TS_{31}$ 为话路时隙，用于传输话音数字码，显然，在 32 个时隙中只有 30 个时隙用于传输语音信息，因此记作 PCM30/32。

PCM30/32 的帧结构制式是将 $T = 125\ \mu s$ 的时间分成 32 个时隙，每个时隙占用时间为 $125\ \mu s/32 = 3.9\ \mu s$，传送 8 位二进制码，即 8 bit，每个比特占用时间为 $3.9\ \mu s/8 = 0.488\ \mu s$。在 125 μs 时间内每一路轮流传送 8 位码的码组一次，称为一帧（Frame），PCM30/32 的帧结构如图 2-8 所示。

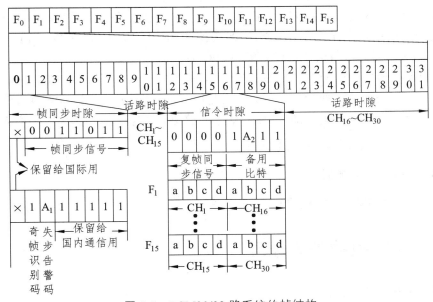

图 2-8　PCM30/32 路系统的帧结构

1）同步时隙

TS_0 为帧同步时隙，每隔一帧传送一次同步码，所以 TS_0 分偶数帧和奇数帧。偶数帧的第 2 至第 8 位固定传送帧同步码（0011011），以便收发两端同步工作。奇数帧的第 2 位码为奇帧监视码，固定为"1"，以便接收端能区分是奇数帧，而不是偶数帧；第 3 位码 A_1 为失步告警码，同步时为"0"，失步时为"1"，以便告知对端局；第 4 位至第 8 位码可作其他信息用，不用时暂定为"1"，显然，同步、监视、对告码的周期都是 250 μs。不论是偶数帧还是奇数帧，TS_0 的第 1 位码供国际通信用，不用时，暂定为"1"。

2）标志信号时隙

要建立一个通话过程，信令信息的正确传送是必须的。在 PCM 通信中，信令信息是借助数字通道来传送的，它可以和话音信息占用相同的时隙进行传送，也可以和语音信息分开传送。在 PCM30/32 通信系统中，30 路语音信息的信令都是在 TS_{16} 中传送的。根据抽样定理可知，话音信息的抽样频率为 8 000 Hz，即每隔 125 μs 抽取一次话音样值；而对于每一路信令，抽样频率取 500 Hz，即每隔 2 ms 抽样一次。每一路的信令信息用 4 位码表示，因此一帧中的 TS_{16} 时隙的 8 位码只能发送两个话路的信令信号，30 路话路的信令信息共需 15 个 TS_{16}才能传完；再将这 15 个帧前面加上一帧作为标志帧，就构成了一个复帧，这个复帧称为信令复帧。它所含的 16 帧称为子帧，用 F_0，F_1，F_2…，F_{15} 来表示。

F_0 帧中，TS_{16} 时隙的前 4 位码发送复帧同步码，同步时为"0000"，其作用是保证收发信令同步；后 4 位码中，第 6 位 A_2 为复帧失步告警，同步时发"0"，失步时发"1"；其余 3 位码留作备用，不用时暂定为"1"。

F_1 帧中，TS_{16} 时隙的第 1～4 位码传送第 1 路语音话路的信令信息，第 5～8 位码传送第 16 路信令。F_2 帧中，$TS_{16}\sqrt{a^2+b^2}$ 时隙的第 1～4 位码传送第 2 路信令，第 5～8 位码传送第 17 路信令……F_{15} 帧中，TS_{16} 时隙的第 1～4 位码传送第 15 路信令，第 5-8 位码传第 30 路信令，F_1～F_{15} 帧中的 TS_{16}，前 4 位码用来传送 CH_1～CH_{15} 的话路标志信号；后 4 位用来传送 CH_{16}～CH_{30} 的话路标志信号。一个信令复帧正好把 30 路信令传一遍，其周期为 125 $\mu s \times 16 = 2$ ms，因此可得信令抽样频率为 500 Hz。

在 PCM30/32 通信中，TS_1～TS_{15} 用来传送 CH_1～CH_{15} 的话路信号；TS_{17}～TS_{31} 分别传送 CH_{16}～CH_{30} 的话路信号，每帧占 125 μs，因此每秒可发送 $10^6/125 = 8\ 000$ 帧，每帧分为 32 个时隙，每个时隙发送 8 个码（即 8 bit），对于一路语音话路来说，其传送码率为

$$8\ 000 \times 8 = 64\ k（bit/s）$$

则 PCM30/32 系统总的码率为

$$8\ 000 \times 32 \times 8 = 2\ 048\ k（bit/s）$$

三、数字交换的基本原理

1. 时隙交换的概念

数字交换的特点是将数字化了的语音信号通过数字交换网络来实现任意两个用户之间的语音交换。最简单的数字交换方法就是给这两个要求通话的用户之间分配一个公共时隙，两个用户的模拟语音信号经数字化后都进入这个特定的时隙，因此，数字交换的实质是时隙交换。

当语音信号变成数字信号后，每个用户的语音信息就在时分多路复用线（PCM 复用线，常称为数字链路）上占据一个固定时隙，在这个固定的时隙上，周期地传递该用户的语音信息，用户无论是发话还是收话，均使用这个时隙的时间。例如，图 2-9 所示的是 A 用户与 B 用户之间的双向通话过程，其中 A 用户的语音信息占用 TS_2 时隙，B 用户的语音信息占用 TS_8 时隙，具体过程如下：A 用户的语音信息在 TS_2 时隙内，经 A 用户的发送回路送入数字交换网络的语音存储器中暂存，等待 5 个时隙的占用时间，即 $5 \times 3.9\ \mu s = 19.5\ \mu s$ 后，当 TS_8 时刻到来时，将 A 用户的语音信息从语音存储器中取出，经 B 用户的接收回路送给 B 用户；同理，B 用户的语音信息在 TS_8 时隙内，经 B 用户的发送回路送入数字交换网络的语音存储器中暂存，等待 25 个时隙占用的时间，即 $25 \times 3.9\ \mu s = 97.5\ \mu s$ 后，当下一个 TS_2 时刻到来时，将 B 用户的语音信息取出，经 A 用户的接收回路送给 A 用户，这样通过 TS_2 和 TS_8 的时隙交换，完成了 A 用户和 B 用户之间的信息交换。从数字交换内部来看，需要建立 $TS_2 \rightarrow TS_8$ 和 $TS_8 \rightarrow TS_2$ 两条通路，也就是说建立发送和接收两条通路，所以数字交换的另一特点是必须是四线交换。

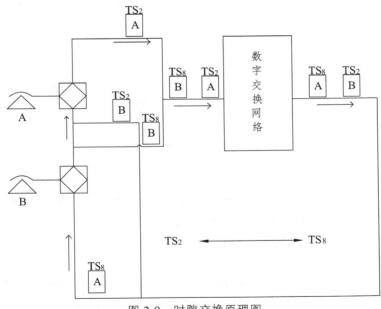

图 2-9　时隙交换原理图

2. 呼叫处理的基本过程

数字程控交换机的主要任务就是为用户完成各种呼叫接续，这个过程称为呼叫处理。它负责整个交换机所有呼叫的建立和释放。下面结合一次打电话的呼叫接续过程，详细叙述了呼叫处理的基本原理，如图 2-10 所示。

开始，假设用户没有摘机，处于空闲状态，交换机周期性地对用户进行扫描，检测用户线的状态，待用户摘机呼叫时交换机就开始了呼叫处理，基本过程如下：

（1）主叫摘机→去话分析→交换机送拨音号。

交换机检测到用户状态改变，确定呼出用户的设备号；从外存储器调入该用户的用户数据，如用户的电话号码、用户类别及服务类别等，然后执行去话分析程序。如果分析结果确定是电话呼叫，则寻找一个空闲路由，把该用户连接到拨音号产生设备上，向主叫用户送拨音号。

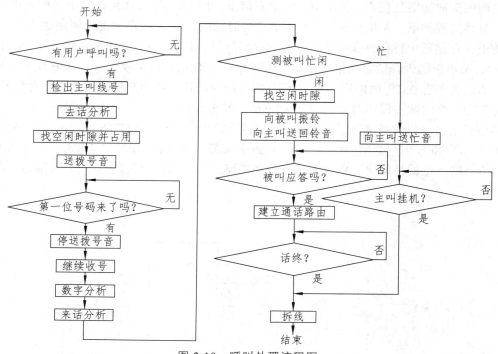

图 2-10　呼叫处理流程图

（2）收号→号码分析。

用户开始拨号，由收号器接收用户所拨号码；收号器收到用户拨叫的第一位号以后，停送拨号音，对收到的号码按位存储；在收到一定位数的号码以后，进行号码分析，以便确定本次呼叫时呼叫本局用户还是呼叫他局用户。

（3）来话分析→向主、被叫送回、振铃音。

在收号完毕和号码分析结束以后，根据被叫号码从存储器找到被叫用户的数据，如被叫的设备、用户类别等，而后根据用户数据执行来话分析程序，并检测被叫用户忙闲。如果被叫用户空闲，则招到一个从铃流设备到该被叫用户的空闲路由，给该被叫用户送铃流，并且选择一个能连通主、被叫用户间的空闲路由。接下来向被叫用户振铃，振铃确认后向主叫用户送回铃音。

（4）被叫应答→双方通话。

被叫摘机应答由扫描检出，由预先已选好的空闲路由建立主、被叫两用户的通话电路。同时，停送铃流和回铃音信号，建立主、被叫用户间的通话路由，主被叫用户开始通话，同时启动计费设备，开始计费。

（5）话终挂机→复原。

双方通话时，由用户电路监视主、被叫用户状态。当交换机检测到一方挂机以后，则复原通话路由，停止计费；向另一方送忙音；待另一方挂机后，一切复原。

四、区段数字调度通信的基本知识

1. 数字会议电路的基本原理

数字交换网络只能实现两个用户间的信息交换,以及一个用户对多个用户的广播式交换,而不能完成三个或三个以上用户的全双工交换,即参与的每个用户都能收听到其他所有用户讲话。在数字交换系统中,需由数字会议电路完成该功能。由于 PCM 编码为非线性码,无法直接相加。为解决这一问题,一般采用以下两种方式:

(1)假设 A、B、C 三个用户需开全双工会议,先将 PCM 信号变成模拟信号,相加后再变成 PCM 信号,如图 2-11 所示。

(2)先将 A 律 PCM 编码信号变成线性编码信号,然后将线性编码信号相加,将相加结果再变回 A 律 PCM 编码信号,如图 2-12 所示。

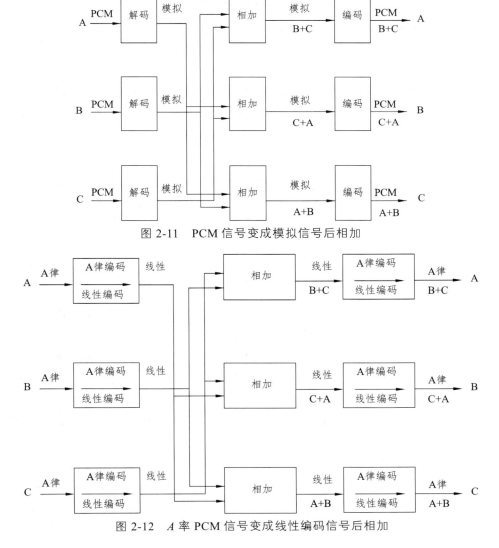

图 2-11　PCM 信号变成模拟信号后相加

图 2-12　*A* 率 PCM 信号变成线性编码信号后相加

2. 回波相消技术

对于既有调度设备及站场设备，为防止主通道（传声器和扬声器）啸鸣，调度总机采用的是由调度员脚踏控制的单工通话方式，这种方式不仅分散调度员的注意力，而且操作不当时经常发生丢话和断话的现象；车站值班台采用的是模拟音控自动半双工的通信方式，这种方式在嘈杂环境下经常不能正常工作，特别是在附近有火车鸣笛等大噪声环境下，双方几乎无法正常通话。

要实现主通道的全双工通话，必须解决啸鸣问题。引起啸鸣的关键是语音的回波。在一次通话过程中，回波成分往往很复杂。从回波产生途径来看，可分为空间回波和线路回波两种。空间回波是指从扬声器出来的声音又通过传声器进去返回给讲话的人；线路回波是指发出去的声音在电路或线路上传输时，由于二/四线变换等因素，一部分声音又返回给讲话的人。

回波相消一般采用 DSP 数字信号处理技术，对回波信号进行自适应预估而提前将之消除，DSP 算法越复杂，回波相消效果越好。区段数字调度系统的操作台运用这项技术实现了调度指挥的全双工通信。

3. 数字锁相环技术

数字交换设备通过数字接口互联互通时，必须解决系统间的同步问题，这就要用到数字锁相环（DPLL）技术。利用数字锁相环技术，可以使本系统时钟的相位与上级时钟源的相位同步，从而达到两个系统同步的目的。数字锁相环的基本原理如图 2-13 所示。

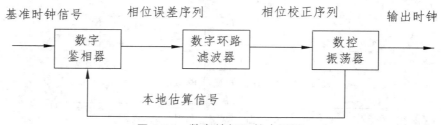

图 2-13　数字锁相环基本原理

图 2-13 中，基准时钟信号即由上级时钟源提供的同步时钟信号，数字鉴相器将基准时钟信号和本地估算时钟信号的相位进行比较，输出相位误差序列。数字环路滤波器在环路中对输入噪声起抑制作用，并且对环路的校正速度起调节作用，以保证数字锁相环的相移和抖动指标满足一定的要求。相位误差序列输入数字环路滤波器将产生一个相位校正序列给数控振荡器使用。数控振荡器又称数字钟，它受数字环路滤波器输出的相位校正序列控制，产生本系统所需的时钟，同时又产生与基准时钟信号同频率的本地估算时钟信号，输入给数字鉴相器，供下一轮同步使用。

经过以上处理，输出的时钟信号与输入的基准时钟信号实现了同步。

锁相环是个相位误差控制系统。它比较输入信号和数控振荡器输出信号之间的相位差，从而产生误差控制信号来调整数控振荡器的频率，已达到与输入信号同频。在环路开始工作时，如果输入信号频率与数控振荡器频率不同，则由于两信号之间存在固有的频率差，它们之间的相位差势必一直在变化，输出相位误差序列。在相位误差序列的控制下，数控振荡器的频率也在变化。若数控振荡器的频率能够变化到与输入信号频率相等，在满足稳定性条件下就在这个频率上稳定下来。达到稳定后，输入信号和数控振荡器输出信号之间的频差为零，相差不再随时间变化，相位误差序列为一固定值，这是环路就进入"锁定"状态。这就是数字锁相环大致的工作过程。

4. 数字交叉连接（DXC）

数字交叉连接是对数字群路信号及其子速率信号进行智能化交换的传输节点设备，也就是说，将数字交叉连接设备的两个端口用固定或半固定的方式连接起来，可以达到两个端口直通的目的。原 CCITT 对 DXC 的定义是："它是一种拥有一个或多个符合 G.703 建议的准同步数字系列和 G.707 建议的同步数字系列的数字端口，可对任何端口速率信号（或其子速率）进行可控制的透明连接或再连接的设备。"

从本质上讲，DXC 也是一种交换机，它的作用是实现交叉连接的时隙互换。与常规的数字程控交换机是有区别的，其不同之处在于：

1）交换对象不同

DXC 的交叉连接对象是由多个电路组成的电路群，如 2 Mb/s 信号、140 Mb/s 信号等宽带信号；而常规数字程控交换机的交换对象则仅仅是话音电路即 64 kb/s 的窄带信号。

2）状态持续时间不同

DXC 的状态持续时间是半永久性的。一旦其交叉连接状态确定，其持续时间最少是几十天、几个月甚至更长的时间。而常规数字程控交换机的接续状态是动态变化的，其持续时间一般只有几分钟，即一旦通话结束，原接续状态立即释放。

3）阻塞性不同

DXC 的交叉连接设计是无阻塞设计，即不允许出现阻塞现象。而常规数字程控交换机的交换设计一般是有阻塞的，即在话务量特别繁忙的时候允许个别话路不能被接续。

4）提供通道的方式不同

DXC 是通过网管或维护终端做数据建立或拆除，而常规数字程控交换机是通过呼叫信令建立和拆除的。

5. 数字共线原理

所谓数字共线，指的是在铁路调度通信中，枢纽主系统和各个车站分系统是以共线方式组网的。图 2-14 所示的是枢纽主系统 MU 和各个车站分系统 BU 的共线组网方式，即 MU 和 BU_1 之间用一条 E1 线连接，BU_1 和 BU_2 之间用一条 E1 线连接，依次类推，最后 BU_n 以一条 E1 线连接到 MU，从而整个系统构成一个环路，因此数字共线组网也称数字环。环路中各时隙可分为共线时隙、站间时隙、远程调度时隙等，从业务上来说，分别用于各种不同的调度业务，每种调度业务只占用一个时隙。

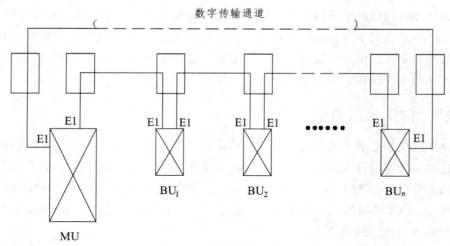

图 2-14　数字共线示意图

复习思考题

1. 模拟信号数字要经过几个步骤？
2. 什么是时分复用系统？
3. 描述 PCM30/32 帧结构。
4. 什么是时隙交换原理？
5. 简述呼叫处理的基本流程。
6. 简述数字会议电路的基本原理。
7. 简述回波相消技术原理。
8. 简述数字锁相环技术原理。

任务二　数字调度通信系统

【知识要点】

（1）系统原理。
（2）系统组成。
（3）系统运用。
（4）系统主要业务及功能。
（5）网络组成。
（6）典型设备举例。

【任务目标】

（1）掌握数字调度通信系统的原理和组成结构。

（2）理解数调系统的系统运用方法，系统的主要业务及功能。

（3）掌握数字调度网络的组成。

（4）了解佳讯 FH98 和中软 CTT2000 数调设备。

一、系统原理

数字调度通信系统是随着通信技术、计算机技术等高新科技的飞速发展研制成功的铁路数字专用通信系统。它是基于数字传输通道在铁路沿线大量铺设的前提下设计的。数字时分交换技术是数字调度通信系统的基本技术，另外，计算机硬软件控制技术、数字信号（语音）处理技术、环行网络自动保护技术等也是数字调度通信系统中采用的一些重要技术。

数字调度通信系统的基本原理就是使用计算机硬件、软件去控制数字时分交换网络的交换接续，来达到人们期望的通信方式及通信需求。为了使通话效果更好，也为了在免提通话方式下取得更好的效果，数字调度通信系统采用了数字信号（语音）处理技术对通话语音做了一定的处理，如抵消免提通话方式下的声音回波、语音大小自动控制等。为充分保证数字调度通信系统的安全可靠，采用环行网络的组网技术，环行网络的任何一处断裂，都不会影响任何通信业务。

二、系统组成

数字调度通信系统一般由数字调度主机、操作台、集中维护管理系统等组成。

1. 数字调度主机

数字调度主机是为调度所和站场提供调度指挥的数字交换设备。其主要功能为：网络和通道管理、组网、呼叫处理、交换及各种通信业务的综合接入。

数字调度主机为模块化结构设计，一般由电源模块、控制模块、交换模块、资源模块、时钟模块、接口模块组成。系统框图如图 2-15 所示。

1）电源模块

电源模块实际上是二次电源，即输入为 – 48 V，经 DC/DC 转换后，为系统提供各种工作电源，主要为 ± 5 V、± 12 V、铃流等。如果现场没有 – 48 V 电源，则需另配电源系统。一般为分层供电、双备份设计，具有负荷分担、实时热备份功能。

2）控制模块

控制模块实现对调度主机的交换网络、各种资源、各种接口的控制及管理，以及各种信令的处理。

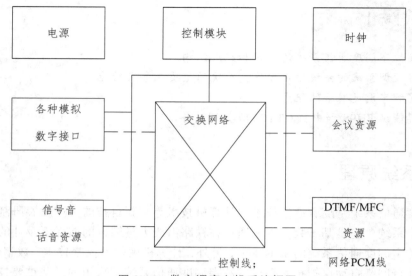

图 2-15 数字调度主机系统框图

控制模块一般为多处理机结构，模块化设计，集中和分散相结合的控制方式，各处理机分级实现负载分担和功能分担。分级方法如下：

主处理机：实现对全系统的综合控制和管理，包括对各子处理机、交换网络和重要资源等的控制和管理，具有实时热备份功能。

子处理机：在主处理机的控制下实现对特定功能的控制和管理，也具有实时热备份功能。

3）交换模块

交换模块实现全系统的网络交换功能。各接口和各资源通过网络总线（PCM线）连接到交换网络上，在控制模块（一般由主处理机直接控制）的控制下，完成两个接口间或某接口和某资源间的音频信号或数据交换。

4）资源模块

资源模块提供系统所需的各种公共资源，主要是会议资源、双音多频（DTMF）资源、多频互控（MFC）资源等。所谓公共资源是指挂在交换网络上的任意接口均可使用的资源。其中：会议资源用以实现系统所需的各种会议功能，包括数字共线、全呼、组呼、会议呼等功能；双音多频（DTMF）资源用以实现对各接口终端设备（如双音频话机）的双音频收发功能；多频互控（MFC）资源用以实现采用中国 1 号信令的局间数字中继的多频互控收发功能。

5）时钟模块

时钟模块为系统提供所需的各种时钟、时序信号。时钟模块是数字交换的核心和基础，与数字交换相关的各部分包括交换网络、各接口和各资源、各种串行控制信号等均是在时钟模块提供的统一时钟、时序下协同工作，从而完成系统的交换功能。

6）接口模块

接口模块实现系统与各终端（包括：通用终端，如双音频话机；专用终端，如操作台）

或设备的接口功能。接口模块由各终端电路组成。

数字调度主机的主要接口如下：

（1）2M 接口（A 接口）。

数字调度主机通过 2M 接口经由 2M 透明通道实现各种形态的组网方式。

（2）U 接口（2B+D 接口）。

数字调度主机通过 2B+D 接口与操作台连接，并为操作台提供工作电源。该接口为数字调度主机与操作台间提供 2 个 64 kbit/s 的语音和数据通道，以及 1 个 16 kbit/s 的信令通道。其传输载体为一般普通的双绞线。

（3）用户接口。

兼具普通用户接口、共电接口功能。接入普通双音频话机或共电话机，作为拨号用户或调度、站场分机，支持脉冲／双音频拨号呼叫或摘机立接呼叫；接入既有集中机的共分盘，实现与集中机间的立接呼叫；接入区间电调回线，实现区间电调用户摘机呼叫电调的功能。

（4）共分接口（环路接口）。

用以接入站场扩音、广播设备，实现站场广播；接入既有集中机的共总盘，实现与集中机间的立接呼叫。

（5）磁石接口。

接入既有站间闭塞回线或站间模拟通道，作为站间数字通信的备份；接入磁石电话用户，作为调度或站场分机；接入既有集中机的磁石盘，实现与集中机间的立接呼叫。

（6）下行区间接口。

接入下行区间回线，与上行区间接口配合，完成既有区转机（QJ-76 或 QJ-87）的全部功能。支持脉冲和双音频收号。

（7）上行区间接口。

接入上行区间回线，与下行区间接口配合，完成既有区转机（QJ-76 或 QJ-87）的全部功能。

（8）2/4 线音频接口。

接入各类具有 2/4 线音频接口的终端，为其他业务（如无线列调、红外、调监等业务）提供透明的 64 kbit/s 通道，组网形态可以是共线或点对点方式。

（9）模拟调度接口。

可代替原有的各种调度总机（DC、GC、YD 类），把原有的调度回线接入到数字专用通信系统中，作为数字调度系统的备份资源，或作为未进行数字化改造区段的接入方式。

（10）选号接口。

接入模拟调度回线或模拟专用电话回线，可接收各种模拟调度总机发出的模拟呼叫信号。

2. 操作台

操作台是调度（值班）员进行调度操作的终端设备。调度（值班）员通过操作台上各按键进行各种调度操作，如应答来话，单呼、组呼、全呼用户，转移或保持来话，召集会议等。

操作台一般由键盘部分、显示部分、接口部分、控制部分、通话回路部分、电源部分、其他辅助功能部分等组成。

1）键盘部分

键盘部分为调度（值班）员提供操作界面。一般分为单呼、组呼键区，功能键区，数字键区。单呼、组呼键区为调度（值班）员提供单键呼叫功能，同时具备应答和挂机功能。该键区一般分为 48 键和 24 键两种规格，键区内任何键均可根据现场需要任意定义。

功能键区为调度（值班）员提供其他特定的功能，如键权、主辅切换、转移、保留、会议、全呼、录音、放音等。数字键区为呼出拨号和菜单选择、参数设置键区。

2）显示部分

显示部分用以指示操作台的运行状态和各种呼叫状态，一般分为灯显示和液晶显示两部分。灯显示通过指示灯的不同颜色和不同闪烁频率提示当前各种状态；液晶显示则可以很直观地显示各种更复杂的状态。

3）接口部分

接口部分完成操作台与数字调度主机的接口功能。采用 2B+D 接 E1，传输码型为 2B1Q 码。为操作台与数字调度主机之间提供 2 个 64 kbit/s 的语音和数据通道，以及 1 个 16 kbit/s 的信令通道。2 个 64 kbit/s 通道分别对应操作台的主辅通道，而操作台与数字调度主机之间各种信令交互则是通过 16 kbit/s 的信令通道完成。

4）控制部分

控制部分实现操作台内各部分的管理和控制、操作台的呼叫处理、与数字调度主机的信令交互等功能。

5）通话回路部分

通话回路部分分为主通道（传声器和扬声器）和辅通道（通话手柄）两部分。两个通道均为全双工通信。主通道一般都采用回波相消和自动增益控制等技术，以防止啸鸣，提高通话质量。

6）电源部分

电源部分为操作台提供所需的各种工作电源，如 ±5 V、3 V 等。操作台一般采用远端供电方式。

7）其他辅助功能部分

此部分包括各厂家提供的各项辅助功能，如电子复述机功能、录音功能、操作台的测试和维护功能等。

各厂家的操作台外观大同小异，在此选择一例，如图 2-16 所示。

3. 集中维护管理系统

集中维护管理系统由一台或多台集中维护管理终端、打印机组成。当系统有多台集中维护管理终端时，放置于主系统所在地的终端称为主维护管理终端，其他终端称为分维护管理终端。集中维护管理系统可对主系统和主系统管辖范围内的所有分系统进行集中维护管理及监控，但主系统与分系统之间必须通过 2M 数字通道相连。

集中维护管理系统具有性能管理、配置管理、故障管理、安全管理等功能。

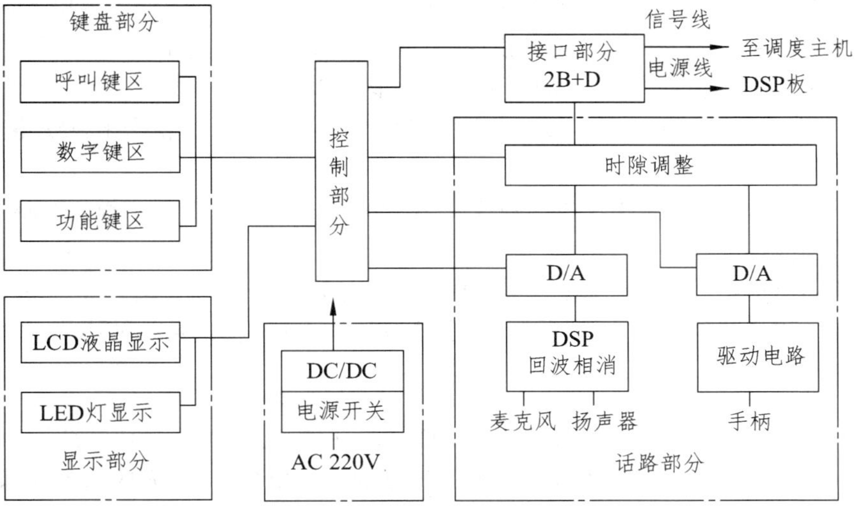

图 2-16　键盘操作台

4. 录音系统

数字调度系统提供数字集中录音、调度台录音和数字录音板录音三种方式，可以满足不同应用场合的需求。

数字集中录音系统一般应用于录音需求较多的场所（如铁路局调度所或大型调度指挥中心），可实现对模拟线路的录音，提供电话查询、监听、调听、备份、数据维护功能，同时提供完备的网络配置管理、故障管理、安全管理进行远程维护。数字集中录音系统以计算机为操作平台，录音介质为硬盘，采用 ADPCM 编码，2 : 1 压缩率（即录音数据为 32 kbit/s），可以同时对 32 个话路进行录音，录音时间长度取决于硬盘的大小。该系统的特点是录音、监听一体化，集中管理直观方便。

调度台录音系统与数字录音板录音机理相同，录音介质为固态存储器，并采用了高压缩率算法，录音数据为 2.4 kbit/s。两种系统均具有体积小、寿命长（固态存储器擦写次数达 10 万次），与本系统高度一体化，录音数据可灵活上调等优点，将为现代化的管理提供有力的支持。不同的是调度台录音系统只能给本调度台录音，只提供录音接口，不提供录音数据的保存；而数字录音板录音除解决本系统的录音需求外，还可同时解决小站其他录音需求，如无线列调的通话录音。

三、系统运用

系统运用分单机运用和多机组网综合运用两种方式。

1. 单机运用

所谓单机运用，是指采用一套调度主机，完成单一功能的通信设施，根据不同的需求，可在多种场合下使用。

1）作为固定交换机使用

主机只需配置公共模块，包括电源模块、控制模块、交换模块、资源模块、时钟模块等。此外，根据实际运用需要，再配置中继模块，具有 E1 接口、模拟用户接口和数字用户接口，便成了一台固定交换机，具有 PBX 的全部呼出功能。

（1）与铁路程控交换机相连，采用中国 1 号信令并统一编号，相当于将铁路自动电话延伸至铁路沿线中间站。

（2）与干、局调交换机相连，采用 1 号数字用户信令并统一编号，相当于将干、局调用户延伸至区段中间站。

（3）与移动交换机（MSC）相连，采用 1 号数字用户信令并统一编号，完成固定用户与移动用户之间的交换接续，组成专用通信网，实现固定电话网与移动电话网的业务融合。

2）作为站场通信使用

主机除配置公共模块之外，还需配置 2B +D 数字用户接口以及与本系统配套的操作台，模块用户接 E1 和调度回线接口。组成多个相互独立的封闭用户群，以完成站场内部通信业务，取代现有用多台模拟电话集中机的组网方式。操作台可作为内部用户群的主席台（车站值班台），例如，某站场有到达场、出发场、编组场等三场，每场均有自己的值班台与所属用户组成一个内部相对独立的封闭用户群，值班台与相应的列车调度台相连。

对于较大的站场，场与场之间相隔较远，如果只设一台主机，要将所有用户电缆接入，需重新铺设电缆，施工困难，造价又高，可以设多台数字调度主机用级联方式组网，应根据运用需求、地位环境、既有电缆布局等因素综合考虑如何组网。

2. 多机组网综合运用

所谓多机组网综合运用，就是采用一套主系统和若干套分系统组网，完成多种业务的通信设施，区段调度通信系统就是一个典型的实例。

1）系统总体结构

系统总体结构如图 2-17 所示。主系统放置于铁路局调度所或大型调度指挥中心，主要用于接入各调度操作台和各种调度电路，是整个系统的核心。主系统由数字调度主机、调度操作台、集中维护管理系统、录音系统等组成。

分系统放置于铁路局管辖范围内各车站，通过数字传输通道与主系统相连，主要用于接入车站操作台、远端调度分机、站间电话、区间电话、站场电话等。分系统由数字调度主机、车站操作台等组成。

主系统与多个车站分系统是通过 E1 数字中继接口连接的（中间经过数字传输通道，如 SDH/接入网等）。组网时，主系统单板的第二个 E1 接口和车站分系统的第二个 E1 接口都称为下行 E1 接口，第一个 E1 接口称为上行 E1 接口。主系统的一个下行 E1 数字接口经过数字传输通连接到分系统 1 的上行 E1 接口，分系统 1 的下行 E1 接口经过数字传输通道连接分系统 2 的上行 E1 接口，后者的下行 E1 口再连接到分系统 3 的上行 E1 接口。以此类推，分系统 n 的上行 E1 接口经过数字传输通道与上一个分系统的下行 E1 接口连，同时 n 车站的下行 E1 接口经过数字传输通道（如数字微波、SDH）直接连接到主系统的上行 E1 数字接口上。

这 n 个分系统与主系统一起就构成了一个数字通道环路，我们称之为"数字环"，也称为"数字共线"组网方式。所有分系统与主系统经过同一 2M 通道实现数字业务的传输。

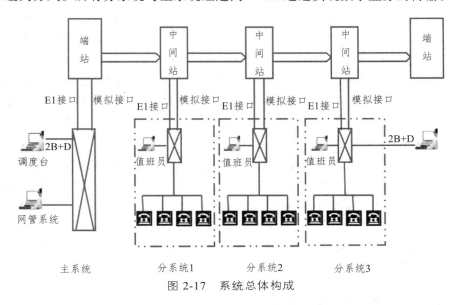

图 2-17 系统总体构成

实际组网时，可将铁路局所管辖的各个车站按铁路沿线分别组成"数字环"，再将这些各铁路沿线的"数字环"都接入到主系统上，从而完成铁路局多个方向调度与专用电话业务。

2）系统的呼叫与通信方式

在模拟调度系统中，调度总机对分机的呼叫是通过发送不同双音频组合来呼叫不同的分机，调度分机呼叫调度总机则是采用定位受话方式，即不需发送呼叫信号，通话与呼叫是在同一个通话（电路）中进行的。

在数字调度系统中，通话与呼叫是在不同的通道中进行，语音是在如前所述的"数字共线"通道中传送的，而呼叫信号是通过专用通信通道（一般占 3 ~ 4 个时隙）传送的。在总线型组网方式下，该专用通信通道自主系统贯穿所有分系统，如图 2-18 所示。

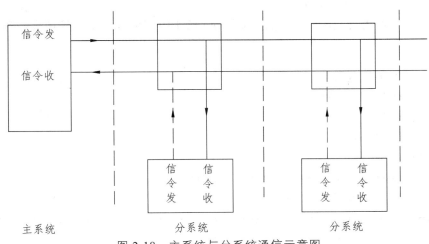

图 2-18 主系统与分系统通信示意图

由图 2-18 可以看出，主系统和各分系统间通信为典型的总线式结构，以主系统为主导，其他分系统处于从属地位。主系统对各分系统采用分时轮询的访问方式，专用通信通道的管理权归主系统。通信由主系统发起，即主系统通过图中信令发端口发送各种消息，其中包含被访问分系统的地址信息。图中各分系统对应信令收端口为实线，表示所有的分系统的信令收端口均随时处于接收状态，并分析主系统是否访问自己。图中各分系统对应信令发端口为虚线，表示平常处于断开状态，当被访问分系统确认自己为被访问对象时，通过交换网络将该分系统的信令发端口连至主系统的信令收总线，从而实现主系统与该分系统间通信。

为保障通信信令的可靠传输，专用通信通道一般采用 HDLC（高级数据链路控制）方式进行通信。通信信令采用数据包的格式，类似于 7 号信令系统。由于采用高性能处理器，以及多条 HDLC 通道，并采用高效的专用信令，使主系统和各分系统间通信速度很快。一般的呼叫响应时间均在毫秒量级。从处理能力方面讲，在总线型组网形式下，一个主系统在一个数字环内带的分系统数一般可达 50 个。

由于各厂家数调系统的主系统和分系统间采用自己开发的专用信令，使不同厂家的主系统、分系统间无法采用专用通信通道直接进行通信，只能通过标准接口和信令（如用户/环路方式、中国 1 号信令系统等）进行通信。

3. 系统运用的安全与保护措施

为保证系统的安全运用，区段数字调度通信系统从以下三个方面提供安全保护措施。

1）组　　网

（1）数字自愈环。

在系统组网时，采用环状的数字自愈通道，保证数字环的任何一处断开都不会影响系统的正常运行，增加了系统的安全可靠性。

（2）断电保护。

某个车站断电、停电维修，或该站分系统有严重故障时，该分系统自动将上、下行 2M 口对接并从环上脱离，来电后自动恢复，无须人工启动和加载，以保证数字环的完整性。

（3）数字/模拟通道互为备份。

当数字传输通道出现故障时，系统自动切换到备用的模拟通道，保证调度业务正常使用。

2）硬件设计

（1）超大规模集成电路。

系统集成度较高，可靠性好。

（2）模块化设计。

局部损坏不影响全局。

（3）实时热备份。

控制部分、电源部分和关键接口均可实现 1+1 或 N+1 实时热备份。

（4）故障时自动切换到应急分机。

当操作台或 2B+D 接口、用户线故障时，系统自动切换到备份的应急分机，也就是说可以用普通电话机替代操作台。

3）诊断告警与集中维护

（1）自诊断、测试和告警。

系统具有完善的自诊断、测试和告警功能，一旦发现问题，马上通过声光告警提示维护人员，同时在集中维护管理系统上有详细的记录，可以增强维护能力，提高响应速度。

（2）受控状态。

系统所有设备包括备用设备均处于受控状态，保证备用设备运行良好，免去了繁重的设备检修工作。

（3）远程诊断。

有的系统还具有远程诊断功能，在异地通过自动电话网接通维护台，进行远程诊断和技术支援。

四、系统主要业务及功能

区段数字调度通信系统可以全面实现铁路各项专用通信业务，包括区段调度通信、站场通信、站间通信、区间通信、专用通信等；同时利用该系统可实现一系列扩展业务，包括为其他业务提供通道、自动电话放号等。

区段数字调度通信系统还具有集中维护管理和自动通道保护等功能。

1. 区段调度通信

区段调度通信包括列车调度通信、货运调度通信、牵引供电调度通信。

区段数字调度通信系统可以实现铁路局所有方向、所有区段的区段调度通信业务，并可以实现与局调、干线调度的多级联网。调度通信方式为以调度员为中心的一点对多点的通信系统。区段调度员可按个别呼叫、组呼或全呼等方式呼叫调度辖区范围内相关的所属用户并通话，并接收所属用户的呼叫并通话。通话方式为全双工方式，也可根据需要设置为单工定位受话方式。

调度业务的通道组网方式有以下几种：星型、共线型、综合型（星型+共线型）、混合型（数字+模拟），组网方式的选择主要视区段数字调度通信系统的 2M 通道组网方式和是否存在模拟分机而定。如在最常用的 2M 环型组网方式下，可以用数字共线的方式；如果该调度区段的某些分机仍为模拟分机，则需用混合型组网方式。

调度员一般使用键控式操作台，通过 2B+D 接口接入主系统；调度分机一般采用键控式操作台（如车站值班台）或共电话机，通过 2B+D 接口或共电接口就近接入相应的分系统（也可能是主系统）。调度通信的实现需要区段数字调度通信系统的主系统和相关分系统协作完成。以 2M 环型组网为例，调度员和调度分机的语音通道为数字共线通道，呼叫信令则在专用通信时隙内传送。专用通信时隙为典型的总线型结构，以主系统为主导，其他分系统处于从属地位，主系统对各分系统采用分时轮询的访问方式。

调度员单呼某调度分机时，主系统向该分机所属分系统发出呼叫信号，该分系统收到呼叫信号后向被叫分机发出呼叫信号（值班台或话机振铃），调度员听回铃音；被叫分机摘机应答后，该分系统向主系统发送被叫应答信号，然后主、分系统将网络接通，调度员和被叫分机通话；通话完毕一方挂机后，挂机方所属系统（主或分系统）向对方发挂机（拆线）信号，未挂机方属系统收到该挂机信号后向未挂机终端送忙音（注：上述发起呼叫或挂机过程中，如果调度员当前呼叫通道内有其他用户，则不向调度员送回铃音或忙音）分机呼叫调度员过程与调度员单呼某调度分机过程相似。

调度员组呼或全呼时：主系统在专用通信通道上发组呼或全呼信号，相应用户对应的分系统收到该组呼或全呼信号后，向相应分机发出呼叫信号（值班台或话机振铃），调度员听回铃音；当某一被叫分机摘机应答后，其所属分系统向主系统发送被叫应答信号，然后主系统和分系统将网络接通，调度员与之通话，其他用户陆续摘机后自动加入通话；部分分机挂机后，自动退出通话；当调度员或所有分机都挂机后，该呼叫拆除。

根据需要，调度操作台间可具有台间联络功能。在一个 2 M 环内，一个调度业务占用一个 64 kbit/s 通道共线时隙。

2. 专用通信

专用通信包括车务、工务、电务、机务、水电等专业调度通信。专用通信与调度通信只是业务性质的不同，从技术原理上两者完全相同，系统可以实现铁路局各方向的所有专用电话业务。

专用通信的通信方式、通道组网方式、呼叫方式和时隙占用情况与调度通信相同。

当某专用通信调度台与主系统不在一个地点时，该专业调度台可以通过就近的分系统接入，这种接入方式称为远程调度台。远程调度台一般有两种实现方式，第一种方式是在主系统，和相应分系统间设置 3 条专用 64 kbit/s 通道，将该远程调度台的 2B+D 通道直接连接到主系统的 2B +D 接口，由主系统直接管理该远程调度台；第二种方式是由相应分系统直接管理该远程调度台，所有呼叫接续由该分系统经由主系统处理。第一种方式的优点是系统处理简单，缺点是需独占 3 条 64 kbit/s 通道；第二种方式正好相反，其优点是节省了 3 条 64 kbit/s 通道，但增加了呼叫处理的复杂性。

3. 站场通信

站场通信包括车站（场）集中电话、驼峰调车电话、平面调车电话、货运电话、列检电话、车号电话和商检电话等。站场通信是铁路专用通信的重要组成部分，它上与调度电话、专用电话联系，下与铁路车站站场内不同用户保持联系。

每个车站分系统都是一个独立的调度交换机，车站分系统可实现以一个或多个车站操作台为中心，接入各种站场电话，并保留原有通信方式的站场通信系统，以取代原有集中机等既有站场通信设备。

值班员使用键控式操作台，通过 2B+D 接口接到车站分系统；站场内的用户可以通过共电接口、共分接口、磁石接口等接入车站分系统；站场广播系统通过共分接口接入车站分系统；调度电话、专用电话除了可以从车站分系统的数字接口接入，还可以在没有数字通道时从选号接口、共分接口接入，通过车站分系统内部的全数字无阻塞时隙交换网络、多方会议电路方便灵活地组成了站场通信，值班员可以通过操作台上的按键任意实现单呼、组呼、会议呼。

单呼：按相应的键即可呼出对应的用户。

组呼：按相应的键可呼出设定为同一组内的用户。

会议呼：值班员可利用该功能将多个临时用户召集起来开会。

车站操作台具有台间联络功能，可实现值班员之间的通信。

车站分系统同时支持拨号呼叫、出局呼叫等功能。

站场通信为分系统内部业务，无须占用 2 M 环内的时隙。

4. 站间通信

站间通信是指（相邻）两车站值班员之间进行语音联络的点对点通信业务。

车站值班员一般使用键控式操作台作为值班台，站间呼叫一般为单键操作，即一键直通。如果不考虑跨站站间通信业务，站间通信一般占用 2 M 环中两个 64 kbit/s。通道时隙，其中一个时隙为主用站间时隙，另一个作为备用站间时隙。主用时隙处于分段复用状态，即任一车站与其上、下行车站的站间通话均使用该时隙，也就是说通过车站分系统的交叉连接功能实现了时隙的分段复用。当 2 M 环的通道出现一处断点（备用 2 M 通道除外）时，该断点两侧两个车站将无法利用主用站间时隙进行站间通话，这时候系统将自动启用备用站间时隙作为这两个站的站间通话通道。

实际应用中，站间通信在某些情况下被允许跨站使用（如高速铁路线中的行车站）。此时，只需再给一个时隙做这种站间通信，同样这个时隙也可以被分段使用。

站间通信的呼叫信令一般有两种处理方式：其一是两个分系统通过主系统（经由专用通信通道）转发呼叫信息；其二是两分系统间建立直达信令通道，直接处理站间呼叫信令。两种处理方式中，前者站间呼叫依赖主系统，而后者站间呼叫与主系统无关。

区段数字调度通信系统可利用既有的站间模拟通道（模拟实回线或电缆）作为站间数字道的备份，当某分系统无法通过数字通道与邻站通信时，系统会自动将站间通信切换到模拟备用通道上进行。车站分系统一般采用磁石接口接入站间模拟通道。

5. 远程调度功能

铁路调度专用通信网中，铁路局内的调度台，尤其是电专、车务、工务等调度台不一定位于铁路局调度中心内，可能会被安放在远离调度中心的某一个车站附近。这些调度台可以通过 2B+D 接口接入到就近的车站分系统后台，其功能、性能与位于主系统的完全相同，我们称位于车站侧的调度为"远程调度台"。

6. 系统级联功能

通过分系统可以级联多个下级车站。根据实现的业务不同，分为两种实现方式：模拟级联和数字级联。系统容量对于绝大多数车站的站场通信是完全足够的，而对于需要大容量通信的站场（如编组场），可以将多个分系统级联起来，实现模拟业务的扩容。

某些分系统通过共线方式构成一个"数字环"，这些车站并不直接接入到主系统上，而是通过主系统其中一个"数字环"中的某个分系统接入到整个系统中，实现调度通信和站间业务，如图 2-19 所示。

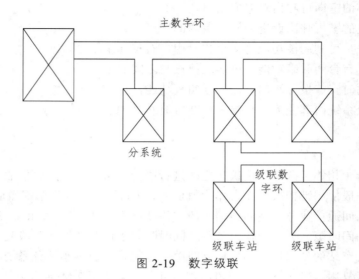

图 2-19　数字级联

7. 应急分机功能

分系统可通过软件将一部共电话机设置成应急分机，对应该分系统的一个值班台。该值班台出现故障，系统将自动切换到应急分机，由应急分机替代值班台实现通信业务。分机可通过对应的值班台按键号来拨号实现呼叫业务。

应急分机与值班台的区别唯一不同就是不能显示来电；起机后，听拨号音，所拨号码为"19+值班台所对应的键号"；分机在值班台正常时，起机听"拨号音"，可与值班台同时使用。起机听"忙音"，只有当值班台不能运行时，分机才能使用。

8. 多通道录音仪

多通道录音仪由工控机、语音卡、系统软件组成。它可以替代目前铁路站场和调度区段所使用的单路或多路录音设备，并实现远程监听和放音功能。多通道录音仪可提供多达 31 个录音通道，1 个放音通道，语音的录制采用音控方式。录制的语音资料存储在硬盘中，系统在硬盘中特开辟有一块永久存储区，使用人员可将重要的录音资料转移到永久存储区中，便于较长期地保留。

9. DXC 功能

区段数字调度通信系统的主系统和分系统均具有全时隙交叉功能，故单个系统（主系统或分系统）和整个系统均具有完备的 DXC 功能。利用这一功能可以很方便地为其他业务或应用提供点对点的（64 kbit/s 或 $n \times 64$ kbit/s）通道，如站内、邻站间或任意两个站间的通道。同时，由于区段数字调度系统的主系统和分系统有丰富的会议资源，还可以为其他业务（如无线列调大三角）提供数字共线通道。系统支持各种复杂连接的调度业务、专用业务、各种复杂的数字共线业务以及点对点、点对多点、广播型的半固定接续等。

提供通道的业务接口可以是：音频 2/4 线接口、2B+D 接口、64 kbit/s 同向接口等。

10. PBX 和自动电话延伸功能

区段数字调度通信系统的各调度主机（主系统或分系统）均具有完备的 PBX 功能，通过用户环路接口、2 M 接口等与其他交换网（如铁路自动交换网、干调网）相连，支持内部拨号呼叫、出局和入局呼叫等。内部编号可采用短号码（不等位编号）或与其他交换网等位编号两种方式。采用不等位编号时，用户（非立接用户）内部呼叫拨短号码，出局、入局呼叫均采用二次拨号；采用等位编号时，用户内部呼叫和出局、入局呼叫均采用交换网的统一编号，无须二次拨号。

区段数字调度通信系统还具有将中心站自动网用户延伸到周边小站的功能。中心站调度主机（主系统或分系统）通过 2 M 接口或用户环路接口与程控交换机相连，被延伸的用户直接接入相应的车站分系统。与接入网相比，该接入方案具有如下特点：

（1）若被延伸用户号码没有要求，可以将没有规律的号码下放到各小站，有效利用号码资源。

（2）具有 1∶1 到 1∶4 连续可调的集比线。

（3）通道使用灵活高效：可利用数调系统 2M 环中剩余通道，也可使用单独的放号通道；同一方向的小站通道可互相复用，即每站无须独占通道，从而提高通道使用率，降低呼损。

11. 集中维护管理功能

区段数字调度通信系统的集中维护管理系统参照电信管理网（TMN）标准，涵盖了配置管理、性能管理、故障管理、安全管理四大功能。

（1）性能管理：显示主系统和各车站分系统的网络拓扑结构；查看网络、主系统和各分系统的运行状况；查看各系统单板和接口的状态；查看各系统的程序和数据版本；加载程序和数据；主备切换等。

（2）配置管理：网络通道的配置；主系统和分系统的数据配置；各调度台数据的配置；多个网管终端权限和管理范围的配置等。

（3）故障管理：全系统所有告警、故障信息的收集、统计和分析，生成告警日志，告警的查看和打印。

（4）安全管理：控制各维护管理终端的权限，控制各级管理员和操作员的操作权限和操作方式，确保网管系统的安全性。

12. 通道保护功能

区段数字调度通信系统具有下列通道保护功能：

（1）数字自愈环。

在主系统和分系统的 2M 组网中，采用数字自愈环的方式，保证数字环的任何一处断开都不会影响系统的正常运行，增加了系统的安全可靠性。

（2）断点保护。

某个车站分系统断电或维修，或系统有严重故障时，该系统将自动从环上脱离，以保证数字环的完整性。

（3）利用模拟通道对数字通道进行备份。

系统可利用备用的模拟通道对重点调度业务或站间业务的数字通道进行备份。当某些分系统无法通过数字通道与主系统通信（如数字环中同时出现两个或两个以上断点）时，系统将自动利用备用的模拟调度回线实现调度员与相应调度分机之间的呼叫，以保证调度业务畅通。

同样，当两个分系统无法通过数字通道进行站间通信时，这两个分系统将自动利用站间备用模拟通道完成站间呼叫。

五、网络组成

铁路调度通信网的网络结构是根据铁路运输调度体制来安排的，按干线、局线两级调度分两层网络结构，下面将分别叙述各层网络的组成、网络编号及呼叫方式、网络同步及接口信令等问题。

1. 干线调度通信网络

1）网络组成

干线调度通信网络由设在中国国家铁路集团有限公司的 Hicom 382 数字调度交换机为汇接中心，与设在各铁路局的 Hicom 372 数字调度交换机或其他型号数字调度交换机用 2M 数字中继通道相连接，相邻铁路局的数字调度交换机之间也以 2M 数字中继通道相连作为直达路由，从而构成一个复合星型网络的干线调度通信网，如图 2-20 所示。

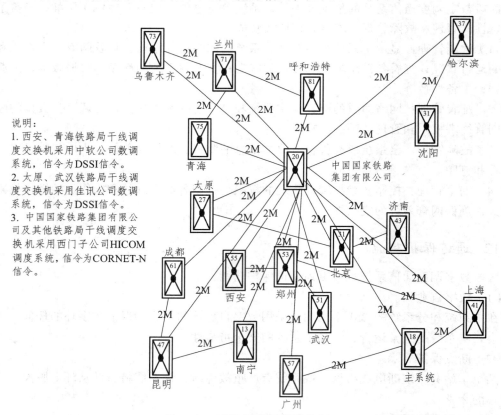

图 2-20　干线调度通信网络图

2）网络编号及呼叫方式

干线调度专用网用户与局线调度专用网用户的电话号码，全路统一编号，采用五位码（H1H2ABC），编号前两位 H1H2 为调度局向号，后三位 ABC 为用户号，分别为中国国家铁路集团有限公司、各铁路局。表 2-5 所示为铁路调度区号。

表 2-5　铁路调度区号表

H₁\H₂	0	1	2	3	4	5	6	7	8	9
0										
1				柳州局		襄樊			南昌局	
2	中国国家铁路集团有限公司	北京局	北京	天津		石家庄		太原	临汾	大同
3	白城	沈阳局	沈阳	哈尔滨局	大连	齐齐哈尔	通辽	吉林	通化	锦州
4	青岛	上海局	上海	济南局	（福州）	徐州	济南	杭州	蚌埠	南京
5	羊城	武汉	郑州局	郑州	安康	西安	怀化	广铁集团	长沙	洛阳
6		成都局	成都	重庆		贵阳		昆明局	北疆	
7	兰州局	兰州	银川	乌鲁木齐局	青藏（拉萨）	青藏（西宁）	乌鲁木齐	哈密	南疆	武威
8		呼和浩特局		哈尔滨	佳木斯	海拉尔	牡丹江	图们	长春	
9										

纳入调度台的用户，调度员无须拨号，单键直呼所属调度分机，分机遇忙，调度员可强插通话，调度员还可进行全呼、组呼。调度网内用户相互间呼叫，听一次拨号音直拨五位码。

3）网络同步

网内同步采用主从同步方式，中国国家铁路集团有限公司 Hicom 382 调度交换机配置的时钟作为第一从时钟，从中国国家铁路集团有限公司 SPC 上提取的时钟为主时钟，各铁路局调度交换机通过数字传输通道（PCM 30/32 的 TS0）保持与第一从时钟同步。同时，为了保证调度网络的可靠性，中国国家铁路集团有限公司 Hicom 382 调度交换机配置的时钟，采用双工热备份方式作为调度网络的副时钟（精度为 $\pm 5 \times 10^{-6}$）。当中国国家铁路集团有限公司 SPC 主时钟故障或与铁道. 部 SPC 相连的数字链路故障时，各铁路局与 Hicom 382 副时钟同步；各铁路局调度交换机本身也配有时钟（精度为 $\pm 1 \times 10^{-6}$），如果中国国家铁路集团有限公司副时钟或铁路局与中国国家铁路集团有限公司 Hicom 382 的数字链路中断，铁路局调度交换机自身的时钟自动进入工作状态。

4）接口及信令

交换机之间的局间中继接口采用 30B+D 数字接口，用 2M 数字通道相连接。

铁路局调度交换机采用 Hicom 372，其局间信令采用西门子专用 ISDN 网络共路信令（CorNET 信令）。CorNET 信令属于 OSI 参考模型的第三层——网络层，网络层的主要功能是利用数据链路层所保证的相邻节点间的无差错数据传输功能，通过路由选择和中继功能实现两个端系统之间的连接。此外，在功能上还覆盖了原 CCITT 有关用户—网络接口 ISDN D 信道协议的 Q.930、Q.931 标准和 EMCA Q-SIG 协议的内容，从而在以 CorNET 互连的 Hicom 交换机专网范围内提供大量公共 ISDN 网络所没有的服务，由此组成一个统一的 ISDN 调度网络，实现全部 ISDN 功能的全网透明传输，如全网范围内的遇忙/无应答呼叫转移、遇忙/无应答回叫、会议电话、热线、强插、强拆、多次中央呼叫等调度功能。

铁路局调度交换机如果采用其他型号的调度交换机，其局间信令采用 DSS1 信令。

2. 区段调度通信网络

区段调度有两种类型：一是以局调度指挥中心对全局相关站段的调度指挥，其通信网络结构，有的用专线组成星型调度通信网络，有的用铁路自动电话拨号呼叫进行联络；二是铁路局调度员仅对铁路线上某一区段的各车站（段、所、点）进行调度指挥，按其调度范围我们仍称为区段调度通信，下面介绍区段调度通信网络的特点与组成。

1）区段调度通信网络的特点

铁路区段调度通信网络是根据调度通信业务性质、地理位置以及安全可靠性的特殊要求等多方面因素来组建的，概括起来有以下两大特点：

（1）数字共线型的通信网络。

区段调度的通信方式：调度所调度员到车站值班员为指令型；车站值班员到调度所调度员为请示汇报型。

根据调度业务性质为一点对多点的调度指挥，地理位置又呈链状结构，为有效利用传输通道，仍沿用模拟通信时的共线方式。

（2）以 2M 自愈环组成区段调度通信网络。

区段调度业务包括了列车调度、货运调度、电力调度，每一类调度分别只占用一个时隙，一个 2M 传输通道的通信容量，完全可以容纳多个区段的各类调度业务。组网时，一个 2M 数字通道从始端站至末端站按上下行逐站串接，末端站又从另一层传输网中的一个 2M 返回至主系统，从而构成一个 2M 数字环。逐站串接的 2M 为主用，末端站迂回的 2M 为备用。当区段通信线路在某一点中断，从断点至末端站可由迂回的 2M 接通主系统，所以称之为 2M 自愈环。尽管通信传输网络也具有自愈功能，区段调度通信网的 2M 自愈功能为安全可靠运用多了一层保护，即使大通道全部中断，只要从主系统至末端站从异网沟通一个迂回 2M，仍能保证调度通信的正常使用。

2）区段调度通信网络的组成

区段调度通信组网时，必须根据数字传输通道和铁路运输区段的实际情况，综合考虑如何组成 2M 自愈环。

（1）首先确定一个自愈环内串接多少个分系统（车站）。

在保持同步和呼叫响应时间不大于 50 ms 的要求下，根据制造商提供的资料可以稳定串接 50～64 个分系统。50 个车站之间的线路长度不会小于 500 km，至少有 4 个行车调度区段，这对安全可靠性来说是不可取的。在实际运用中，运输繁忙的主干线路上，以一个行车调度区段为一个 2M 自愈环,其他线路上以两个行车调度区段合用一个 2M 自愈环,如图 2-21 所示。

图 2-21 中 AB 站为两个调度区段的分界站,必须同时纳入 A 列调台和 B 列调台。

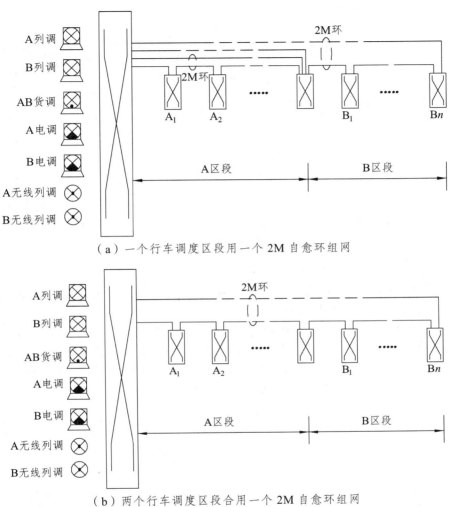

（a）一个行车调度区段用一个 2M 自愈环组网

（b）两个行车调度区段合用一个 2M 自愈环组网

图 2-21　区段调度通信网络组网图

（2）其次对几种特殊情况的处理。

① 枢纽列车调度台的组网。

枢纽列车调度台,也有的称为集中列调或地区列调,各单位命名不一样,实际都是指大站周边的几个小站组成的一个列车调度台。

图 2-22（a）所示为枢纽列调地理位置示意图,对枢纽列调台组网时,要根据地理位置和数字通道传输情况来确定能自行组成 2M 自愈环的是最佳方案,但实际很难做到。如图 2-22（b）所示,A 方向和 B 方向主干线路具有数字传输条件,可以将 A 方向的 A_1、A_2、A_3 站和 B 方向的 B_1、B_2、B_3 站分别纳入该方向主干线路的区段 2M 自愈环内,占用一个时隙,C 方向的 C_1、C_2、C_3 自行构建一个 2M 自愈环,D 方向未经数字化改造,D_1、D_2 站的调度分机仍为模拟调度分机,接入主系统的模调接口。这样将 4 个方向的调度分机分别采用时隙的、2M

的、模拟的方式，在主系统中进行星型汇接，从而构成一个数模混用、星型加共线型的复合网络。

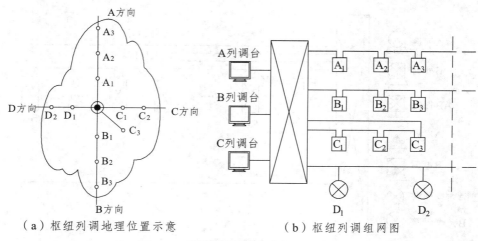

（a）枢纽列调地理位置示意　　　　（b）枢纽列调组网图

图 2-22　枢纽列车调度台组网示意图

② 具有分支铁路线的区段调度通信网络。

在主干铁路线上的某中间站有一条分支铁路线，分支线上几个中间站的调度电话纳入该调度区段，其地理位置分布如图 2-23（a）所示。

图 2-23（b）所示为分支线还是模拟通信线路，分支线上的 $Z_1 \sim Z_4$ 4 个小站仍采用双音频调度分机，那么在 Az 站的分系统需配置模调接口，并在该站分系统进行汇接。

图 2-23（c）所示为分支线已具有数字传输通道，该分支线自行组成一个 2M 支环并接入 Az 站分系统汇接处理，Az 站分系统需配置 4 个 2M 口。

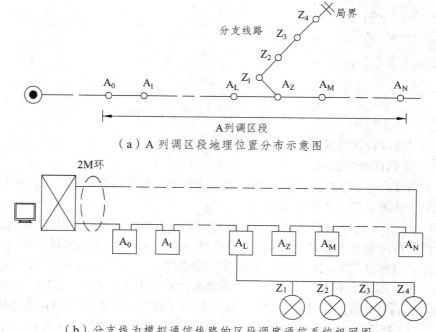

（a）A 列调区段地理位置分布示意图

（b）分支线为模拟通信线路的区段调度通信系统组网图

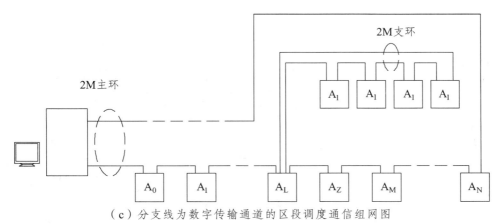

（c）分支线为数字传输通道的区段调度通信组网图

图 2-23 具有分支铁路线的区段调度通信组网图

③ 具有分流线路的区段调度通信网络。

在主干铁路线上的某一段另建有一条分流铁路线，作为迂回或货运直达用，分流线上小站的调度电话纳入该调度区段，其地理位置分布如图 2-24（a）所示。

末端站 A_N 具有从传输网迂回 2M 的条件，分叉站 A_F 不具有 2M 迂回的条件，有两种组网方式：

组网方式一：设两个 2M 自愈环，分别为分流线和主干线建立 2M 自愈环，如图 2-24（b）所示，分别称之为 2M 分环和 2M 主环。

组网方式二：把分流线上的 4 个中间站（$F_1 \sim F_4$）串接到 2M 环内，如图 2-24（c）所示。

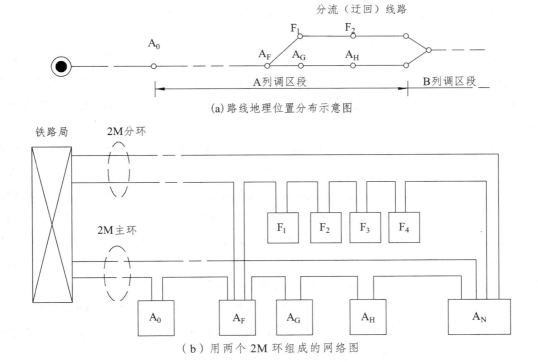

（a）路线地理位置分布示意图

（b）用两个 2M 环组成的网络图

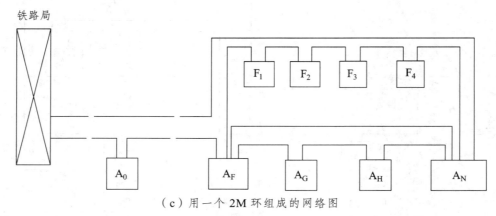

（c）用一个 2M 环组成的网络图

图 2-24　具有分流线路的区段调度通信网络组网示意图

两种方式比较：

方式一：安全性好，但多占用一个 2M 自愈环，加大了投资成本和日常运营费用。

方式二：分叉站 A_F，没有 ATM 设备，保护用 2M 在 A_F 至 A_N 站之间仍走在区段传输通道中。一旦在这一段线路中断，无法自动形成保护，即使在 A_N 末端站由人工进行 2M 倒接，也只能保证迂回分流线或主干线断点后的中间站，势必有部分车站要中断，安全性较差，但可大大节省费用。

要对投资、线路安全状况、分流线路长度等综合比较后选择方式一或方式二。

④ 中间站没有光纤网络单元（ONU）设备或 2M 通道的处理。

没有 2M 传输设施的中间站，有下列几种情况：

一种是线路乘降站，不办理客货运业务，只需一台列车调度电话分机，那么可以在相邻站的分系统用 2B+D 接口延伸至线路乘降站，该列调分机采用数字话机，如果两站间距离超过 5 km，可以用电缆线路数字复用设备。总之，该线路乘降站的一切通信设施纳入相邻站的分系统。

另一种情况是比较大的中间站，传输系统及 ONU 接入设备设在该地区的通信站，将分系统也设在通信站，车站所有通信终端用地区电缆接入，这是一种最为简单的办法。但存在问题较多，如地区电缆线路有时要经过多处电缆交接箱；电缆芯线不够时，车站原有的模拟集中电话机还得利用，将影响全网的通信质量。可以采用级联的办法解决，如图 2-25 所示。用级联方式连接，即在车站增设一台分系统，该分系统只设用户接口包括 2B+D 接口。通信站的分系统只设 2M 接口和 2B+D 接口，2B+D 接口数 n 视车站对外的用户数而确定，如车站值班台、区间用户、站间行车电话等，这是目前常用方式之一。

此外，也可采用高速数字用户环路（HDSL），如图 2-26 所示，将 2M 延伸至车站。这种方式对传输线要求很高，HDSL 设备必须高质量，实际运用中很少采用。但是，这种方法护界面很清楚，随着通信技术的发展将逐渐被接受。

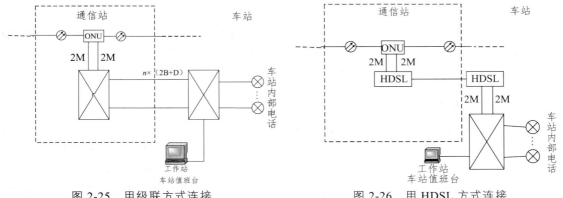

图 2-25　用级联方式连接　　　　　图 2-26　用 HDSL 方式连接

还有一种情况是光传输系统隔站设置 ONU 接入设备，最简单的处理方法是：利用区段数字调度设备具有数模兼容的特点，在没有 ONU 接入设备的中间站，仍沿用原有模拟调度分机，如图 2-27 所示。

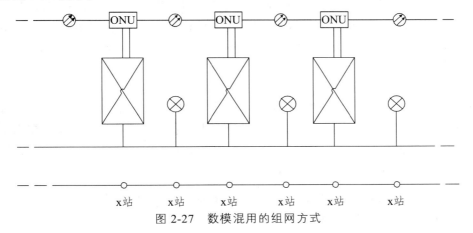

图 2-27　数模混用的组网方式

这种数模混用的组网方式，确实简单，投资又省，但模拟线路的传输质量差，整个区段全线接入，通信质量得不到改善，这是一种不可取的办法。

在这里介绍一种切实的办法，有点类似级联的方式，但比级联又进了一步，如图 2-28 所示。

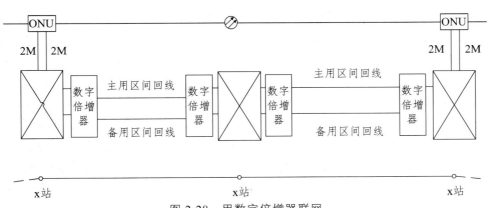

图 2-28　用数字倍增器联网

没有 ONU 接入设备的中间站设一套分系统，仅配置用户接口，与相邻车站之间通过数字倍增器相连。数字倍增器是为区段数字调度设备开发的配套设施，外线端分别接两对区间电缆实回线（非加感），一主一备，主用回线故障时自动倒向备用回线。2B+D 接口端接入分系统的 2B+D 接口，配对连接后，该分系统接入区段调度通信网络。

3）时隙分配及网络的综合运用

共线方式最大限度地利用于"数字环"中时隙资源，数字调度系统对数字调度和专用电话业务采用"数字共线"的方式实现。各个车站的值班员或调度分机用户都在"数字环"中的同一个时隙上与主系统的调度值班员通话。一种数字调度或专用电话业务占用"数字环"上的一个时隙。调度通信网络采用 PCM 30/32 传输，TS_0 为同步时隙，TS_{16} 为标志信号时隙，$TS_1 \sim TS_{15}$ 及 $TS_{17} \sim TS_{31}$ 为 30 个话路时隙。调度通信网络组成采用 2M 逐站串接方式，其内部信令控制线需占用 3-4 个时隙，一般安排在 $TS_{28} \sim TS_{31}$，因此可用时隙还有 26 ~ 27 个，系统共可接入多达 27 种调度或专用电话业务。这种时隙我们称为"共线时隙"。

站间通信采用分段的方式实现，每种站间通信占用"数字环"中的一个时隙进行通信，多个车站同时使用时，只是将这个时隙分段使用。另外我们还定义一个时隙作为站分段备份使用，此时隙类型我们统称为"分段共享（有备份）""分段共享（无备份）"和"分段备份"。

当主系统和某个分系统或两个分系统之间直接实现某种数字业务时，可以使用"两点专用"时隙类型实现点对点的通信。

综上所述，"数字环"上的时隙主要被用作：共线时隙、两点专用、分段共享和分段备份。这些所有时隙的总数不能超过30。对于一个数字环上的各个车站来说，30 个时隙用来分配以上各种专用通信业务是足够的。可以参考以下计算公式：

$$3+G+J+J+Y+Y+Y<30$$

式中　3——系统内部通信检测及数据传送所占用的固定通信时隙；

　　　G——有 G 个共线时隙，用于调度电话或专用电话；

　　　J——有 J 种站间通信，同时有 J 个站间通信备份时隙；

　　　Y——有 Y 个远程调度台，一个远程调度台需要 2 ~ 3 个时隙，一个时隙固定为共线业务时隙。如果只使用一个话音通道，则再需要一个时隙，当使用主辅话音通道时，需要两个时隙。

一般来说，$G<10$，$J<3$，$Y<3$，故上述公式总可以成立。

以区段调度通信系统为例，区段内调度通信业务包括列车调度、货运调度、电力调度、无线列车调度，占用 4 个共线时隙。即使由两个调度区段组成的 2M 自愈环，也只需 6 ~ 8 个共线时隙。另外，站间行车电话需占用 2 ~ 3 个站间时隙（将时隙分段使用）。因此，如果仅开放区段调度电话业务，只需 8 ~ 11 个时隙，还有 2/3 的通信容量空闲。而铁路数字专用通信系统完全是针对铁路区段通信的特点和需要而开发的产品，接口丰富、使用灵活，可以提供数字共线的通信业务，因此完全可以利用区段调度网络内的空闲时隙开放中间站局调分机、区间应急通信自动电话、区段公务专用电话等区段语音业务，以及红外线轴温检测传输通道、电力远动、信号监测等区段数据通信。这样做不仅可以节省投资，降低运营成本，还可真正实现铁路专用通信数字化、综合化。

六、典型设备举例

1. FH98 系统概述

FH98 铁路数字专用通信系统是针对铁路通信传输系统数字化后，通过一种接入设备，利用数字信道把沿线各站的各种专用通信业务综合起来，提供全面的数据、语音等服务。它简化了专用通信系统的结构，改善了专用通信系统的话音质量，提高了数字信道的利用率，从根本上解决了沿线小站的通信问题，形成了以自控为主的、智能化的、全程全网的网络化综合调度指挥平台。

1）系统总体结构

如图 2-29 所示，FH98 分为两大部分：枢纽主系统和车站分系统。

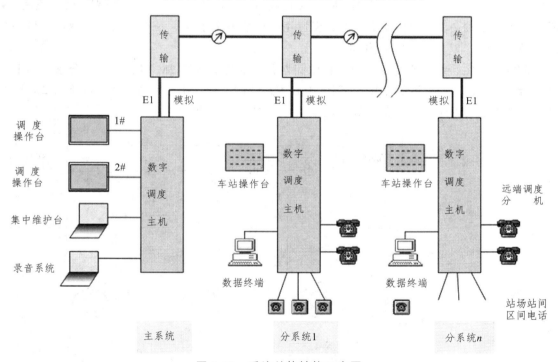

图 2-29　系统总体结构示意图

枢纽主系统（调度所调度交换机）一般位于各个铁路局或调度指挥中心，车站分系统（车站调度交换机）一般位于铁路局所管辖的各个车站或小的调度指挥中心，两者之间通过数字传输通道构成通信网络。在网络内部实现语音、数据等业务。FH98 同时兼容模拟传输接入的方式，实现数字和模拟通信方式互为备份。

FH98 可以替代调度工区内的调度电话总机、专用电话总机、汇接分配器等专用通信设备，以及站场内的集中机、调度分机、区转机及铃箱等站场通信设备，形成全程全网的数字专用通网。它实现了全数字化的调度通信、专用通信、站场通信以及各种数据业务，并使用专用的网管系统对 FH98 设备进行维护管理。

　　枢纽主系统与车站分系统在设计上各有专用性，可分开独立使用。如果仅把枢纽主系统于调度侧，则可以替代老式调度总机接入原有的模拟调度实回线，而相应使用新的调度台，完成全双工通信，有效进行回波抑制、杂音振鸣消除。也可以仅用车站分系统替代原有站场集中机、区转机、调度分机等其他站场通信设备，从而完成站场通信的数字化改造。

　　2）系统组网方式

　　FH98 通过车站分系统设备把沿线各站的专用通信业务综合起来，利用数字信道传输到枢纽主系统，或通过主系统分配到相应的目的地址。根据数据配置的不同，组网类型可分为：共线方式、星型方式、树型方式和综合方式。

　　（1）共线方式。

　　主系统与分系统以及分系统之间以两个 2M 口为一个基本共线单元，一个为上行 2M 口（靠近调度中心方向），一个为下行 2M 口（远离调度中心方向）。整个系统需要两个透明 2M 通道（不一定独占 2M 口内全部时隙，但可用时隙数不小于 5），一个作为主用通道，另一个作为备用通道，以构成数字自愈环。

　　调度中心主系统的下行 2M 口、各中间站分系统的上下行 2M 口、末端站分系统的上行 2M 口经由主用 2M 通道首尾相连，调度中心主系统的上行 2M 与末站分系统的下行 2M 口通过备用 2M 通道相连，构成整个数字调度系统，如图 2-30 所示。

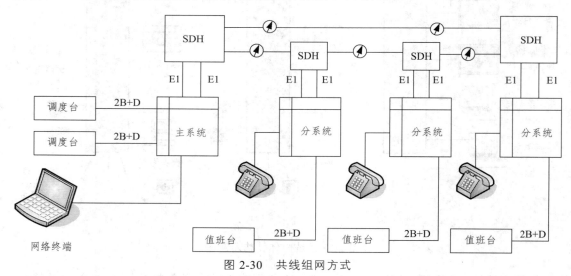

图 2-30　共线组网方式

　　2M 口的时隙分配原则：除一个同步时隙（通道固需）和 4 个专用的通信时隙外，其余 27 个时隙可用作共线时隙、站间时隙、远程调度台时隙、数据专线时隙等的任意组合。

　　系统通过 4 条专用 HDLC 时隙与各分系统通信（包括数据加载、在线程序升级、告警信息的上报等），并实现共线信令的处理。4 条通信时隙没有特定分工，高度机动，可以 4 条时隙同时指向一个分系统，也可以 4 条时隙同时指向不同的分系统。这种设计可以获得通信通道的最大利用率，并使整个系统具有最快的响应速度和很强的应急能力。

　　本系统的数字共线接入能力很强，在一个 2M 环上挂接 64 个分系统，同时接入 25 种共线调度，在平均每种调度的对象为 25 个的情况下，任何呼叫的响应时间不大于 50 ms。

在通常情况下，通信使用下行 E1 通道，系统实时监测 2M 口的通信状态，当检测到数字环下行 E1 通道的某处断开时，立刻实现自愈环功能，断点后的分系统切换至上行 E1 通道方向进行通信，从而保证数字环的任何一处断开都不会影响系统的正常通信。

如果某个分系统出现断电的情况，这时系统会自动检测到，使这个断电的分系统上、下行 E1 口自动对接起来，实现断点保护功能，从而不会影响系统正常通信。

在一个数字环中可定义多个相互独立的虚拟调度电话网络，分别占用数字环上不同时隙；一个独立的虚拟调度电话网络可以跨越多个数字环，占用不同数字环上的时隙。

（2）星型方式。

星型组网方式如图 2-31 所示。枢纽侧每一块单板提供 2 个 E1 数字接口，通过传输通道，与某一个车站分系统的 E1 数字接口连接，实现该车站通信的数字接入；2 个 E1 接口也可分别接入两个分系统，分系统使用其中的任意一个 E1 接口，即点对点的接入。每一个车站分系统单板一般也提供 2 个 E1 数字接口，当 2 个 E1 接口同时和枢纽数字板的 E1 接口连接时，形成一个保护通道。一个 E1 传输出现故障，不影响该车站业务。

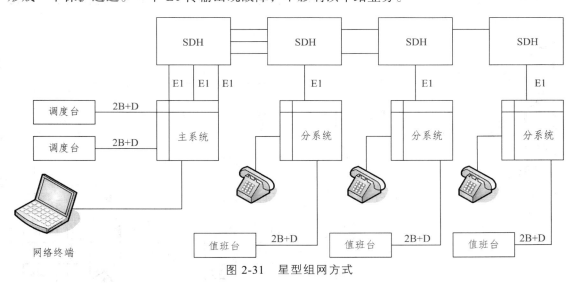

图 2-31　星型组网方式

枢纽侧最多提供 12 块数字板，可接入 12 个或 24 个车站分系统。每个车站分系统对应与主系统都有自己独立的 2M 通道，完成语音及数据业务等。星型的组网方案中，每个分系统都有自己独立的 2M 通道，主系统与分系统间可独立完成话音及数据业务，每种业务均可独享时隙。因此，星型组网方式相对共线方式要求占用更多的传输资源，以确保网络的安全性，多适用于站点为辐射式分布、通道资源丰富的情况。

（3）树型组网方式。

树型组网方案是多级星型组网方式的叠加，每级系统均可通过星型组网方式与上一级或下一级系统进行通信，从而构成多级的数字调度指挥网络。该组网方式适用于干、局调度指挥系统，如图 2-32 所示。

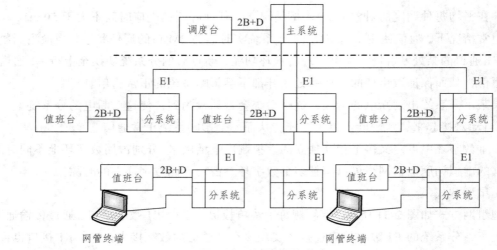

图 2-32 树形组网方式

（4）综合型组网方式。

根据实际需要，将总线方式、星型方式、树形方式同时运用在一个专用通信网中，形成综合方式，如图 2-33 所示。

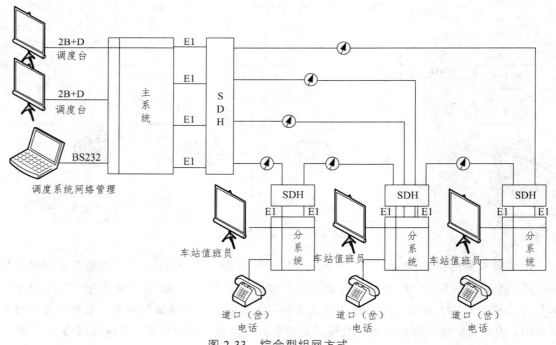

图 2-33 综合型组网方式

3）枢纽主系统

枢纽主系统总体分为三个相对独立的部分：系统后台、前台操作台、网管系统（维护台），如图 2-34 所示。

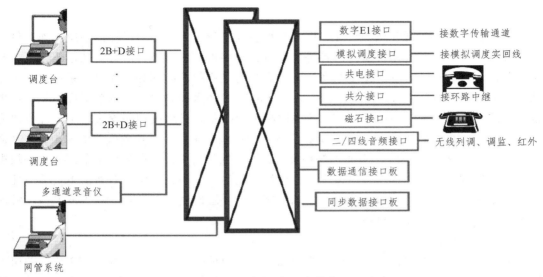

图 2-34　枢纽主系统结构图

（1）主系统后台。

枢纽主系统后台由多层机架组成，采用先进的大规模集成电路，模块化结构设计。从上到下依次为主控层、数字模块层、模拟模块层和扩展模块层，如图 2-35 所示。每层由多块不同的电路板组成。数字模块层、拟模块层和扩展模块层可根据需要配置相应的电路板，主控层与各模块层之间以自定义总线连接。

FH98数调分系统现场维护人员培训手册															
安装地点	××车站通信机房					机柜编号									
机柜高度	1 400 mm					拉手条颜色						银色			
数字模块层															
模拟模块层															
主控层															
扩展模块层															
													空气开光		

图 2-35　主系统后台

① 主控层。

主控层包括主控单元和电源单元，以及一块主控层背板。主控单元提供系统工作时钟，提供大容量的会议电路和系统所需的各种信号音，数字板、接口板、网管终端通信，交换与汇接各接口的消息和话音等，是整个系统运行和数据交换的核心部分。为保证系统的安全可靠性，系统配有互为热备份的两套主控单元，分别为 A 平面和 B 平面，每个平面由无铃流电源板、音源板、主控板、会议板构成，各电路板槽位固定，必须按顺序安装，不能任意改变位置。主控单元右侧为 A 平面，从左至右依次为会议板、主控板、音源板、电源板；B 平面从左至右电路板安装顺序和 A 平面正好相反。二者数据保持一致，在某一个平面任意一块电路板出现故障时，系统会自动或通过手动完全切换到另一个平面工作，对通信不会造成任何影响。电源单元为两块有铃流电源板，分别给接口模块层提供+5 V、－5 V 直流电源，铃流以及磁铃，两块电源板互为热备份。

② 数字模块层。

每个数字模块层可包括数字背板一块、无铃流电源板两块、主数字板 1～12 块。两块无铃流源板互为备份，给主数字板提供+5 V、－5 V 直流电源。每块主数字板提供 2 个数字接口（E1 接口），分别为"上行 E1 接口"与"下行 E1 接口"。通过这两个 E1 口，实现枢纽主系统和数字传输通道连接，并将各车站分系统依次接入，形成调度专用网的"数字环"。每块主数字板可以提供接入一个"数字环"，一个枢纽主系统最多可提供接入 12 个"数字环"。每个"数字环"最大接入 50 个车站分系统。FH98 系统规定 1～12 块主数字板为 33～44 模块，主数字板支 N+1（$N \geq 1$）备份。其中第 33 模块一般作提取外部时钟使用。

③ 模拟模块层。

模拟模块层由背板和各模拟接口板组成。模拟模块层可安装 15 块模拟接口板，包括 U口板、共电板、接口板、数据通信板等。FH98 系统规定模拟模块层模拟接口板的模块号从左至为 1-15 模块。

④ 扩展模块层。

扩展模块层由背板和 15 块模拟接口板组成。FH98 系统规定扩展模块层模拟接口板的模块号从左至右为 16～30 模块。

（2）前台。

枢纽主系统的前台操作台一般称调度台，与后台之间通过 2B+D 接口连接，后台能够对前台远程供电。当前台与后台距离较远时，可以通过相近的车站分系统接入，即远程调度台。

（3）维护台。

FH98 采用微机作为维护监控终端，通过 RS-232 串口与后台主控单元背板上的串口连接。管理人员可通过图文界面的维护软件对整个系统进行数据维护、监控管理。枢纽主系统实现了一个铁路局范围内数字化调度电话，各种数字专用电话，形成一个完整的专用数字通信网；FH98 同时兼容老式模拟调度电话接入。

（4）系统容量。

系统配接最大接口数如下：

E1 数字接口：24；

2B+D 接口：60；

模拟接口：180；

最多配接调度台数：48；

最多可接入数字环数：12；

一个"数字环"最多挂接分系统数：50。

（5）主要电路板。

① 枢纽主系统侧专用电路板。

枢纽主系统侧主要包括主控板、音源板、会议板、主数字板、时钟板、信令板、模调总机板等，每块电路板的前面板显示了不同的状态指示灯，各有一个复位按钮，用来手动复位。这些电路板只能使用在枢纽主系统侧。

a. 主控板。

主控板包括处理机、时钟电路、交换网、通信和复位等部分电路，完成存储控制工作，提供系统时钟，提供各模块交换时隙，与各接口模块、各调度台和系统维护监控台通信，交换与汇接各接口模块的语音通道等。采用 80186 作为控制器，使用了两个串口和两个 I/O 端口。交换网采用大规模串行无阻塞数字交换网络芯片完成 $1K \times 1K$ 数字交换网络。为提高运行可靠性，系统采用两块主控板（即主交换网）同时运行，互为热备份，一个处于主用状态，另一个处于备用状态。可通过软件主备切换或在主控面板上手动切换复位键，实现整个主网的切换。

b. 音源板。

音源板上有两组音源发生器，每组发生器可以支持 60 s 音信号，音信号内容由相应的 ROM 内数据决定。两组音源发生器形成的音信号合并成两路 STBUS 总线输出。面板上的指灯分别表示各音源发生器是否正常工作。各音源发生器上电时自动复位，也可用软件通过复位。音源板为系统提供各种回铃音和忙音等提示音。

音源板同时还提供对数字模块层的驱动电路。

c. 会议板。

系统提供 8 组 240 方多方会议功能。同时提供与接口模块层的接口驱动电路。

d. 主数字板。

每块主数字板实现 2 个 E1 接入，共线组网方式下接入到一个"数字环"中。每块数字板包括 E1 接口单元、通信单元、时钟单元、单 T 接线器、切换逻辑单元、接口驱动和控制单元。E1 接口单元构成了两个 2M 口，两个 2M 口分别同上行站和下行站的 2M 口相连，所有车站的两个 2M 口都按这种方法连接在一起，构成一个大的数字环。主要完成的功能有：码型变换，即将 HDB3 的线路编码转换成单极性不归零码的 PCM 信号；时钟提取部分完成发送接收时钟以及帧同步信号；线路监测部分，一旦出现帧同步和复帧同步丢失，线路检测到会产生一个告警信息。一个 E1 接口包含 32 个时隙，在线路上传输时，TS_0 用于传送帧同步信号，TS_{16} 用于传送复帧同步和随路信令，其余 30 个时隙作为话路或数据通道。通信单元使用 HDLC 协议，完成与各车站信息的收发以及数字板同主控板的通信。时钟单元完成提取外部时钟，或由本单元振荡产生一个同步时钟。接口驱动和控制单元完成对接口地址分配和对数据总线及地址总线的驱动控制等功能。

e. 时钟板。

采集外部时间，向系统前台提供准确时间。时钟板可安装在模拟层任一槽位，时钟板共 4 路接口，可使用时钟板上的任何一路。每一路对应外线为 3 根线，按顺序是：入、出、地，因为对端连接的是时钟源,时钟板只需接受,所以只需连接"入"和"地"即可。时钟板通过 RS-422 转 RS-232 的转换头和时钟源连接。当枢纽主控收到时钟板的设置时间消息后,储存并自动计时,当收到前台索取时间消息后,回复当前时间。

f. 信令板。

实现 FH98 系统,信令板采用中国 1 号随路信令方式与交换局或其他通信设备实现局间中继,局间中继采用 2M 数字中继传送线路信令和 MFC 记发器信令。信令板占用一块主数字板槽位,可以和主数字板混插。信令板由 E1 数字接口单元、通信单元、交换网单元、复位单元、逻辑切换单元和控制单元构成。E1 数字接口单元完成码型变换,即将 HDB3 的线路编码转换成单极性不归零码的 PCM 信号,接到本板交换网的 HW3;时钟提取完成发送接收时钟以及帧同步信号;路监测部分,一旦出现帧同步和复帧同步丢失,线路检测到会产生一个告警信息。一个 E1 接口包含 32 个时隙,在线路上传输时,TS_0 用于传送帧同步信号,TS_{16} 用于传送复帧同步和随路信令,其余 30 个时隙作为话路或数据通道。本模块的 E1 接口输出是 75 Ω 不平衡方式。通信单元使用 HDLC 协议,负责数字模块同主网模块通信协议的解包和打包。

g. 模调总机板。

当系统接入 YD 类、DC 类或 GC 类音频话机时,枢纽主系统主控板可模拟发送 YD 类、GC 类及 DC 类音频分机的选叫音频,发送音频是直接发送到模拟接口上或数字时隙上,接口板不做处理,直接通过。使用模调总机板时,主控呼叫一个音频分机时不再直接将音频发送到接口,而是将消息发送给模调总机板,模调总机板收到消息后,由音频号判断是哪种类型的音频分机,向外线发送相应音频。模调总机板可检测接收 DC 类分机的 FSK 码,完全兼容老 DC 总机功能,可检测接收 DTMF 音频信号。模调总机板可发送以下频率:

单频:500、605、730、910、1100、1330、1650、1995、2420;FSK:1300、2100。

双音多频:1、2、3、4、5、6、7、8、9、*、0、#。

模调总机板有 2 种工作方式:模拟直通方式和数字转接方式。

模拟直通方式:模调总机板直接接模拟外线,如图 2-36 所示。

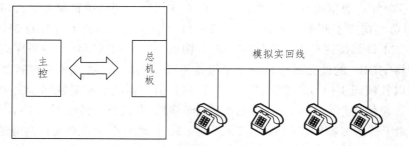

图 2-36　模调总机板模拟直连

数字转接方式:模调总机板将音频发送到数字时隙上去。主控将发送音频的消息发送给总机板,总机板通过半固定连接和数字时隙相连。当总机板设置为"数字转接"时,它不再将音频发送给模拟外线方向,而是将音频发送到对应数字板相应的通道上去,如图 2-37 所示。

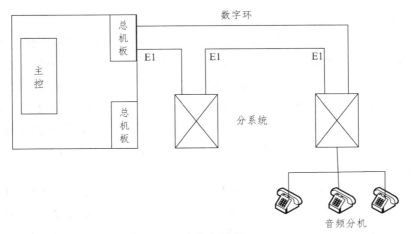

图 2-37 数字转接图示

② 枢纽主系统和车站分系统通用电路板。

a. U 口板。

U 口板提供 2B+D 接口，两个 B 通道，1 个 D 通道。2 个 B 通道走话音，1 个 D 通道走消息，选用 U 接口作为前台和后台的接口，接入主系统调度台或分系统值班台。

U 口板通过 2B+D 接口以 4 芯电缆为距离较近的键盘式调度台或值班台提供工作电源和信号（−48 V/200 mA）。前两线为电源线，后两线为信号线。U 口板由控制单元、通信单元、交换网、U 接口、继电器组、在线/离线切换逻辑、接口驱动和控制单元组成。U 口板可以混插在各接口板的位置，系统对此板提供 N+1（N≥1）备份功能。

U 口板包括以下几种类型：三路 U 口板、录音 U 口板、单录音 U 口板、远主 U 口板、单路主 U 口板、远分 U 口板、单路远分 U 口板、单双路 ISDN U 口板。

三路 U 口板提供三路 2B+D 接口，可以接入三个操作台。录音 U 口板包含会议单元、数模转换部分，提供两条音频输出通道和一个串口，用于和多通道录音仪相接。它与录音仪之间采用串口通信。录音仪的放音通道由共电板提供。每路提供一个 2B+D 接口和一路录音接口。可以接一个前台和一个录音仪。

具有一路录音 U 口功能的电路板，称为单路录音 U 口板。

如果系统要接入远程调度台，则需在枢纽侧安装远主 U 口板，与之相对应，在远程调度台连入的车站侧需安装远分 U 口板。远主 U 口板和远分 U 口板既可以是单路的，也可以是两路的。当调度分机为数字话机时，可由 ISDN U 口板提供接口。

b. 共电板。

提供 6 路共电接口，接音频话机。根据业务需要，可设置为直通用户，摘机后直接上前台。当需要在距离枢纽侧较近的地方设置调度分机或热线电话时，不必再设一车站分系统，可从枢纽侧的共电接口接出共电话机，作为其调度分机、专用电话分机。在车站侧也使用共电板，此接口主要用来接入站场通信的各种共电话机，如直通用户、拨号用户、应急分机等。车站值班员通过此接口呼叫站场用户或接受用户呼叫。此接口与原老式集中机的共总接口功能完全相同。共电板由通信单元、共电接口单元、交换网等部分组成，分别完成与主控通信，提供接口电路和内部母线分配功能。

c. 六路母板（接口板-6）。

六路母板提供六路插槽，可用来插接两线接口子板和四线接口子板，即两线或四线的小插板，包括磁石、共电、环路、共分、两线模调、四线模调、四线音频等插板。它主要由处理器单元、交换网单元、时钟单元、协议通信单元、测试单元及接口单元构成，分别完成本板信息处理和对各功能模块的控制、与主网板之间信道匹配、时钟及帧同步、与主控板之间的 HDLC 通信协议控制等功能。其中磁石、共电、共分、两线模调占用六路母板的 1 个槽位，而四线模调、四线音频等占用 2 个槽位，并且要插在第 1、3 或第 5 路上。

d. 模调板。

模调板设计为插在多功能接口板上使用，一般应用于枢纽主系统的两线或四线模拟调度总机接口，也可应用于某个车站分系统。模调板内置音控电路，实现半双工的功能，使用时采用共线方式与调度分机连接，包括继电器、音控、CODEC 电路、测试倒换等部分。现场可根据效果进行增益调节。发送调节电位器 R18 的 1、2 脚之间电阻值增大，两线模调插板的发送增益减小，反之则增益增加。接收调节电位器 R6 的 1、2 脚之间电阻值增大，两线模调插板的接收增益减小，反之则增益增加。

e. 磁石板。

磁石插板安装于接口板上，占用 1 个槽位，提供两线接入模拟实回线。相邻站间可以通过各站的磁石插板接入模拟实回线，实现模拟站间闭塞。也可以直接接磁石话机。

f. 电源板。

FH98 系统电源板分有铃流电源板和无铃流电源板，枢纽侧和车站侧均可使用两块电源板实现冗余备份，或单独使用一块电源板。

无铃流电源板：电源板输入为 – 48 V 直流电源；电源板输出为+5 V、– 5 V 直流电源，为各电路板提供电源。

有铃流电源板除提供+5 V、– 5 V 直流电源输出外，还提供两种 25 Hz、75 V 的铃流源信号，分别向共电接口的用户话机和磁石接口的用户话机送振铃。

有铃流电源板主要由 DC-DC 电源模块控制单元、铃流模块控制单元（2 个）、切换控制继电器单元、告警及切换逻辑控制单元、显示单元和总线接口单元等七部分组成。电源模块控制单元将输入的 – 48 V 转换成 ± 5 V 电源输出。

共电用铃流模块控制单元利用直流 – 48 V，为系统产生一个 25 Hz、AC 90 V 的铃流源信号。它是一个叠加在 – 48 V 上的偏置信号，用来向共电接口的用户话机送振铃。

磁石用铃流模块控制单元利用直流 – 48 V，为系统产生一个 25 Hz、AC 90 V 的铃流源信号。此信号是二线对地平衡信号，用来向磁石接口的用户话机送振铃。

告警及切换逻辑控制单元，用一片 GAL16V8 实现，它通过比较两块电源板的输入控制信号，产生正确的告警信号和切换控制信号，告警信号输出到显示单元，切换控制信号控制本板是否输出铃流。相应信号又输出到接口信号单元，用于通知备份电源板正确动作。

4）车站分系统

车站分系统总体分为两大部分：后台交换网与前台操作台，如图 2-38 所示。

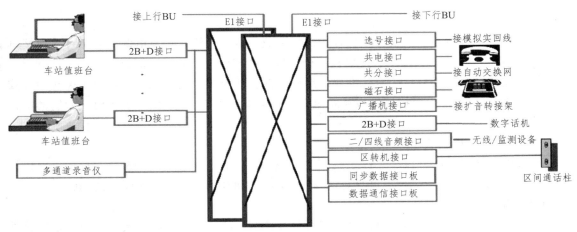

图 2-38　车站分系统结构图

车站分系统（车站调度交换机）是 FH98 的车站侧设备。通过数字 E1 接口接入数字传输系统，与主系统共同构成数字通信网络。其主要功能为接入数字调度电话、接入数字化的专用电话、站场通信（集机功能）、区转机功能等。

（1）分系统后台。

车站分系统后台如图 2-39 所示，由分标准层和模拟接口扩展层组成。它提供了丰富的模拟接口。

数调分系统现场维护人员培训手册			
安装地点	××车站通信机房	机柜编号	
机柜高度	1 400 mm	拉手条颜色	银色
分标准层			
扩展模块层			
			空气开光

图 2-39　分系统后台

① 分标准层。

由一块分标准背板、两块分主控板、两块分数字板、两块有铃流电源板和各种模拟接口板构成，包括 U 口板、共电板、接口板、选号板、区转机板、数据通信板等。分标准背板提供与扩展层的数据总线接口、分标准层电源模块向扩展层供电的电源接口。分主控板和分数字板均为 1∶1 热备份。模拟接口板从左至右模块号规定为 1~8 模块，且各模块的插槽位置互相兼容。

② 模拟接口扩展层。

一块模拟接口扩展背板和 15 块模拟接口板构成。FH98 系统规定 15 个模拟接口模块的模块号从左至右为 1~15 模块。模拟接口扩展层由分标准侧通过 ATX 电源线供电。

（2）前台。

车站分系统前台一般称为值班台，与后台交换网以 2B+D 接口相连接。它由后台系统供电，键控式值班台实现了与调度台通话及站场内部用户通话。

（3）系统容量。

系统配置最大容量如下：

E1 数字接口：4；

2B+D 接口：46；

模拟接口：138；

最多配接值班台数：15。

（4）分系统专用电路板。

① 分主控板。

分主控板是车站分系统的控制中心，实现 512×512 交换网络。它是数字话音通道的交换中心，话路的接续在此进行。分主控板由主处理机系统（80186）、时钟提取单元、交换单元、会议单元、通信单元、处理机接口单元、告警单元、主/备控制单元等组成。话路交换网总共有 16 对 HW 线：2 对 HW 线分配给会议电路，从话路交换网出来的话音信号，先送到会议电路去，会议电路对参与会议的时隙做加，然后送回话路交换网；1 对分配给 HDLC，HDLC 把消息按 HDLC 格式送到话路交换网，由话路交换网接续到所需要的时隙去，同时 HDLC 接受从话路交换网来的 HDLC 格式的消息，并报告 CPU，等 CPU 来取；话路交换网的 2 对 HW 线和数字板相连，话路交换网的 6 对 HW 线和接口板相连，作为话音通道；1 对 HW 线用于数字音信号的输入，2 对 HW 线用于环回测试，2 对 HW 线备用。

② 分数字板。

分数字板由单 T 接线器、通信单元、会议单元、E1 接口单元、时钟单元、音信号单元、主/备切换逻辑单元、接口驱动和控制单元组成。E1 接口单元接收 SDH 传输设备送来的 2M 信号，从中提出 E8K 信号，此信号同步于上一车站的时钟。时钟单元锁 E8K 信号，输出本板和整个车站分系统所需时钟。通信单元完成本车站同上行站、下行站的通信，同时它也负责数字板同主控板的通信。会议单元让本车站和上行站、下行站相应通话时隙构成会议。音信号单元产生各种信号音送往主控板。主/备切换逻辑单元完成主用和备用的切换控制。接口驱动和控制单元是数字板的控制核心。

③ 选号板。

提供选号接口，以共线方式与调度总机连接，该接口与选叫接收设备（铃箱）共同使用，由铃箱识别调度总机的音频选叫信号；可以取代集中机的选号盘，可以接收 DTMF 信号，还可以接收主系统的 DTMF 信号的 00 全呼号，选号板作为模拟分机，可以和模拟总机对接（YD类、DC 类）。每块选号板提供三路选号接口。

单板电路主要由处理器单元、交换网单元、时钟单元、协议通信单元、接口单元、自动备份倒换单元等构成。

处理器单元：由 51 单片机及外围电路构成，完成本板信息处理和对各功能模块的控制功能。

交换网单元：完成本板与主网板之间信道匹配功能，同时提供本板编译码器的控制信道。

时钟单元：由系统的 4M 时钟和帧同步，生成本板所需的 2M 及 Fli 时钟。

协议通信单元：本板与主控板之间的 HDLC 通信协议控制器。

接口单元：完成各接口的控制、检测和接续功能。

④ 数据通信板。

接收外部数据、消息处理、消息打包传输，主要为实现本机与远端设备的数据传输。通过数据通信板可以实现分系统级联或配置远程维护台。在级联或接远程维护台时，如果下级车站或远程维护台离分系统较远，可通过一对 Modem（调制解调器）来延伸距离。接级联车站时，数据通信板放在级联车站的第一模块。提供三线简化 RS-232 接口，通过跳线可提供内置调制解调器接入方式，接收外部数据终端通过调制解调器发送的信号。每块数据通信板提供 4 路接口。

5）前台操作台

FH98 系统前后台分离设计，通过 2B+D 接口（由 U 口板提供）接入系统。对每个前台提供 2 个 B 通道和 1 个 D 通道。2 个 B 通道传送话音，1 个 D 通道传送消息，一般都采用键控式操作台。用于枢纽侧的调度台和用于车站侧的值班台，两者在硬件结构上基本相同，通过数据设置完成不同的使用功能。键控式操作台包括 24 键和 48 键两种。前台接入 2B+D 接口时，需要通过一个接线盒。接线盒有两种：无源接线盒和有源接线盒。分别实现后台远程供电和本地 220 V 供电。后台和前台在 1 km 以内的一般用无源接线盒，由后台给前台提供48 V 电源。1 km 以上的用有源接线盒，通过本地交流 220 V 供电。是否使用有源接线盒和接48 V 的电缆的阻值有关，在 70 Ω 以上的用有源接线盒，并且接 48 V 的电缆不能接保安器。

（1）操作台构成。

操作台由呼叫键区、拨号键区、功能键区、液晶显示屏、指示灯、手柄和麦克等部分构成。呼叫键区通过数据定义可设置为各种功能键。拨号键区用于系统出局拨号使用。显示屏显示从维护台或外接时钟提取时间。操作台上有两个绿色的指示灯，左侧灯长亮代表后台供电正常，右侧灯代表信号灯，匀速闪烁正常。

① 呼叫键区。

呼叫键区由 48 或 24 个呼叫键构成，可由后台交换网定义为单呼键、组呼键、台联键。

绿灯闪烁：主通道呼出。

红灯闪烁：辅通道呼出。

红绿交替闪烁并响铃：外线正在呼入。

绿灯长亮：主通道正在通话。

红灯长亮：辅通道正在通话。

a. 单呼键功能。每个单呼键对应着一个接口或数字接口的一个调度时隙。值班台要呼叫这个接口或这个时隙对应的用户，则只需按下此键。后台根据不同接口类型分别处理，负责接通话路，点亮值班台上此键对应的指示灯。反之，此键对应的这个接口或这个时隙对应的用户要呼叫值班员，后台首先闪烁对应的指示灯，值班员按下此键，即表示应答。

b. 组呼键功能。组呼键与单呼键类似，不同的是，每个组呼键可对应多个接口。多个接口被呼出后，可同时与值班员通话。组呼键只用于值班员呼出，不可用于呼入。

c. 自动应答键功能。值班台或调度分机呼叫调度台时，直接通话，当设置为自动应答时，有呼入时响铃、指示灯红绿闪，需要按键应答。

② 功能键区。

功能键区设 8 个键位，由切换键、手柄键、菜单键、参数键、音量+键、音量－键、录音键、放音键组成。

a. 切换键功能：用于麦克扬声器与手柄通话通道选择切换。

b. 手柄键功能：用于主通道和辅通道之间的话路选择。

c. 菜单键功能：与参数键配合使用设置系统参数。

d. 参数键功能：与菜单键配合使用设置系统参数。

e. 录音键与放音键功能：FH98 系统操作台具有录放音功能，此功能用于免提工作方式。每次录音最长为 8 min，每次录音覆盖前一次的录音。

（2）操作台特性。

FH98 系统采用了 DSP 数字信号处理技术，使喇叭对麦克风的回声得以抑制，同时抵消模拟接口 2/4 线转换所带来的回波，消除了自激现象产生的可能；同时实现全双工通信。采用 AGC 自动增益控制技术，在系统内部自动进行电平调节，无论用户的声音是大还是小，操作人员所听到的声音都保持在一个比较合适的范围之内，即用户侧的语音变化在 0 ~ 20 dB 时，操作台喇叭的输出电平保持在一个相对合适的范围之内。

6）系统维护台

FH98 系统采用微机作为维护监控终端，通过 2 个 DB9 串口与后台主控单元相连。维护台串口上安装有串口保护器插，串口线插到串口保护器上，以防止串口被烧毁。2 个串口分别与主枢纽的 A、B 两个平面通信。当维护台和后台距离超过 15 m 时，不能直接通过串口线连接。可更改枢纽背板上的表贴电阻，增大电阻来延长串口线距离，或者经过 RS-232 转 RS-449 的接口转换器通过传输通道来实现。系统安装了 FH98 数字环生成软件和维护台软件。FH98 数字环生成软件实现对数字环时隙的分配。而整个系统的故障信息通过传输网络经串口直接上报至维护台，同时可对车站各分系统和主系统统一进行数据配置，维护管理。

（1）维护台连接注意事项。

维护台通过串口与后台串口相连，维护台一般为一台普通计算机。在不能确认后台设备的 48 V 地与计算机的 220 V 地在远端是否接在一起时，一定要在近端用较粗的电线将维护台的外壳（220 V 地）与 48V 的地线（或后台的保护地线）连接在一起。做此连接时关闭各设备电源，包括维护台显示器电源。

（2）维护台串口设置。

维护台通过串口与枢纽主系统主控网络相连，主维护台串口的波特率设置为 2 400 B/s。远程维护台串口速率设置为 1 200 B/s。

（6）典型呼叫流程

（1）值班台呼叫用户（见图 2-40）。

图 2-40　值班台呼叫流程

呼叫流程如下：

① 值班员按下某一按键，前台检测到此动作，上报给 U 口板；

② U 口板将此动作翻译成占用请求消息，发送给车站分主控板；

③ 车站分主控对此消息进行分析，根据数据确定目的分机所在的物理位置，将此消息发送给共电板；

④ 共电板收到占用消息后，共电话机振铃；

⑤ 当共电板检测到共电口摘机应答后，将此信号翻译成应答消息，发送给主控；

⑥ 此条应答消息经分主控、U 口板的转发后，最终至值班台；

⑦ 该值班台相应的指示灯由闪烁变为长亮，表示呼叫成功，双方可进行通话；

⑧ 通话结束后，若值班员先挂机，则共电板会检测到挂机信号，将此信号翻译成挂机消息，经过与应答消息一样的消息传送过程送至值班台上；

⑨ 值班台相应的指示灯熄灭，表示对方先挂机。

（2）调度台呼叫值班台（见图 2-41）。

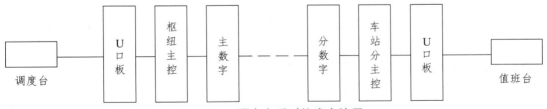

图 2-41　调度台呼叫值班台流程

呼叫流程如下：

① 调度员按下某一按键，调度台检测到此动作，上报给相应 U 口板；

② U 口板将此动作翻译成占用请求消息，发送给枢纽主控板；

③ 枢纽主控板对此消息进行分析，确定用户所在车站分系统的位置后，将此消息发送到主数字板上；

④ 主数字板直接将此消息通过传输系统发送到相应车站分系统分数字板；

⑤ 分数字板接收到此消息后，转发给车站主控；

⑥ 车站主控对此占用消息进行分析，根据数据确定目的分机所在物理位置，将此消息发送给相应 U 口板；

⑦ U 口板收到占用消息后，送至相应值班台，该值班台上对应的按键指示灯闪烁并响铃；

⑧ 当值班员按下按键应答时，U 口板检测到应答信号，将此信号翻译成应答消息，发送给车站主控；

⑨ 此条消息经车站主控、分数字板、主数字板、枢纽主控、U 口板的转发后，最终至调度台；

⑩ 调度台指示灯由闪烁变为长亮，表示呼叫成功，双方可进行通话；

⑪ 通话结束后，若值班员先挂机，则车站分系统的 U 口板会检测到挂机信号，将此信号翻译成挂机消息，经过与应答消息相反的过程将消息送至枢纽侧的调度台上；

⑫ 调度台的指示灯熄灭，表示对方已挂机；

⑬ 通话结束时，若调度员先挂机，U 口板将此动作翻译成挂机消息，经枢纽主控、主数字板、分数字板、车站主控，到达 U 口板；

⑭ U 口板收到对方挂机消息后，直接向值班台送忙音，表示调度员已挂机。

（3）调度分机呼叫调度台（见图 2-42）。

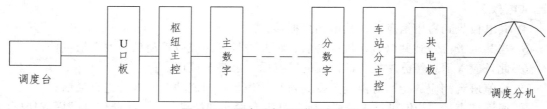

图 2-42　调度分机呼叫调度台流程

呼叫流程如下：

① 调度分机摘机，车站分系统的共电板检测到摘机信号后，此信号翻译成一条占用消息，发送给车站主控；

② 车站主控对此消息进行分析，确定最终用户的物理位置后，将占用消息发送给分数字板；

③ 分数字板将消息经传输通道发给主数字板；

④ 主数字板将此消息转发给枢纽主控板；

⑤ 枢纽主控收到此占用消息后，进行分析，确定最终用户所在的物理位置，然后将消息转发给 U 口板；

⑥ 调度台收到 U 口板发来的占用消息后，将相应的指示灯直接点亮，同时给主叫方回复应答消息；

⑦ 此应答消息经过 U 口板、枢纽主控、主数字板、分数字板、车站主控，最终到达共电板；

⑧ 共电板收到应答消息后，将话路搭通，此时双方可通话，呼叫成功；

⑨ 通话结束后，若调度分机先挂机，则车站分系统的共电板会检测到挂机信号，将此信

号翻译成挂机消息，经过与应答消息一样的传输送至枢纽侧的调度台上；

⑩ 调度台的指示灯由常长变成熄灭，表示对方先挂机；

⑪ 通话结束时，若调度员先挂机，U 口板将此动作翻译成挂机消息，经枢纽主控、主数字板、分数字板、车站主控，到达共电板；

⑫ 共电板收到对方挂机消息后，直接向调度分机送忙音，表示调度员先挂机。

（4）值班台呼叫值班台（见图 2-43）。

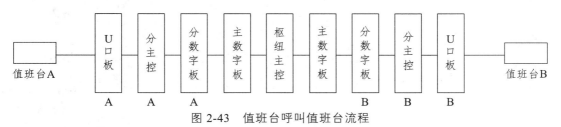

图 2-43 值班台呼叫值班台流程

呼叫流程如下：

① 值班台按下按键，前台检测到此动作，上报给 U 口板 A；

② U 口板将此动作翻译成占用请求消息，发送给车站分主控 A；

③ 分主控 A 对此消息进行分析，将此消息送到分数子板 A 上；

④ 分数子板 A 将此消息输出到传输通道上；

⑤ 相应主数字板接收到此消息后，转发给枢纽主控；

⑥ 枢纽主控对此消息进行分析，确定用户所在的车站，并将此消息发送给相应的主数字板，当值班台 B 按下按键应答时，U 口板 B 检测到应答信号，将此信号翻译成应答消息，发给车站主控 B；

⑦ 此消息经车站主控 B、分数字板 B、主数字板、枢纽主控、主数字板、分数字板 A、分主控 A、U 口板 A 的转发后，最终至值班台 A；

⑧ 值班台 A 指示灯常亮，表示呼叫成功，双方可通话；

⑨ 通话结束后，若值班台 A 先挂机，则车站分系统 U 口板 A 会检测到挂机信号，将此信号翻译成挂机消息，经过与应答消息一样的传输送至值班台 B 上；

⑩ 值班台 B 的指示灯由常亮变成熄灭，表示对方先挂机；

⑪ 若值班台 B 先挂机，则经过上述过程，结束通话。

2. CTT2000 L / M 系统概述

下面主要介绍中软数字调度通信系统的 CTT2000 L/M 型系统的结构原理，分别讲述系统的概况，主、分系统（调度所调度交换机、车站调度交换机）的结构原理，以及各系统的工作过程。

1）系统总体结构

CTT2000L/M 数字专用调度通信系统由主系统、分系统以及网络管理系统三大部分组成，系统构成以及总体组网方式如图 2-44 所示。

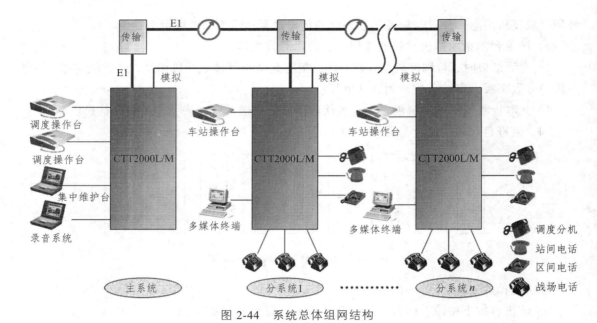

图 2-44 系统总体组网结构

主系统通常应用在铁路各级调度指挥中心、应急指挥中心等，实现调度中心设备（如调度操作终端等）的接入。

分系统通常应用在铁路沿线各车站、编组场等场所，实现调度分机、站场电话、区间电话、站间行车电话、车站值班台、专用电话等设备的接入。

主系统、分系统在系统结构上完全兼容，通过灵活配置实现的不同功能。主系统、分系统通过传输系统提供的 E1 数字通道组成专用调度通信网络，系统可以灵活提供总线型组网、星型组网、树型组网、混合型等多种组网模式。

网络管理系统可以根据需要从主系统或各分系统接出，用于提供系统维护监控功能，采用不同的操作权限控制。系统具有模拟传输回线接入的条件，使数字调度与模拟调度方式互为备份，同时也解决了改造过程中的新旧设备兼容性问题。

为各级、各类调度员和车站值班员提供的键控式操作台通过 2B +D 接口接入主系统或分系统，根据铁路通信现状，主系统和分系统配置了类型丰富的接口：2B +D 接口、共电接口、共分接口、磁石接口、2/4 线音频接口、区间电话接口、环路接口、广播接口、模拟音频总机接口、模拟音频分机接口、E1 接口、30B+D 接口等。

2）系统后台

后台主机实现全系统的网络和通道管理功能、各系统的呼叫处理和交换功能、操作台的管理和调度功能、接口的处理及组网功能等。

（1）主机介绍。

CTT2000L/M 专用数字通信系统后台主机分两种：

① CTT2000L 系统用于分局调度所、大站通信枢纽或大型站场，主要用于接入各种调度电话，专用电话或大型站场电话。系统支持最大 64 个操作台，最大 512 个模拟接口或 256

个数字用户接口，最大 32 个 2M 数字中继接口，以及 64 个操作台与其他接口可任意组成 64 个封闭调度群，以满足各种现场应用。

② CTT-2000M 系统主要应用于中小型站场，用于接入站场内部的各种调度应用，也可应用于较小规模的调度所。本系统最大 32 个操作台，最大 128 个模拟接口或 64 个数字用户接口，同时支持 4 个 2M 接口，以及 16 个操作台和其他接口可任意组成 16 个封闭调度群，以满足各种现场应用。

目前在现场使用的大多是 CTT2000M 型。

放置于分局调度所或大型调度指挥中心的后台主机（CTT2000L 或 CTT2000M）连同调度台、集中维护管理台、录音系统构成主系统。

放置于分局所辖各车站的后台主机（CTT2000L 或 CTT2000M）连同车站值班台、录音装置构成分系统。

主系统与分系统之间通过数字通道（也可能有备份的模拟通道）相连组成网络，构成整个 CTT2000L/M 专用数字通信系统。

CTT2000L/M 主系统或分系统（见图 2-45）主要由电源单元、控制交换单元和接口单元组成。电源单元主要为系统提供工作电源，具有负荷分担、实时热备份及过压过流保护功能。控制交换单元主要为系统提供工作时钟，提供会议资源和信号音资源，与接口单元、网管通信，交换汇接各语音通道。控制单元为双机热备份。接口单元由各接口板组成，包括各种接口，如 30B+D 接口、2B+D 接口、E1 接口等数字接口以及共总、共分、2/4 线音频、音频选号接口等模拟接口。

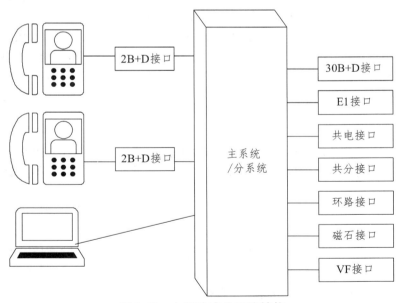

图 2-45　主系统或分系统结构

（2）单板介绍。

图 2-46 所示为主系统或分系统的单板配置示意图。系统中，除 PWR（电源板）和 MP 板外，其他板均可混插。

P W R	P W R	T N I	T N I	A L C	D S P	D S P	D T P	D T P	D T P	D T P	M P B	M P A
P W R	P W R	A L C	A L C	A L C	A L C	A L C	D S P	D S P	D T P	D T P	D T P	D T P
P W R	P W R											

主控框

拓展框

拓展框

图 2-46　单板配置图

单板功能如下：

MP 板：MPA/MPB 为 CTT2000L/M 系统主处理机板，互为热备份，内置 512×512 网络和 128 方会议资源；为系统提供时序、信号音、语音和会议资源。

DTP 板：数字中继处理机板。可选热备份，每板两个 A 口（2M），完成信令的处理。

DSP 板：数字用户信令处理机板。每板四个标准 2B+D U 接口，完成标准 U 口信令及调度台信令处理。

TNI 板：音频选号接口板。每板提供四路音频选号总机和分机接口，每路具有总机和分机的收发频率功能，无须外接铃箱。每一路做总机还是分机以及号码的分配都由网管数据决定，此板一般用于接入老式模拟调度回线或各专用电话回线。

ALC 板：接口模块母板。每板提供 8 个模块槽位，每板最大可插入 8 块不同的模块。

PWR 板：电源板。为整个系统提供所需的 ±5 V 电源及铃流，本系统每框配两块电源板，两板的 ±5 V 电源工作于并联热供方式。铃流是互为热备份方式，其中一路发生故障时，另一路会自动切换。

3）系统前台

操作台（前台）是调度指挥人员（或车站值班员）进行调度指挥的操作平台。调度员通过操作台上各按键进行各种调度操作，如应答来话、转移或保持来话、单呼组呼用户、召集会议等。

操作台分 PC 操作台和键控操作台两种。PC 操作台通过鼠标或触摸屏进行各种操作；键控操作台则直接通过各种特定意义按键进行操作，两者功能基本相同。

键控操作台有 48 直通键、25 直通键两种规格。下面以 48 直通键键控调度台为例进行说明。键控调度台外观如图 2-47 所示。

（1）数字键区：用于呼出拨号键盘和数据设置输入键区。

（2）液晶显示器（LCD）：显示系统各种数据及运行情况，全中文指示呼叫进程。

（3）扬声器：调度台的第一语音通道受话器。

（4）麦克（MIC）：调度台的第一语音通道送话器（与扬声器构成调度台的主用语音通道）。

（5）手柄：调度台的第二语音通道（辅通道），同时含有送、受话器各一个。

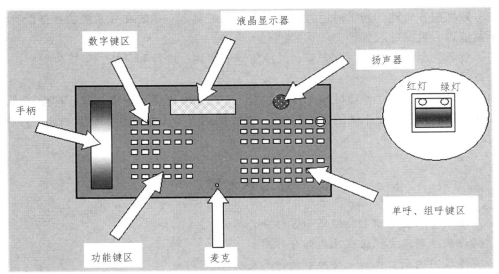

图 2-47 调度台结构图

（6）功能键区：12 个功能键。

（7）菜单选择键区：6 个，可选择或查看系统各种数据。

（8）单呼、组呼键区：共 48 个，每个键可对应一个小站或用户，也可以对应一个组呼。键号顺序是固定的，每行 8 个，从左到右排列；共 6 行；键号依次为 1，2，…，47，48。

（9）红、绿指示灯：对于功能键区、单呼和组呼键区，每个键上都有一个红色一个绿色两个发光二极管，用来指示相应键的运行状况。

（10）组呼、单呼键区：

红灯表示占用主用语音通道；绿灯表示占用手柄语音通道。

红绿灯交替闪烁表示有呼入等待应答，未占用语音通道。

单灯闪烁表示占用相应的语音通道呼出。

单灯长亮表示占用相应的语音通道通话。

单灯长灭表示相应的语音通道空闲。

红绿灯同时长亮表示用户通话被保留。

4）系统维护台

CTT2000L/M 系统配有集中维护管理终端，该终端放置于主系统所在地，可对主系统管辖范围内的所有分系统进行集中维护管理及监控，但主系统与分系统之间必须通过 2M 数字通道相连。集中维护终端具有日常观察、配置管理、故障管理、全系统性能管理、安全管理等功能。

网管系统主要功能如下：

（1）系统管理：查看网络、主系统和各分系统的运行状况；查看各系统的程序和数据版本；加载程序和数据；下发远程主备切换、复位等命令；远程完成建立固定连接、半固定连接等网络交叉功能；监视系统中所有的模拟和数字端口状态；远程调整主／分系统中模拟端口电平值。

（2）数据配置管理：网络通道时隙使用方式的配置；主系统和分系统的数据配置；调度台、车站值班台数据的配置等。

（3）故障管理：全系统所有告警、故障信息的收集、统计和分析；生成告警日志；告警信息的查看和打印。

（4）安全管理：建立管理员和操作员数据库，记录管理员和操作员的各种操作信息；为各级管理员和操作员分配不同的操作权限；针对不同的管理员和操作员设置不同的操作内容，确保网管系统的安全性。

复习思考题

1. 简述数字调度通信系统组成和各部分作用。
2. 简述数字调度主机组成及各部分作用。
3. 简述数字调度主机的主要接口的种类及功能。
4. 简述数字调度系统主要业务及功能。
5. 画图说明区段调度通信网络的组成。
6. 区段调度通信网络有什么特点？
7. 数字调度通信网络由什么构成？采用什么样的同步方式？
8. 单机运用一般用在什么场合？
9. 试举出多机运用的一个例子。
10. FH98 系统总体结构包含几部分？
11. FH98 和 CTT2000 相同点和不同点主要在什么地方？

任务三　典型业务数据配置方法

【知识要点】

（1）数据配置操作。
（2）枢纽侧数据配置表。
（3）车站侧数据配置表。
（4）业务配置。

【任务目标】

（1）掌握数据配置的基本流程和方法。
（2）掌握枢纽侧和车站侧数据配置的方法，会区别两者在配置上的不同。
（3）理解数调系统实现的业务在数据配置上的体现，会根据需求完成业务的配置。

系统实现各种业务需要在维护台中进行数据配置，数据配置分两大部分——枢纽侧数据配置和各车站侧数据配置，在维护台中通过不同的数据表格进行定义。

一、数据配置操作

每个数据配置界面的下面都会有类似图 2-48 所示的一些操作按钮。有的界面根据需要还会有其他操作按钮。

图 2-48　数据配置界面操作

1. 数据传送

所有数据在维护台配置或修改以后，会自动保存到 Data 数据夹中（具体路径见前面说明），只有点击相应的传送按钮发送至主控才能生效。

数据传送分为以下几种传送方式，每个数据配置界面都有相应的按钮。

- 全部传送：传送当前界面显示的全部数据。
- 传送选定数据：用鼠标左键配合"Shift"或"Ctrl"键选择需要传送的数据，点击"传送选定数据"按钮则传送选择的数据。
- 传送改动数据：在打开的窗口中对数据进行了修改，点击"传送改动数据"按钮则传送修改的数据。

传送数据时会出现如图 2-49 所示的进度显示界面，可以了解数据传送的进度。

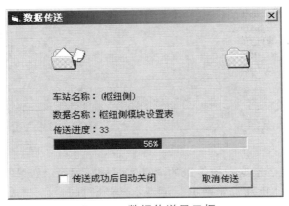

图 2-49　数据传送显示框

选中界面中的"传送成功后自动关闭"，在收到主控的数据传送成功消息后会自动关闭此传送街面。点击"取消传送"可以在传送过程中取消。

2. 数据索取

点操作部分的"索取数据"即出现如图 2-50 所示的数据索取的操作按钮。

图 2-50　数据索取操作

数据索取即从主控索取对应的数据内容，并且显示在一个新的界面中，操作人员可以比较索取的数据与本地数据的区别进行选择更新。

数据索取分为以下几种方式，每个数据配置界面都有相应的按钮。

- 索取选定数据：用鼠标左键配合"Shift"或"Ctrl"键选择需要传送的数据，点击"索取选定数据"按钮则索取选择的数据。
- 索取全部数据：索取当前界面显示的全部数据。

数据索取显示界面如图 2-51 所示。

模块号	模块类型	物理模块号	时隙号	备份模块号
1	未安装	1	0	无
2	未安装	1	0	无
3	模拟模块	1	0	无
4	UG模块	1	0	无
5	未安装	1	0	无
6	U口模块	1	0	无
7	模拟模块	1	0	无
8	模拟模块	1	0	无
9	未安装	1	0	无
10	模拟模块	1	0	无
11	模拟模块	1	0	无
12	数字模块	1	0	11
13	模拟模块	1	0	无
14	模拟模块	1	0	无
15	模拟模块	1	0	无
17	模拟模块	1	0	无

更新全部数据　更新选定数据　退出

图 2-51　数据索取显示界面

图 2-51 中的数据表格根据主控传送的消息实时刷新显示。如果需要更新本地数据，则点击"更新全部数据"或"更新选定数据"更新本地的数据。

3. 备份打印

此操作按钮可以进行配置数据的备份、恢复、打印等，如图 2-52 所示。

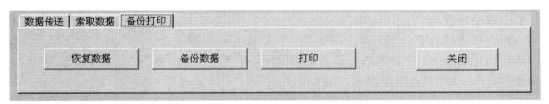

图 2-52 备份打印操作

当点击"备份数据"时，可将定义的数据备份到指定位置，以便以后恢复数据，如图 2-53 所示。

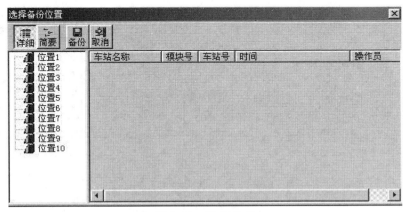

图 2-53 数据备份

可以选择任意一个备份位置，点击"备份"，将原有表格的数据备份到此位置，如果需要恢复时，在相应数据配置表中选择"恢复数据"，进入恢复数据的对话框中，与图 2-53 唯一的区别是"备份"变成"恢复"，选中位置点击"恢复"，则恢复为备份位置的数据。

点击"打印"按钮可以打印显示的数据配置。

下面根据不同的数据配置界面说明维护台中主要的数据配置操作。

二、枢纽侧数据配置表

枢纽侧数据配置表主要包括枢纽侧模块表、模拟线路表、调度台设置表、调度台按键表、号码表、本局局号设置、目的号码表、枢纽侧组呼表、全呼表、枢纽侧半固定接续表、中继表、号码转换表、业务号码对照表、出入局号码字冠转换、数字时隙设置表等。各个表格之间有一定的相互关联。具体情况请看各表的详细描述。其中所有模块配置表中备注栏可填写相关信息注释。

1. 模块表

在模块表中，第一栏模块号从"1～32"可根据实际硬件，模块类型可选择 U 口模块、模拟模块、时钟模块，其中时钟模块指数据通信板，"33～44"为数字模块，从 45 模块开始是虚拟数字模块。在数字级联业务或跨枢纽业务时，需要定义一个虚拟数字模块，具体业务通过某一数字模块的"0~30"时隙实现。"1~44"模块的"物理模块号"和"时隙号"不需要填。只有在虚拟数字模块（44~64模块）需要在"物理模块号"和"时隙号"填入该虚拟模块通信所用的时隙。备份模块号填做备份的模块的模块号码，如图2-54中11模块给12模块做备份，则12模块备份模块号栏填11。

图 2-54　枢纽模块表

2. 模拟线路表

模拟线路表（见图2-55）储存所有模拟线路的信息。

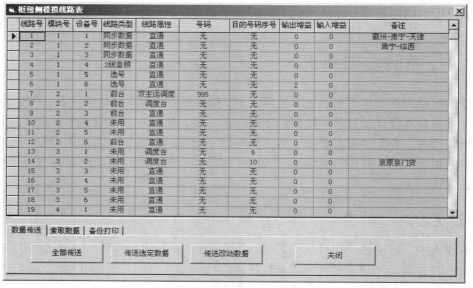

图 2-55　枢纽侧模拟线路表

前 32 个模块（每个模块 6 条线路）共 192 条线路。（注：U 口模块只有前 3 路，后 3 路必须填未用）

线路号、模块号、设备号：用户不能更改。线路号代表模拟设备的每一路线号。模块号代表每一个模拟每块号，对应于模块配置表中的模块。设备号代表每一模块的"1～6"路。

线路类型：包括 2 线音频、磁石、选号、4 线音频、4 线模调、环路、共电、前台、区间等，根据具体安装的电路板进行设置。如果未安装，选择未用。

线路属性：不同线路类型的线路属性选项不同。如前台的线路属性可选择调度台、单主远调度台、双主远调度台或值班台。单、双主远调度台指单路或双路远主调度台。共电的线路属性可选择"调度直通"——用户摘机直接接通调度台。"调度拨号"——用户可通过拨号呼叫本业务内所有用户。2/4 线模调和音频插板线路属性固定为直通。时钟线路属性根据具体外接时钟设备选择。

号码：分配给此线路的分机号码。

目的号码序号：直通用户类型时目的号码表中目的号码对应的序号。

3. 调度台设置表

调度台设置表（见图 2-56）储所有调度台的信息。

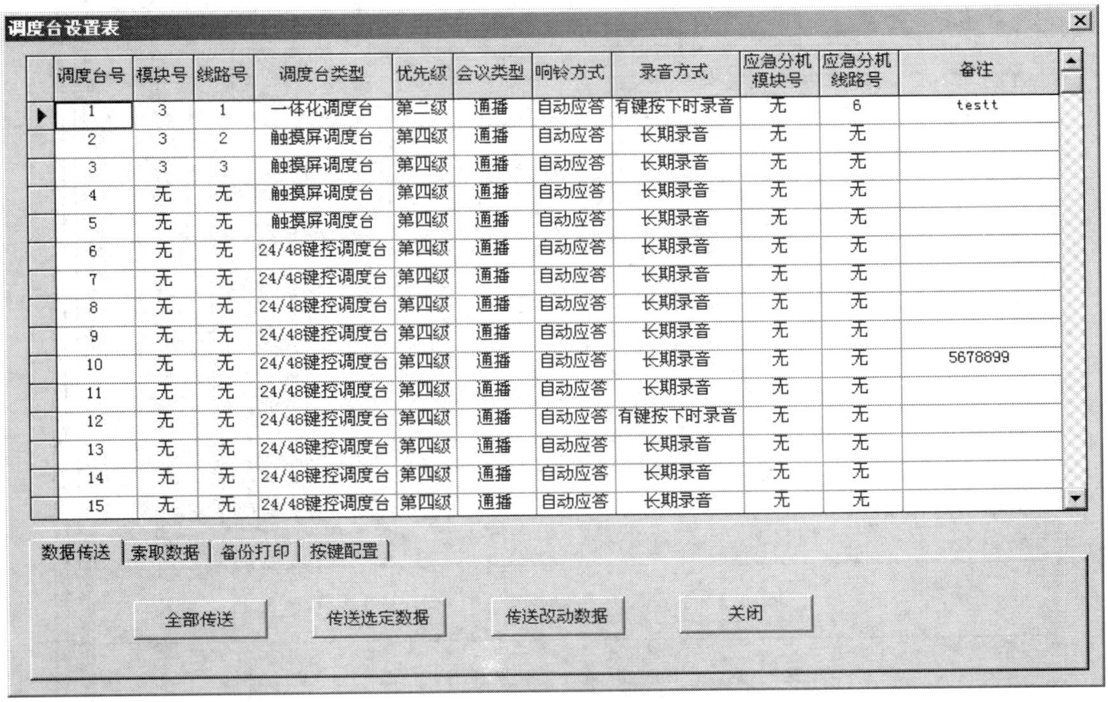

调度台号	模块号	线路号	调度台类型	优先级	会议类型	响铃方式	录音方式	应急分机模块号	应急分机线路号	备注
1	3	1	一体化调度台	第二级	通播	自动应答	有键按下时录音	无	6	testt
2	3	2	触摸屏调度台	第四级	通播	自动应答	长期录音	无	无	
3	3	3	触摸屏调度台	第四级	通播	自动应答	长期录音	无	无	
4	无	无	触摸屏调度台	第四级	通播	自动应答	长期录音	无	无	
5	无	无	触摸屏调度台	第四级	通播	自动应答	长期录音	无	无	
6	无	无	24/48键控调度台	第四级	通播	自动应答	长期录音	无	无	
7	无	无	24/48键控调度台	第四级	通播	自动应答	长期录音	无	无	
8	无	无	24/48键控调度台	第四级	通播	自动应答	长期录音	无	无	
9	无	无	24/48键控调度台	第四级	通播	自动应答	长期录音	无	无	
10	无	无	24/48键控调度台	第四级	通播	自动应答	长期录音	无	无	5678899
11	无	无	24/48键控调度台	第四级	通播	自动应答	长期录音	无	无	
12	无	无	24/48键控调度台	第四级	通播	自动应答	有键按下时录音	无	无	
13	无	无	24/48键控调度台	第四级	通播	自动应答	长期录音	无	无	
14	无	无	24/48键控调度台	第四级	通播	自动应答	长期录音	无	无	
15	无	无	24/48键控调度台	第四级	通播	自动应答	长期录音	无	无	

数据传送　索取数据　备份打印　按键配置

全部传送　　传送选定数据　　传送改动数据　　关闭

图 2-56　调度台设置表

调度台号：用户不能更改。范围 1～48 表示 48 个调度台路。

模块号、线路号：调度台对应的模块号、线路号。

调度台类型：有 24/48 键控调度台、JK60 键控调度台、触摸屏调度台、一体化调度台类型等。

优先级：此调度台的优先级。

会议类型：有会议、通播两种方式。

其他可以根据需要选择。

按键配置：可以设置对应调度台的按键配置。

4. 调度台按键表

触摸屏调度台和其他按键配置界面操作不同，下面分别说明。

1）触摸屏调度台按键设置表

在"调度台设置表"界面中选择某个调度台，点击"按键配置"，如果调度台类型为触摸屏调度台，则显示其配置界面。

触摸屏调度台按键分为功能键、用户键、会议键、群组配置，如图 2-57 ~ 2-63 所示。

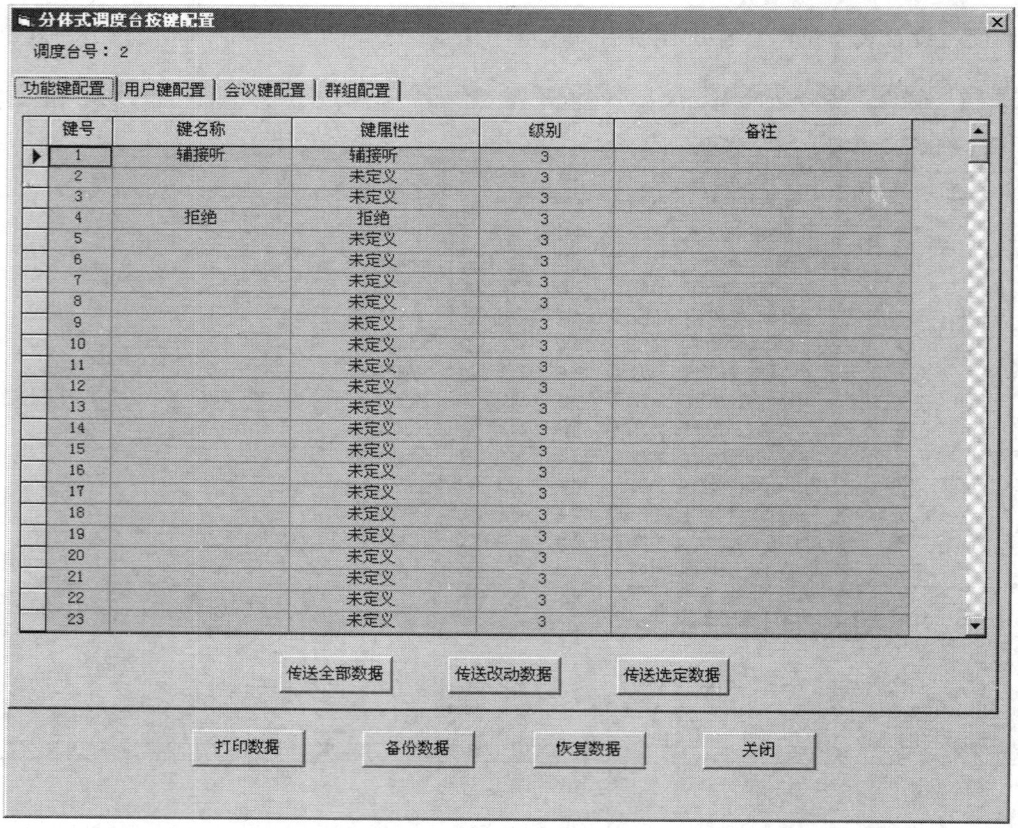

图 2-57　触摸屏调度台按键配置表——功能键

图 2-58　触摸屏调度台按键配置表——用户键

图 2-59　增加用户键

图 2-60　会议键配置

图 2-61　增加会议键

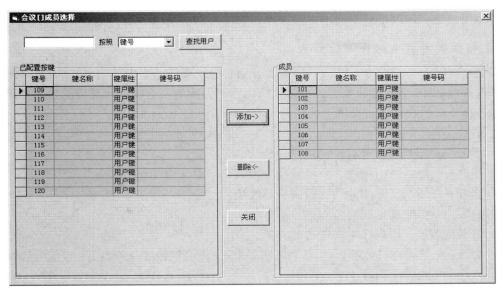

图 2-62 会议键成员选择

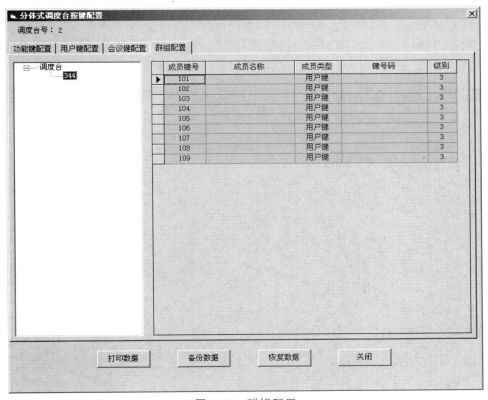

图 2-63 群组配置

功能键（见图 2-57）：键序号从 1 ~ 24。每个键可选择键属性，不能重复。

用户键（见图 2-58）：可以设置键名称、键属性、键号码、模拟备用号码、类型、级别等信息。

增加用户键：可以批量添加用户键，界面如图 2-59 所示。

2）非触摸屏调度台按键设置表

调度台按键表（见图 2-64）共 48 张，分别对应模拟线路表中"前台"的操作台号。每个按键表共包括 48 个按键的数据，每条数据内容即为按下当前按键所对应的呼叫号码。

键名称：显示在调度台按键上的名称。

键属性：

- 单呼——呼叫分机号对应的用户。
- 组呼——呼叫一组用户，分机号位置填入组呼号（参见组呼表）。
- 全呼——相当于呼叫此调度台所有单呼用户。
- 台联——呼叫其他调度台。
- 自动应答——用户呼叫调度台时响铃。
- 会议——选择会议功能下，可任意呼叫多个用户。会议键的业务类型和分机号都填"无"。
- 未用——此键未用。

键号码/组呼号：第一呼叫用户的号码，如果是调度业务或站间业务，此处对应号码表中定义的某一业务的号码。如果是台联，此处填入被叫调度台的分机号。当键功能为组呼时，此处填号码表中定义的组呼号，用来呼叫一组用户。

模拟备用号码：第二呼叫用户的号码。如果第一呼叫用户线路出现故障，自动转呼第二呼叫；或在调度台先按下"手柄"键，然后再按下此单呼键可直接呼叫第二呼叫用户。

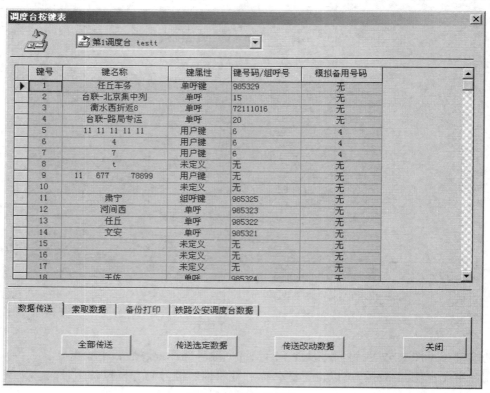

图 2-64　按键设置表

5. 本局局号设置

本局局号即业务引示号，界面如图 2-65 所示。

图 2-65 本局局号设置

如果需要修改，则点击"修改"按钮，可以输入新的局号。

注意：为了正确显示号码表中的号码对应的业务类型，应该在设置号码前首先设置本局局号。

6. 业务号码对照表

业务号码对照表（见图 2-66）的功能是将业务号同其汉字名称对应起来，以增强可读性。业务号为两位号码，一个业务类型对应一个业务号，从上至下按升序排列。

注意：为了正确显示号码表中的号码对应的业务类型，应该在设置号码前首先设置本局局号和此处的业务号码对照表。

业务号	业务类型	局号	备注
10	行调	1234	
11	列调	1234567	
12		无	
13		无	
14		无	
15	teestyye	无	
16		无	
17		无	
18		无	
19		无	
20		无	
21		无	
22		无	
23		无	
24		无	

数据传送　索取数据　备份打印

全部传送　传送选定数据　传送改动数据　关闭

图 2-66 业务号码对照表

7. 号码表

号码表（见图 2-67）中存储所有的号码，号码的规则是"本局局号+业务号+局内号码"。在号码表中输入号码后，如果符合此规则，并且在业务号码对照表中设置了业务号对应的业务类型名称，则在号码表中的业务类型列自动显示对应的业务类型名称，否则显示"自动用户"。

如果在输入号码后再更新业务号码对照表，则在下次打开号码表窗口时自动更新成对应的业务类型名称。

序号	业务类型	号码	模块号	线路号	其他	备注
1	行调	72111001	45	无	未用	981001
2	行调	72111016	36	无	20	衡水西折返8
3		72111201	45	无	未用	枢纽
4		72111225	36	15	20	衡水西折返
5		72111229	无	无	无	
6		72111228	无	无	无	
7		72111226	无	无	无	
8		72111309	24	4	无	台联-耶济长台
9		72111310	08	5	101	北舍
10		72111311	08	5	102	路城
11		72111312	08	5	103	微子镇
12		72111313	08	5	104	漫流河
13		72111314	08	5	105	洪掌
14		72111315	8	5	106	常村
15		72111316	8	5	107	水洋
16		72111317	8	5	108	黎城
17		72111318	8	5	109	东阳关
18		72111319	8	5	110	下弯
19		72111321	8	5	112	桃城
20		72111322	8	5	113	悬钟
21		72111323	8	5	114	弹音
22		72111324	8	5	115	涉县

数据传送 | 索取数据 | 备份打印 | 增删记录 | 定位记录 | 查询数据

全部传送　　　传送选定数据　　　传送改动数据　　　关闭

图 2-67　号码表

号码：包括局号、业务类型号码在内的分机。号码系统以号码为关键字查找此表，得到模块号、设备号/车站号，从而确定该号码所对应的物理位置。各种调度或站间业务都是通过号码来确定对应关系，就像我们平时的电话号码一样。

业务类型：根据号码中的业务号自动显示的业务类型。

模块号：填写某项业务所在车站所属的"数字环"的模块号。如果是实现模拟业务，此处填写实现该业务的模拟模块号。

线路号：对于模拟模块（模块号从 1～32）来说，此处选择的是设备号，即第几路，取值范围为"1～6"。对于数字模块（模块号从 33～44）来说，此处选择的是该业务所在的车站号。

对号码表的操作：

增删记录：可以添加、删除表中的号码。注意，对于号码不为空的，必须向后台发送消息删除后再进行删除。

定位记录：由于号码较多，可以根据业务类型定位到对应的号码。

查询数据：可以查询后台的号码数据。

8. 目的号码表

目的号码表如图 2-68 所示。

图 2-68 目的号码表

9. 枢纽侧组呼表

组呼表（见图 2-69）中最多可设置 48 组组呼，组呼号从"1～48"。每组组呼最多可以有 16 个组呼成员，从键号 1～16，这里填写调度台上的按键号，一个键号对应一个所要呼叫的调度台按键号。每一组用户可根据需要随意选择，小于等于 16 个用户即可。定义组呼时第一组组呼号必须使用，其他可以任意选择。

注意：这里的数据仅用于除触摸屏调度台、铁路公安调度台以外的调度台按键配置！

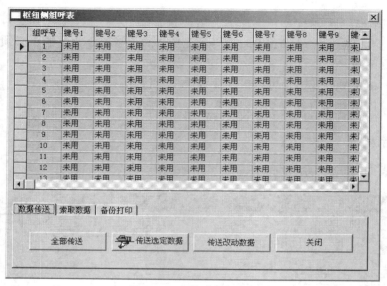

图 2-69　枢纽侧组呼表

10. 枢纽侧全呼表

全呼表（见图 2-70）中最多可设置 10 组数据，全呼号从"1~10"。每组组呼最多可以有 48 个成员，从键号 1~48，这里填写调度台上的按键号，一个键号对应一个所要呼叫的调度台按键号。每一组用户可根据需要随意选择，小于等于 48 个用户即可。

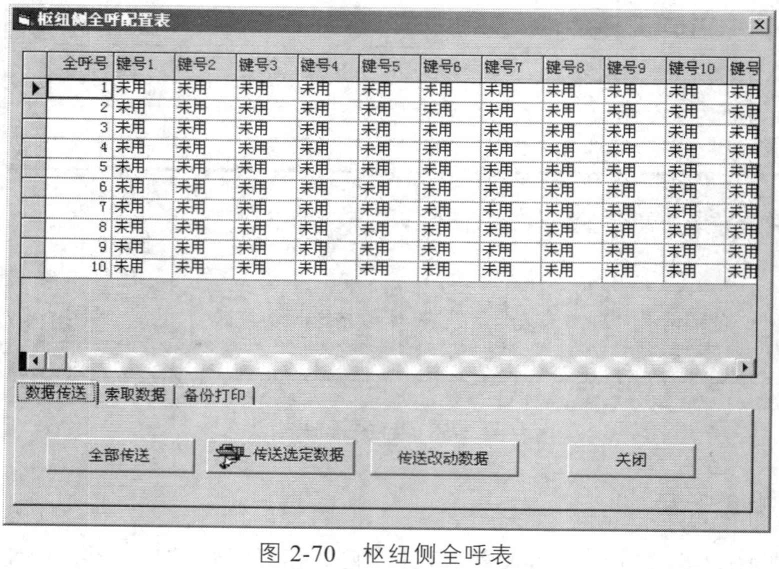

图 2-70　枢纽侧全呼表

注意：这里的数据仅用于除触摸屏调度台、铁路公安调度台以外的调度台按键配置！

11. 中继表

中继表（见图 2-71）是"飞鸿 98"系统和交换局间相连的数字中继的数据，其数据和对端相对应。交换局侧如果是入中继的话，"飞鸿 98"系统侧必须是出中继；交换局侧如果是出中继，"飞鸿 98"系统侧对应的必须是入中继。双方也可以都使用双向中继。

中继表以数字中继为索引，共 30 条中继线。

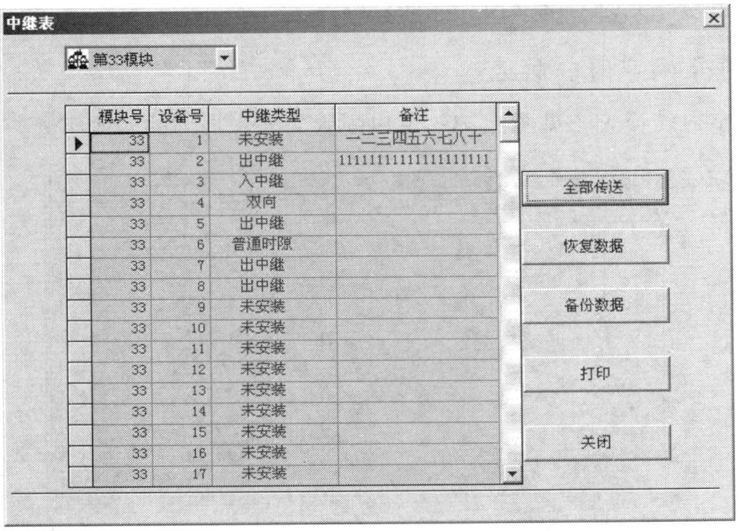

图 2-71 中继表

12. 号码转换表

号码转换表（见图 2-72）的作用是将"飞鸿 98"系统内外号码进行转换、翻译，即将交换局发来的号码（如 66088 和 40285）转换成"飞鸿 98"系统内部的号码（如行调 1 号分机、行调 3 号分机）。

号码转换表以主控连接数字板时隙号为索引，可使用 0 ~ 30 共 31 个时隙。

图 2-72 号码转换表

属性包括“调度”和“非调度”业务。主叫业务号和被叫业务号填写各自业务类型，如调度或站间。主叫分机号和被叫分机号填各自在号码表中定义的号码。

“本方号码”和“对方号码”是交换局侧所设号码，本方号码是交换局下放到“飞鸿 98”系统的号码，对方号码则是对端交换局侧的号码。

13. 出入局号码字冠转换表

出入局号码字冠转换表（见图 2-73）可以配置局外和局内的号码字冠。

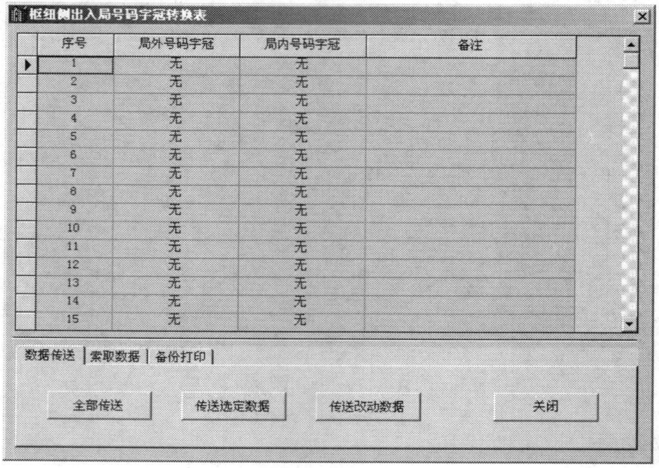

序号	局外号码字冠	局内号码字冠	备注
1	无	无	
2	无	无	
3	无	无	
4	无	无	
5	无	无	
6	无	无	
7	无	无	
8	无	无	
9	无	无	
10	无	无	
11	无	无	
12	无	无	
13	无	无	
14	无	无	
15	无	无	

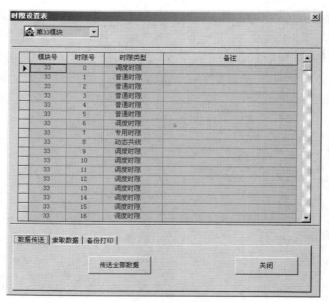

图 2-73　出入局号码字冠转换表

14. 数字时隙设置表

数字时隙设置表（见图 2-74）可以设置每个数字模块的时隙类型。

模块号	时隙号	时隙类型	备注
33	0	调度时隙	
33	1	普通时隙	
33	2	普通时隙	
33	3	普通时隙	
33	4	普通时隙	
33	5	普通时隙	
33	6	调度时隙	
33	7	专用时隙	
33	8	动态共线	
33	9	调度时隙	
33	10	调度时隙	
33	11	调度时隙	
33	12	调度时隙	
33	13	调度时隙	
33	14	调度时隙	
33	15	调度时隙	
33	16	调度时隙	

图 2-74　数字时隙设置表

三、车站测数据配置表

车站侧的所有数据配置都在同一个界面中,如图 2-75 所示。通过选择不同的标签进行不同数据的配置。如果需要配置其他车站的数据,则在车站名称下拉框中选择对应的车站名称。

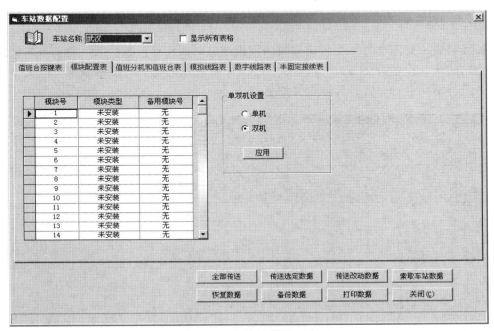

图 2-75 车站数据配置表

车站侧的数据常见的有模块配置表、模拟线路表、数字线路表、值班台按键表、值班分机和值班台表、半固定接续表。

如果选中界面中的"显示所有表格",则除了上述表格外,还会显示组呼表、全呼表、告警路由表、目的路由表、区转机译码表、区转机线路表、共电译码表、调度分配器等。其中组呼表、半固定接续表的配置和含义同枢纽侧的配置,在这里不再说明。

注意:对于车站数据配置,虽然所有的数据配置在一个窗口中显示,但是数据传送、数据索取、数据打印等操作都是针对当前数据配置界面的,因此,在修改了数据以后一定要点击按钮传送数据再修改其他的数据。

下面分别说明各个数据表的配置。

1. 模块配置表

车站数据配置默认的就是显示"模块配置表"(见图 2-75)。模块配置表配置车站分系统每一块电路板的类型,当车站分系统只配置一块数字板时,"单双机设置"选择单机,配置两块主控板时选择双机,然后点击"应用"按钮传送数据。

模块号:从"1~24"固定,分别代表每块模拟模块号,一个车站分系统最多安装 23 块模拟接口板。

模块类型：根据具体电路板的类型进行选择，点击鼠标右键出现下拉菜单（包括用户板、区转板、U口板、接口板、通信板、未安装等项）。

备用模块号：某电路板有备用模块时，填备份电路板的模块号。如 3 模块给 2 模块做备份，则在 2 模块号对应的备份模块号处填 3。

2. 模拟线路表

模拟线路表（见图 2-76）主要定义每条模拟线路的属性、参数。某一路如果未使用时，对应该线路的全部设置需要选择"未安装"或"无"。使用的每一线路根据模拟模块每一路实现的业务进行不同进行设置，具体含义如下：

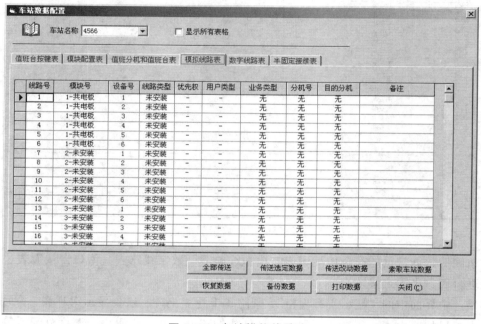

图 2-76　车站模拟线路表

线路号：从"1~144"固定。每一线代表模拟模块的一路。

模块号：从"1~24"固定，根据模块配置表中定义的模块属性自动生成。

设备号：每一模块从"1~6"，模块提供最大的线路数。

线路类型：根据模块表中对应的硬件类型填写具体的线路属性，可选择各种属性。

线路方向、中继类型：只对环路有意义。

优先权：只对共电用户有意义，可选择普通或优先，一般为普通。

用户类型：如果是值班台，则选择"直通"，远程调度台选择"分远"。共电线路根据共电话机实现的业务可填直通、拨号、应急分机、放音通道。"直通"指摘机后直接呼叫目的分机的业务，"拨号"用户是互相通过拨一个三位或两位号码实现呼叫。"应急分机"用来替代值班台。"放音通道"可以实现录音仪的调听。其他线路类型的线路此处一般为"直通"。

业务类型：一般选择"内部分机"，当分机为调度分机时选择具体的调度业务类型。当线路类型为"磁石"，并且实现模拟站间闭塞时，此处填"无"。

分机号：调度分机时，从"0～99"，为号码表中分配的号码，为内部分机且是拨号属性用户时分配三位号码。

目的分机：调度业务时填写"1"。其他都填"无"。

需要特别注意的是区间业务时，第一路线路类型要选择"区间"，用户类型填"拨号"业务类型填"无"。第三路线路类型选择"区间"，用户类型填"直通"，业务类型填"内部分机"。

3. 数字线路表

数字线路表（见图 2-77）定义车站侧调度业务或站间业务。

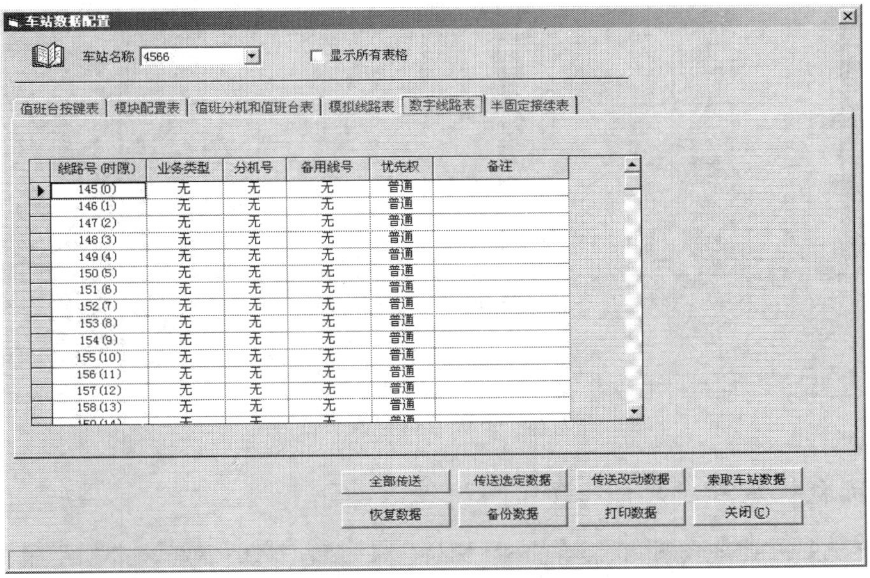

图 2-77　车站侧数字线路表

线路号从"145～208"，括号内的"0～63"代表车站连接数字板的时隙。如果是 2E1 的数字板，线路号从"145～176"。分系统一般为 2E1 数字板，此时时隙号从"0～30"，31 和 63 为系统保留时隙。

对于某一个调度或站间业务，已经提前分配了时隙（具体分配方法以上已说明），在该表中找到该业务对应的时隙号，业务类型根据具体业务选择。分机号填该业务在调度侧号码表中定义的号码。备用线号填模拟备份时的模拟线路号。

4. 值班分机和值班台表（见图 2-78）

该配置表主要定义车站值班台的台号，如果值班台有应急分机，可以定义该值班台对应应急分机的模块、线路号。当值班台出现故障时，可以由相应应急分机替代，实现值班台的业务。

值班分机序号：从"1～30"固定，其中前 15 个可作应急分机，后 15 个可作值班分机。

模块号：左侧填实现应急分机或值班分机用户板的模块号。右侧填值班台对应 U 口板的模块号。

设备号：分别填应急分机和值班台所在的接口板的"1～6"线路的某一路。

值班台号：从"1～30"固定。值班分机序号和值班台号相同的应急分机给相应值班台做备份。如值班分机序号1的应急分机给值班台号1的值班台做备份。

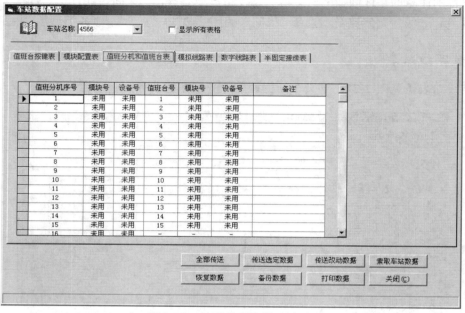

图 2-78　值班分机和值班台表

5. 值班台按键表（见图 2-79）

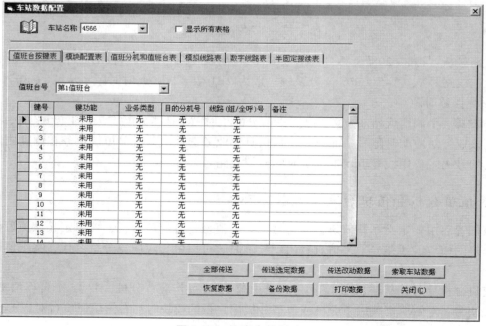

图 2-79　值班台按键表

定义值班台按键类型，共有 30 个按键表，每张按键表有 48 个按键数据需要定义，车站侧一般使用前 24 个按键（根据值班台按键数）。

键功能包括：

模拟用户键——呼叫分机号对应的一模拟用户。

数字用户键——呼叫分机号对应的一数字用户。

组呼——呼叫定义的一组用户，分机号位置填入组呼号（参见组呼表）。

全呼——呼叫全呼表中定义的用户，分机号位置填入全呼号。

会议——会议状态可任意呼叫多个用户。

席联——呼叫其他值班台。

转话键——定义转话键后，可以将呼入值班台的用户转接到值班台按键定义的其他用户。（用户呼入值班台通话后，按下转话键，再按下需要转接的用户的按键，值班台和此转接用户通话后，再次按下转话键，实现两个用户的转话）

未用——此键未用。

业务类型：模拟用户一般为内部分机，数字用户填具体业务类型。

目的分机号：调度业务或站间业务时填所呼叫的目的分机在调度侧号码表中定义的号码。

线路号：该按键用户业务所对应的模拟线路表或数字线路表中的线路号。组呼时填组呼表中定义的一组用户的组呼号。

6. 告警路由表（见图 2-80）

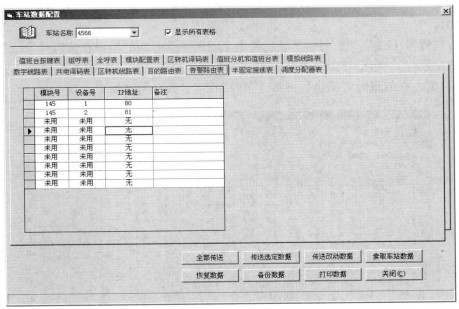

图 2-80 车站告警路由表

适用于远程维护台。告警路由表配置，确保该车站出现软硬件故障时，告警消息能及时上报给各个维护台。主维护台的模块号固定填 145（数字 A），设备号填 1，IP 地址为 80，远程维护台的地址可填 "81~89"，模块号和设备号根据远程维护台的配置确定。

7. 目的路由表（见图 2-81）

配置同告警路由表。

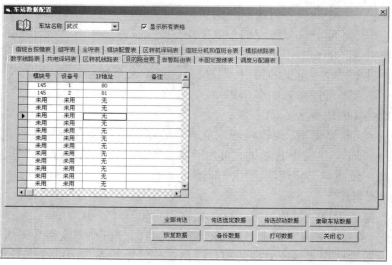

图 2-81　车站目的路由表

8. 全呼表（见图 2-82）

全呼号：从"1~30"固定，在值班台按键表中定义一个全呼键后，在线路号项填此处定义的全呼号。

键号："键号 1"至"键号 48"填写此组全呼所需要呼叫的用户在值班台上的按键号。

如全呼号 1 的一组全呼为值班台上按键号 1~10 用户，可以在全呼号 1 的一行键号下分别填"1~10"。在值班台定义全呼键后，可呼叫"1~10"号键用户。

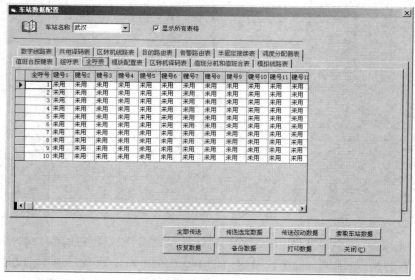

图 2-82　车站全呼表

四、业务配置

1. 如何增加一块电路板

【例】在第4模块增加一块接口板。

第一步：打开车站侧的模块配置表，在"模块号"为"4"的一条记录中，"模块类型"一项单击鼠标右键选择"接口板"，"备用模块号"为无，如表2-6所示。

表2-6　增加电路板

模块号	模块类型	备用模块号
1	U口板	无
2	用户板	无
3	选号板	无
4	接口板	无
5	未安装	无

第二步：用鼠标单击修改记录左边的方框，选中后单击"传送选定数据"，如要一起传送多条记录，按以下方法操作：先按住"Ctrl"键不放，再单击修改记录左边的方框，选中后单击"传送选定数据"。

注：

① 以下举例中，如有数据发生修改时，都需传送数据，操作方法同"第二步"。

② 在修改数据之前应先备份以前的数据。

③ 数据修改后传送数据应确认传送是否成功，如果失败，则需要重新传送，传送成功后要关闭当前窗口，以便数据写入Flash（闪存）中。

④ 数据配置完成后要对所在站点进行复位，以确认数据是否修改成功。

⑤ 如果数据配置不成功，且严重影响工作，应立即恢复原数据，并把以前的数据进行传送。如果不影响工作，可继续查找原因，进行数据配置。

2. 如何配置模块备份数据

【例】2、3模块是用户板，其中4模块是2模块和3模块的备用模块。

第一步：打开车站侧的模块配置表，在"模块号"为"4"的一条记录中，在"模块类型"一项单击鼠标右键，选择"用户板"，备用模块号为无。在模块号为2、3的记录中，在"备用模块号"一项单击鼠标右键，选择"4模块"。4模块的备用模块号字段一定要设置成无，它不能再有备用模块，如表2-7所示。

表2-7　配置模块备份数据

模块号	模块类型	备用模块号
1	U口板	无
2	用户板	4
3	用户板	4
4	用户板	无

3. 如何增加车站内的一个分机用户

【例】某一分系统中接口板配置为：第 2 模块是共电，在共电板的第 2 路配置一部分机，摘机后直接呼叫车站值班台，车站值班台的 3 号键对应此分机。

第一步：打开车站侧的模拟线路表，在线路号为 8（模块号为 2，设备号也为 2）的记录中，线路类型选"共电"、优先权选"普通"、用户类型选"直通"、业务类型选"内部分机"，其他的不填，如表 2-8 所示。

表 2-8　增加分机用户

线路号	模块号	设备号	线路类型	线路方向	中继类型	优先权	用户类型	业务类型	分机号	目的分机号
1	1	1	值班台	—	—	普通	直通	内部分机	—	—
...									—	—
8	2	2	共电			普通	直通	内部分机	—	—

修改完后传送选定数据。

第二步：打开车站侧的值班台按键表，键号为"3"的记录中，键功能一项选择"模拟用户键"，业务类型一项选择"内部分机"，目的分机号一项选择"无"，线路（组/全呼）号填"8"，如表 2-9 所示。

表 2-9　增加分机用户

键号	键功能	业务类型	目的分机号	线路（组/全呼）号	备注
1	数字用户键	北行调	1	145	行调
2	未用	无	无	无	
3	模拟用户键	内部分机	无	8	分机

4. 如何配置值班台和值班分机数据

【例】1 模块是 U 口板，在 U 口板的第一路配置一个值班台；第 2 模块是用户板，在用户板的第 1 路配置一部值班分机。

第一步：打开车站侧的模拟线路表，在线路号为 1 的记录中，线路类型选"值班台"，优先权选"普通"，用户类型选"直通"，业务类型选"内部分机"，其他的不填。

在线路号为 7 的记录中，线路类型选"共电"，优先权选"普通"，用户类型选"值班分机"，业务类型选"内部分机"，其他的不填，如表 2-10 所示。

表 2-10　配置值班台

线路号	模块号	设备号	线路类型	线路方向	中继类型	优先权	用户类型	业务类型	分机号	目的分机号
1	1	1	值班台	—	—	普通	直通	内部分机	—	—
...										
7	2	1	共电	—	—	普通	值班分机	内部分机		

第二步：打开车站侧值班台和值班分机表，根据上表 1 号值班分机的模块号填入 2，设备号填入 1；1 号值班台的模块号填入 1，设备号填入 1，如表 2-11 所示。

表 2-11 配置值班台

值班分机序号	模块号	设备号	值班台号	模块号	设备号
1	2	1	1	1	1
2	未用	未用	2	未用	未用

5. 如何配置组呼/全呼数据

组呼最多可定义 16 个用户，全呼最多可定义 48 个用户。

【例】车站值班台定义 9 号按键为组呼键，组呼对象为 3、4、5、6 号按键对应的用户。

第一步：打开车站侧值班台按键表，在键号为 9 的记录中，键功能选"组呼键"，业务类型选"内部分机"，目的分机号为"无"，线路（组/全呼）号填入"1"，如表 2-12 所示。

表 2-12 配置组呼/全呼数据

键号	键功能	业务类型	目的分机号	线路（组/全呼）	备注
1	数字用户键	北行调	1	145	行调
2	模拟用户键	内部分机	无	7	分机
….	…	…	…	…	…
9	组呼键	内部分机	无	1	

第二步：打开车站侧的组呼表，在组呼号为 1 的记录中，键号 1、键号 2、键号 3、键号 4 分别填入"3、4、5、6"，如表 2-13 所示。

表 2-13 配置组呼/全呼数据

组呼号	键号 1	键号 2	键号 3	键号 4	……	键号 14	键号 15	键号 16
1	3	4	5	6	未用	未用	未用	未用
2	未用	未用	未用	未用	未用	未用	未用	未用
3	未用	未用	未用	未用	未用	未用	未用	未用

6. 如何配置车站值班台席联数据

【例】某一车站分系统中有 2 个值班台，1 号值班台定义 2 号键呼叫 2 号值班台，2 号值班台定义 3 号键呼叫 1 号值班台。

第一步：打开车站侧的模拟线路表。线路号 1、2 的物理位置分别安装了 2 个值班台，如表 2-14 所示。

表 2-14 配置车站值班台席联数据

线路号	模块号	设备号	线路类型	线路方向	中继类型	优先权	用户类型	业务类型	分机号	目的分机号
1	1	1	值班台	—	—	普通	直通	内部分机	—	—
2	1	2	值班台	—	—	普通	直通	内部分机	—	—
...									—	—
7	2	1	共电	—	—	普通	直通	内部分机	—	—

第二步：打开车站侧值班台和值班分机表，根据表 2-14，1 号值班台的模块号是 1，设备号填入是"1"；2 号值班台的模块号填入"1"，设备号填入"2"，如表 2-15 所示。

表 2-15 配置车站值班台席联数据

值班分机序号	模块号	设备号	值班台号	模块号	设备号
1	2	1	1	1	1
2	2	2	2	1	2
3	未用	未用	3	未用	未用

第三步：打开车站侧的值班台按键表，选择"1 号值班台"，在键号 2 定义席联键，在业务类型一项中选"无"，目的分机号为"无"，线路（组/全呼）号填入"2"，如表 2-16 所示。

表 2-16 配置车站值班台席联数据

键号	键功能	业务类型	目的分机号	线路（组/全呼）号	备注
1	数字用户键	北行调	1	145	行调
2	席联键	无	无	2	
3	模拟用户键	内部分机	无	8	

第四步：打开车站侧的值班台按键表，选择"2 号值班台"，键号 3 定义为"席联键"，在业务类型一项中选"无"，在线路（组/全呼）号一项中填"1"，如表 2-17 所示。

表 2-17 配置车站值班台席联数据

键号	键功能	业务类型	目的分机号	线路（组/全呼）号	备注
1	数字用户键	北行调	1	145	行调
2	模拟用户键	内部分机	无	8	分机
3	席联键	无	无	1	

7. 如何在车站分系统中配置调度分机数据

【例】 枢纽第 33 模块所挂接的 10 号车站分系统中加一部调度分机，业务类型属于北行调，物理位置是 10 车站第 2 模块（共电板）的第 2 路，摘机占车站时隙 TS_5、数字环 TS_1 呼叫北行调调度台的 6 号键。

第一步：打开枢纽侧的号码表，业务类型选择"北行调"，定义号码"2"为这部调度分机的号码。在号码为"2"的记录中，模块号填入"33"，设备号/车站号填入"10"，该调度业务对应数字环的母线时隙是 1，如表 2-18 所示。

表 2-18　配置调度分机数据

号码	模块号	设备号/车站号	时隙号/音频号
1	1	1	1
2	33	10	1
3	无	无	无

第二步：打开枢纽侧的调度台按键表，选择"1 号调度台"，键号 6 的记录中，在键功能一项中选"单呼"，业务类型选"北行调"，分机/（组/全呼）号填"2"，如表 2-19 所示。

表 2-19　配置调度分机数据

键号	键功能	业务类型	分机/（组/全呼）号	备份分机号	备注
1	单呼	北行调	10	无	
2	未用	无	无		
…	…	…	…	…	…
6	单呼	北行调	2	无	调度分机

第三步：打开车站侧的数字线路表，在线路号为"150"的记录中，业务类型一项中选"北行调"，分机号中填"2"（此调度分机具体填到哪条线路上，是与数据环上的调度业务所占用的时隙号以及车站分系统数字板与分主控板之间为此业务所分配的时隙号相对应的，在第一步中分配的是第"5"时隙，对应的线路号是"150"）。此例中数字线路表的配置如表 2-20 所示。

表 2-20　配置调度分机数据

线路号（时隙）	业务类型	分机号	备份线路	优先权
145（0）	北行调	11	无	普通
150（5）	北行调	2	无	普通

第四步：打开车站侧的模拟线路表，在线路号为"8"的记录中，线路类型选"共电"，优先权选"普通"，用户类型选"直通"，业务类型选"北行调"，分机号填"2"，如表 2-21 所示。

表 2-21　配置调度分机数据

线路号	模块号	设备号	线路类型	线路方向	中继类型	优先权	用户类型	业务类型	分机号	目的分机号
1	1	1	值班台	—	—	普通	直通	内部分机		
…	2	1	共电			普通	直通	内部分机		
8	2	2	共电			普通	直通	北行调	2	1

8. 如何配置枢纽主系统调度台和车站分系统值班台的呼叫数据

【例】在枢纽主系统中有一个调度台（北行调），在 10 车站增加一个值班台（以前该车站没有值班台），调度台的定义"7"号键占车站时隙 TS_6 和数字环 TS_1 呼叫值班台的"1"号键。

第一步：打开枢纽侧的号码表，业务类型选择"北行调"，定义号码"4"为呼叫 10 车站值班台的号码。在号码为"4"的记录中，模块号填入"33"，设备号/车站号填入"10"，该调度业务对应数字环的母线时隙是 1，如表 2-22 所示。

表 2-22　配置调度台/值班台数据

号码	模块号	设备号/车站号	时隙号/音频号
1	1	1	无
2	无	无	无
3	33	10	1
4	33	10	1

第二步：打开枢纽侧的调度台按键表，选择"1 号调度台"，在键号 7 的记录中，键功能一项中选"单呼"，业务类型选"北行调"，分机/（组/全呼）号填"4"，如表 2-23 所示。

表 2-23　配置调度台/值班台数据

键号	键功能	业务类型	分机/（组/全呼）号	备份分机号	备注
1	单呼	北行调	10	无	
2	未用	无	无		
…	…	…	…	…	…
6	单呼	北行调	3	无	10 车站调度分机
7	单呼	北行调	4	无	10 车站值班台

第三步：在 10 车站增加一个值班台，方法同前述中所举的例子。

第四步：打开车站侧的数字线路表，在线路号为"151"的记录中，业务类型一项中选"北行调"，分机号中填"4"（此调度分机具体填到哪条线路上，是与数据环上的调度业务所占用的时隙号以及车站分系统数字板与分主控板之间为此业务所分配的时隙号相对应的，在第一步中分配的是第"6"时隙，对应的线路号是"151"）。此例中数字线路表的配置如表 2-24 所示。

表 2-24　配置调度台/值班台数据

线路号（时隙）	业务类型	分机号	备份线路	优先权
145（0）	北行调	11	无	普通
150（5）	北行调	3	无	普通
151（6）	北行调	4	无	普通

第五步：打开车站侧的值班台按键表，选择"1号值班台"，在键号1定义数字用户键，在业务类型一项中选"北行调"，目的分机号为"1"，在线路（组/全呼）号填入"151"，如表 2-25 所示。

表 2-25　配置调度台/值班台数据

键号	键功能	业务类型	目的分机号	线路（组/全呼）号	备注
1	数字用户键	北行调	1	151	北行调
2	模拟用户键	内部分机	无	8	

9. 如何配置模拟备份

【例】在枢纽主系统中有一个调度台（北行调），在 10 车站有一个值班台，调度台的定义"5"号键占模拟调度实回线（从枢纽的 4 线音频接调度分配器，然后接到每个车站的选号口）呼叫值班台的"3"号键。

第一步：在枢纽侧增加一块多功能接口板，在模块配置表中的设置如表 2-26 所示。

表 2-26　配置模拟备份数据

模块号	模块类型	物理模块号	时隙号	备份模块号
6	模拟模块	0	0	无

第二步：在多功能接口板的第一路配置 4 线音频，在枢纽侧模拟线路表中的设置如表 2-27 所示。

表 2-27　配置模拟备份数据

线路表	模块表	设备表	线路类型	线路属性	业务类型	分机号	调度台号
31	6	1	4 线音频	直通	南行调	无	无

第三步：在枢纽侧号码表中选择北行调业务设置，如表 2-28 所示。

表 2-28　配置模拟备份数据

号码	模块号	设备号/车站号	时隙号/音频号
10	6	1	3
20	33	10	0

第四步：在枢纽侧北行调调度台按键表中的设置如表 2-29 所示。

表 2-29　配置模拟备份数据

键号	键功能	业务类型	分机（组/全呼）号	备份分机号
2	单呼	南行调	20	无
5	单呼	南行调	10	无

第五步：在 10 车站配置一块选号板，在模块配置表中的配置如表 2-30 所示。

表 2-30　配置模拟备份数据

模块表	模块类型	备用模块
5	选号板	无

第六步：配置 10 车站模拟线路表，如表 2-31 所示。

表 2-31　配置模拟备份数据

线路号	模块号	设备号	线路类型	用户类型	业务类型	分机号	目的分机号
25	5-选号板	1	选号	直通	内部分机	3	无

第七步：在 10 车站值班台按键表中的配置如表 2-32 所示。

表 2-32　配置模拟备份数据

键号	键功能	业务类型	目的分机号	线路（组/全呼）号
2	数字用户键	南行调	1	149
3	模拟用户键	内部分机	1	25

在现场中，经常要调试模拟备份，主要有以下两种模拟备份的接法。

一种情况是直接从枢纽侧的四线音频接调度分配器（或 PCM），然后接到每个车站的选号口；另一种情况是从车站的四线音频口连接，然后接到其他车站的选号口。并且现场也有两种情况并用的接法。

下面就做模拟备份的数据进行说明：

第一种情况：

第一步：在车站侧模拟线路表中，"线路类型"选"选号"，"业务类型"选"内部分机"，"分机号"在 0～99 中任选，如选"3"。

第二步：在枢纽侧号码表中找到一号码，如"50"，模块号为"9"，设备号为"3"，音频号为车站侧的分机号，如表2-33所示。

表2-33 配置模拟备份数据

号码	模块号	设备号	音频号
50	9	3	3

在调度台按键表中，找到一个按键，如表2-34所示。

表2-34 配置模拟备份数据

键号	键功能	业务类型	分机号	备份分机号	备注
5	单呼	XX	50	无	模拟备份

第二种情况：

第一步：在车站侧模拟线路表中，"线路类型"选"选号"，"业务类型"选"内部分机"，"分机号"在0~99中任选，如选"5"。

第二步：在枢纽侧号码表中找到一号码，如"60"，模块号为本数字环模块，如"35"，设备号为车站侧的分机号+50，时隙号为数字环中各模拟备份分配的时隙号，如"16"，如表2-35所示。

表2-35 配置模拟备份数据

号码	模块号	设备号	音频号
60	35	55（5+50）	16

在调度台按键表中，找到一个按键，如表2-36所示。

表2-36 配置模拟备份数据

键号	键功能	业务类型	分机号	备份分机号	备注
7	单呼	XX	60	无	模拟备份

在第二种情况中，涉及一块四线音频，并且在车站侧分配一个时隙，例如：四线音频为10模块、3路，分配给四线音频的数字时隙号为"17"，如果此车站为12车站，在12车站半固定接续表中配置，如表2-37所示。

表2-37 配置模拟备份数据

序号	方向	源模块号	源设备号	源母线号	源时隙号	目的模块号	目的设备号	目的母线号	目的时隙号
0	双向	10	3	…	…	145	17	…	…

10. 如何配置枢纽侧调度台台联数据

【例】 在枢纽侧系统中有 2 个调度台北行调和南行调，北行调调度台定义 2 号键呼叫南行调 2 号键，南行调调度台定义 2 号键呼叫北行调 2 号键。

第一步：打开枢纽侧的模拟线路表。在线路号 1、2 的物理位置分别安装了 2 个调度台，如表 2-38 所示。

表 2-38　配置调度台台联数据

线路号	模块号	设备号	线路类型	线路属性	业务类型	分机号	调度台号	输出增益	输入增益
1	1	1	前台	调度台	北行调	1	1	—	—
2	1	2	前台	调度台	南行调	1	2	—	—

第二步：打开枢纽侧的调度台按键表，选择"1 号调度台"，在键号 2 定义台联键，在业务类型一项中选"南行调"，分机号为"1"，如表 2-39 所示。

表 2-39　配置调度台台联数据

键号	键功能	业务类型	分机号	备份分机号	备注
1	单呼键	北行调	10	无	
2	台联键	南行调	1	无	

第三步：打开枢纽侧的调度台按键表，选择"2 号调度台"，键号 3 定义为"席联键"，在业务类型一项中选"北行调"，分机号一项中填"1"，如表 2-40 所示。

表 2-40　配置调度台台联数据

键号	键功能	业务类型	分机号	备份分机号	备注
1	单呼键	南行调	10	无	
2	台联键	北行调	1	无	

11. 如何配置枢纽侧远程调度台数据

【例】10 车站需要安装电调和货调两个远程调度台，在枢纽侧系统中第 2 模块有一块双路远主 U 口板，在 10 车站第 1 模块有一块双路远分 U 口板，数字环分配 20、21 时隙给电调，22、23 时隙给货调。

第一步：打开枢纽侧的模拟线路表。在线路号 7、8 的物理位置分别安装了 2 个远程调度台。线路类型选择"前台"，线路属性选择"双主远调度"，业务类型选择"电调"和"货调"，分机号填"1"，如表 2-41 所示。

表 2-41　配置远程调度台数据

线路号	模块号	设备号	线路类型	线路属性	业务类型	分机号	调度台号	输出增益	输入增益
1	1	1	前台	调度台	北行调	1	1	—	—
2	1	2	前台	调度台	南行调	1	2	—	—
…	…	…	…	…	…	…	…	…	…
7	2	1	前台	双主远调度	电调	1	3	—	—
8	2	2	前台	双主远调度	货调	1	4	—	—

第二步：打开枢纽侧的半固定接续表。在序号 0、1 的位置上配置电调数据，源模块号填"2"，表示是在枢纽第 2 模块安装的远主 U 口板，源设备号选择"第 1 路的 B2"和"第 3 路的 B1"，目的模块号填"33"，目的设备号填"20""21"，表示把远主 U 口板"第 1 路的 B2"和"第 3 路的 B1"连接到数字环 33 模块的"20"和"21"两个时隙，如表 2-42 所示。

表 2-42　配置远程调度台数据

序号	方向	源模块号	源设备号	源母线号	源时隙号	目的模块号	目的设备号	目的母线号	目的时隙号
0	双向	2	第 1 路 B2	…	…	33	时隙 20	…	…
1	双向	2	第 3 路 B1	…	…	33	时隙 21	…	…
3	双向	2	第 2 路 B2	…	…	33	时隙 22	…	…
4	双向	2	第 3 路 B2	…	…	33	时隙 23	…	…

第三步：打开 10 号车站侧模拟线路表。在线路号 1、2 的物理位置分别安装了 2 个远程调度台。线路类型选择"前台"，用户类型选择"分远调度"，业务类型选择"电调"和"货调"，分机号填"1"，如表 2-43 所示。

表 2-43　配置远程调度台数据

线路号	模块号	设备号	线路类型	线路方向	中继类型	优先权	用户类型	业务类型	分机号	目的分机号
1	1	1	值班台	—	—	普通	分远调度	本地分机	—	—
2	1	2	值班台	—	—	普通	分远调度	本地分机	—	—

第四步：打开 10 号车站半固定接续表。在序号 0、1 的位置上配置电调数据，原模块号填"33"，原设备号填"20""21"，目标设备填"1"，表示是在 10 车站第 1 模块安装的分远 U 口板，目标设备号选择"第 1 路的 B1"和"第 3 路的 B1"，表示把数字环 33 模块的"20"和"21"两个时隙连接到分远 U 口板"第 1 路的 B1"和"第 3 路的 B1"上，如表 2-44 所示。

表 2-44　配置远程调度台数据

序号	方向	源模块号	源设备号	源母线号	源时隙号	目的模块号	目的设备号	目的母线号	目的时隙号
0	双向	145	20	…	…	1	第 1 路 B1	…	…
1	双向	145	21	…	…	1	第 3 路 B1	…	…
3	双向	145	22	…	…	1	第 2 路 B1	…	…
4	双向	145	23	…	…	1	第 3 路 B2	…	…

12.1 号信令数据配置

【例】在交换局侧将一自动电话设置调度分机使用，号码为 66088，交换局下给调度台的号码为 40285， 对应到 FH98 系统内的号码分别为行调业务的 3 号和 1 号。

自动电话可拨号 21111 呼叫调度台，调度台按键可呼叫该自动电话，其他自动电话拨号 21111 则不允许呼叫调度台。

第一步：打开调度侧模块表将信令板安装为第 34 模块，模块类型设置为数字模块，时隙为 "0"。

第二步：打开调度侧号码表定义一个号码，如 "3" 号，如表 2-45 所示。

表 2-45　配置 1 号信令数据

号码	模块号	设备号/车站号	时隙号/音频号
1	1	1	1
2	无	无	无
3	34	无	0
4	无	无	无

第三步：打开调度侧按键表，定义一个单呼键对应该调度业务，如表 2-46 所示。

表 2-46　配置 1 号信令数据

键号	键功能	业务类型	分机号	备份分机号
1	单呼键	行调	3	无
2	无	无	无	无

第四步：打开调度侧中继表，根据对端交换机设置出入中继，如表 2-47 所示。

表 2-47　配置 1 号信令数据

模块号	设备号	中继类型	备注
34	1	出中继	
34	2	出中继	
34	3	出中继	
34	4	出中继	

模块号	设备号	中继类型	备注
34	5	出中继	
34	6	入中继	
34	7	入中继	
34	8	入中继	
34	9	入中继	
34	10	入中继	

第五步：打开调度侧号码转换表，定义主被叫号码、本方和对方号码，如表 2-48 所示。

表 2-48 配置 1 号信令数据

模块号	时隙号	属性	主叫业务号	主叫分机号	被叫业务号	被叫分机号	本方号码	对方号码
34	0	调度	行调	1	行调	3	40285	66088
34	1	未安装	无	255	无	255		
34	2	非调度	自动电话	5	自动电话	6	21112	
34	3	未安装	无	255	无	255		

13. 数字级联车站调度业务数据配置

【例】 在 35 数字环 17 车站建立级联数字环，使调度台和级联车站能互相呼叫。通信时隙使用数字环时隙 10、主主控-数字时隙 10、分主控-数字时隙 10，行调业务使用数字环的 8 时隙作为共线时隙。级联数字Ⅱ使用 7 母线的 29 时隙和枢纽主控进行通信。

17 车站要使用 4E1 数字板，可将数字级联数字板从逻辑上看作两部分，和主数字环连接的部分我们暂定称为"级联数字Ⅰ"，和级联数字环连接的部分我们称为"级联数字Ⅱ"。

级联数字Ⅱ所起的作用是主数字板的作用，它同普通的主数字板一样，担负着一条数字环的核心任务：和数字环上所有的分数字进行通信，它通过主数字环上的一个时隙直接和主系统相连。

同时数字级联用到了"虚拟模块"的功能。首先要定义虚拟模块，然后分配枢纽主系统和车站分系统的数字环数据，具体的数据定义和以上调度业务数据配置相同。

第一步：配置模块表，定义虚拟模块属性，其中物理模块号中填 17 车站所在"数字环"的模块号。时隙号为 35 模块分配给虚拟模块的"数字环"的时隙，如表 2-49 所示。

表 2-49 配置车站调度业务数据

模块号	模块类型	物理模块号	时隙号	备份模块号	备注
1	未安装	无	无	无	
...	未安装	无	无	无	
35	数字模块	无	无	无	
...					
46	数字模块	35	10	无	

第二步：定义主数字环时隙。

进入数字环数据软件，在"35数字环"中定义枢纽主系统行调业务时隙。业务说明中填写各项时隙的备注含义。8时隙为行调业务所占共线时隙，如表2-50所示。

表2-50　配置车站调度业务数据

时隙号	时隙性质	母线时隙	业务说明
...	旁通		
8	共线	5-8	
9	旁通		
10	两点专用	5-10，17	
...	旁通		

在"35数字环"中定义17车站分系统行调业务时隙。8时隙为行调业务所占时隙，5~8是分配到17车站主控的时隙，6~8是通过6母线分配到级联数字Ⅱ部分的时隙，如表2-51所示。

表2-51　配置车站调度业务数据

时隙号	时隙性质	母线时隙	业务说明
...	旁通		
8	共线	5-8，6-8	
9	旁通		
10	两点专用	7-29，0	
...	旁通		

第三步：配置级联车站配置表。注意：级联车站的模块号填写虚拟模块号46。在维护台中数据配置中选择车站配置表，具体IP = 256×（模块号 – 1）+ 车站号。其中，模块号为该车站所在"数字环"的模块号，车站号由分系统背板跳线确定，如表2-52所示。

表2-52　配置车站调度业务数据

车站名称	IP地址	模块号	设备号	子系统号
17车站	8721	35	17	0
级联车站10	11530	46	10	0
级联车站10	11531	46	11	0
级联车站10	11532	46	12	0

第四步：配置46环枢纽主系统时隙。8时隙是级联数字环上的行调业务使用的共线时隙，注意它是连接到6母线的8时隙，和级联数字Ⅰ的6母线8时隙相连，如表2-53所示。

表 2-53　配置车站调度业务数据

时隙号	时隙性质	母线时隙	业务说明
…	旁通		
8	共线	6-8	
9	旁通		
10	旁通		
…	旁通		

配置 46 环级联车站的时隙。三个级联车站均相同，如表 2-54 所示。

表 2-54　配置车站调度业务数据

时隙号	时隙性质	母线时隙	业务说明
…	旁通		
8	共线	5-8	
9	旁通		
…	旁通		

第五步：号码表配置。号码 5、6、7 是级联车站分机的分机号，注意模块号要填虚拟模块的模块号，如表 2-55 所示。

表 2-55　配置车站调度业务数据

号码	模块号	设备号/车站号	时隙号/音频号
5	46	10	8
6	46	11	8
7	46	12	8

第六步：调度侧模拟线路表、按键表、分系统的模块表、模拟线路表、值班台按键表、数字线路表等数据配置和一般配置方法相同。

复习思考题

1. 为什么要进行数据配置？
2. FH98 系统数字环配置包括哪些步骤？
3. 枢纽侧数据和车站侧数据在配置上有什么不同？
4. 如何配置调度台和值班台数据？
5. 如何配置全呼/组呼数据？
6. 如何配置模拟备份？
7. 如何配置信令数据？

任务四　郑州局数调系统案例分析

【知识要点】

（1）FH98 系统简介。
（2）郑州局数调系统组网。

【任务目标】

（1）掌握 FH98 数字调度通信系统结构。
（2）了解郑州局数调系统佳讯 FH98 的网络拓扑图。

一、FH98 系统简介

　　FH98 数调系统是针对铁路通信传输系统数字化后，用一种接入设备利用数字信道把沿线各站的各种专用通信业务综合起来，提供全面的数据、图像、文字、语音等服务。该系统简化了专用通信系统结构，改善了专用通信的话音质量，提高了数字信道的利用率，并从根本上解决了沿线各小站的通信问题。从而形成了以自控为主的、智能化的、全程全网的网络化的综合调度指挥平台，实现了全数字化的区段通信。同时，FH98 数调系统完全替代了既有多种专用通信设备，如模拟调度总机分机、区转机、站场集中机等。综合接入平台，数字化通道可接入多种业务，如无线、会议、广播、抢险等，提供全面的数据、图像、文字、语音等服务。同时兼容既有模拟通信设备，数字和模拟设备互为备份。综上所述，FH98 铁路数字专用通信系统是一个综合的调度指挥平台，利用数字通道构成了一个独立的专用通信网络，完全能够替代既有模拟通信设备，包括调度设备、站场集中机、区转机以及可以为多种数字业务提供综合接入，同时兼容既有模拟设备。FH98 系统在设计上分为主系统和分系统，各系统模块化设计，各自实现不同的功能。

二、郑州局数调系统组网

　　FH98 数调枢纽主系统的下行 E1 口经过数字传输通道连接到第 1 个车站分系统的上行 E1 口，第 1 个车站分系统的下行 E1 口同样经过数字传输通道连接到第 2 个车站分系统的上行 E1 口上，如此串接到第 N 个车站分系统的上行 E1 口，其下行 E1 口经过另外一条数字传输通道直接连接到枢纽主系统的上行 E1 数字接口上。这样，这 N 个车站分系统与枢纽主系统一起就构成了一个数字通道环路，我们称之为"数字环"，如图 2-83 所示。

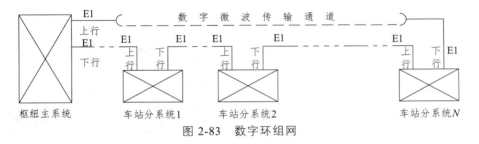

图 2-83 数字环组网

郑州局数调系统组网示意图如图 2-84 所示。

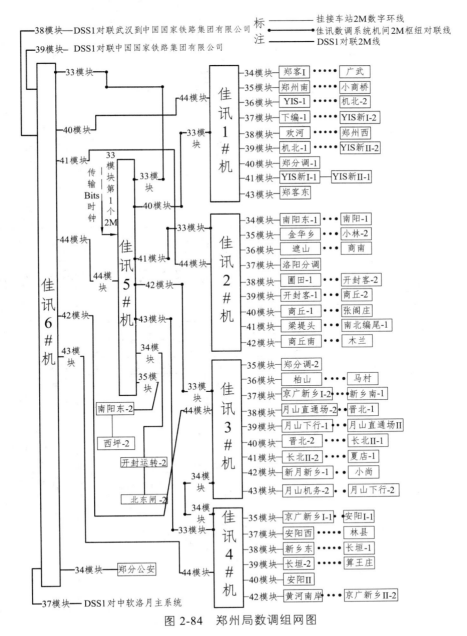

图 2-84 郑州局数调组网图

郑州局 FH98 数调系统网络拓扑图如图 2-85～2-90 所示。

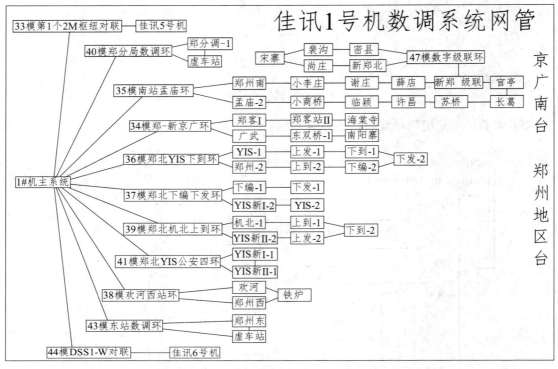

图 2-85　佳讯 1 号机组网示意图

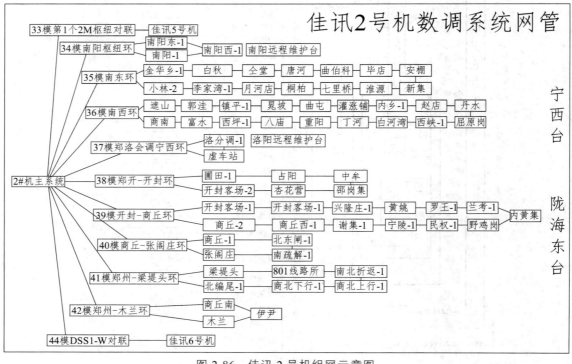

图 2-86　佳讯 2 号机组网示意图

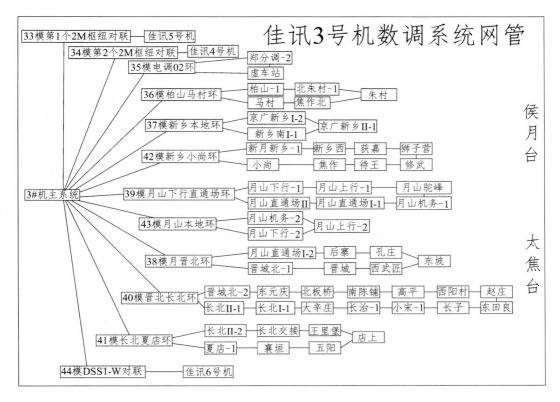

图 2-87 佳讯 3 号机组网示意图

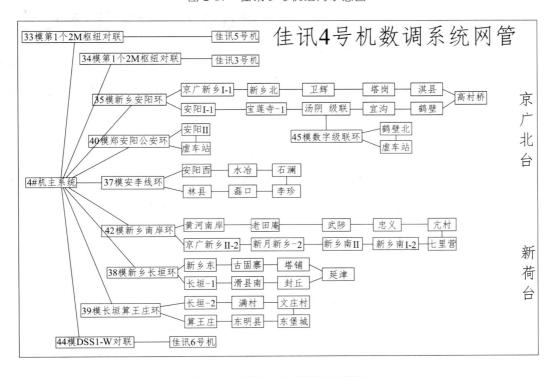

图 2-88 佳讯 4 号机组网示意图

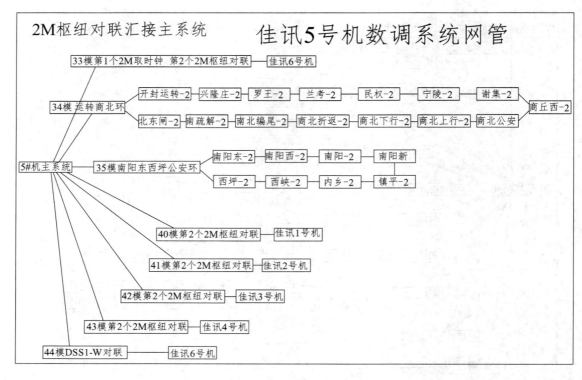

图 2-89　佳讯 5 号机组网示意图

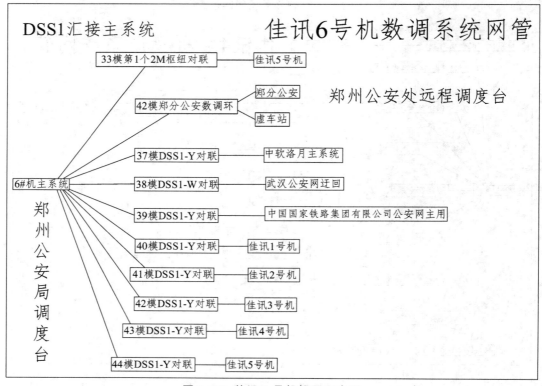

图 2-90　佳讯 6 号机组网示意图

复习思考题

1. 郑州局使用了多少套 FH98 设备？
2. 郑州局的数调系统是怎么成环的？
3. 每个数字环上的模块是怎么定义的？
4. 佳讯数调与中软数调是怎么对接的？

项目三　FAS 调度通信系统

任务一　MDS3400 调度通信系统

【知识要点】

（1）系统概述。
（2）组网方式。
（3）系统功能和业务。
（4）MDS3400 调度交换平台。
（5）操作台。
（6）网管子系统。

【任务目标】

（1）掌握 FAS 系统组成和常见的组网方式。
（2）理解 FAS 调度系统的功能和业务。
（3）掌握 MDS 系统调度交换平台、操作台和网管系统的结构和应用。

一、系统概述

MDS3400 铁路专用通信系统是由北京佳讯飞鸿公司推出的新一代统一指挥调度通信平台，是公司现有 FH98 数字调度产品的升级换代产品。产品集语音、数据和图像业务应用为一体，其开放式的产品设计理念及军品工艺可以满足铁路专用调度通信的要求。该系统有着强大调度指挥功能，通过 2B+D、IP 接口，连接各种智能调度台、指挥台，支持调度指挥所需的各种功能，如选呼、组呼、通播、强拆、强制、分群等调度功能，支持多用户多级别设置；支持 IP 分布式网络部署及多媒体视频业务的接入，以其开放性、兼容性、高可靠性的设计满足不同行业用户的组网需求。目前，该系统已经成功应用在铁路、城市轨道交通、公安和各大军区的调度指挥系统，也可用于其他行业企业如石油、石化、钢铁等以及公安部"国家反恐中心"的调度系统。

1. 系统组成

MDS 调度通信系统包括 MDS3400 交换平台、VT200 一体化触摸屏调度终端、JK24 按键式调度终端，以及统一网管系统 Anymanager，结构图如图 3-1 所示，具体设备如图 3-2 所示。

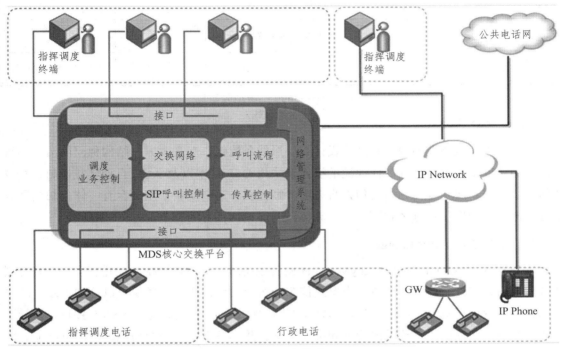

图 3-1　系统构成图

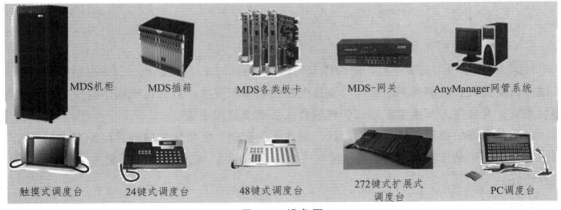

图 3-2　设备图

1）MDS3400 交换平台

MDS3400 交换机根据容量大小、实现功能及适用环境的不同分为 MDS3400 DL4X 型、MDS3400DLX 型、MDS3400 E4 型、MDS3400 E 型等不同规格，以满足企事业用户不同建设规模和功能的需求，为用户提供最佳的选择，如图 3-3 所示。

型号/项目	交换网络	TDM 容量（1：1 集线比）	IP 容量	会议方数	话务处理能力	备注
MDS3400 DL4X 型	4 096× 4 096	数字环/数字中继：80/112 用户数量：3136	4 096	$64×X(X=2-30)$	BHCA$≥6.8×10^5$ 次/h	支持铁路数字环、GSM-R、IP/TDM 双架构
MDS3400 DLX 型	512×512	数字环/数字中继：6/12 用户数量：384	512	128	BHCA$≥2×10^5$ 次/h	支持铁路数字环、GSM-R、IP/TDM 双架构
MDS3400 E4 型	4 096× 4 096	数字中继：112 用户数量：3136	4 096	$64×X(X=2-30)$	BHCA$≥6.8×10^5$ 次/h	支持公专合一、IP/TDM 双架构
MDS3400 E 型	512×512	数字中继：12 用户数量：384	512	128	BHCA$≥2×10^5$ 次/h	支持 IP/TDM 双架构

图 3-3　MDS3400 不同型号对比

2）调度台终端

调度台采用全新造型设计和结构设计，外形线条流畅，美观大方，结构稳固简洁；丰富而强大的调度功能带来更加简便快捷的操作；采用 DSP 技术以及 AGC 自动增益控制，有效地解决了回音、啸叫等问题，为用户带来更清晰优质和语音质量。调度台有一体化触摸屏调度台、键控式调度台和分体式调度台，具体说明详见本任务第五节。

3）网络管理 AnyManager

MDS3400 的运行维护通过 AnyManager 网管系统进行，包括数据和配置管理、告警与测试管理、话务统计与分析、计费、内置式信令分析等几大模块，各模块可以分别加载，既可以部署在一台计算机上，也可以分别部署在不同的计算机上；同时提供 SNMP 接口，接受上层网管管理。网管系统支持带内管理和带外管理，并具备远程维护的功能，用户可以随时随地通过网管客户端接入 MDS3400 系统，便于设备的维护管理，具体说明详见本任务第六节。

2. 主要特点

1）可靠开放的交换平台

MDS3400 是一个交换平台，能用作专用调度交换机、FAS 交换机，公务电话交换机、人工话务台交换机，能平滑升级至同时支持电路交换和软交换。自身也能用作监控系统和视讯会议系统，并能接入其他多家厂商的视频会议系统或监控系统。

由于其良好的软硬件体系结构设计，做到了层次化、模块化和内部接口标准化，无论是增加硬件接口还是软件功能，都只是增加一个简单的模块，能保证开发周期短，系统稳定快、兼容性好。

2）能平滑升级和扩展

系统能分别或同时支持电路和 IP 组网应用，支持客户由单纯的话音指挥调度向多媒体指挥调度平滑过渡，支持客户从电路交换向软交换平滑过渡。

软件可扩展性好，在线升级方便。采用平台的设计思想和先进的软件设计方法，采用稳定性、可靠性及可扩展性好的实时操作系统，通过软件加载方式实现软件升级,通过严格先进的配置管理、先进的设计和严格规范的测试保证升级版本的一致性和兼容性。

3）多媒体终端融合应用功能

由于系统支持多媒体终端，该终端有强大的处理能力和处理语音、数据和视频的能力，能同时支持各种多媒体应用。多媒体终端开放的交换平台的支持下，能对语音、数据和监控、视讯会议等系统进行联动控制，融合了各种应用功能。

系列化终端满足用户个性的需求，同一个终端能实现所有业务的操作和联动。

4）系统安全性、可靠性设计周到

系统采用 1+1 热备份的电源输入，每一个插箱都有一个空气开关控制。在插箱内部，各单板采用 48 V 分散供电。

单板种类少，所有业务板可以任意槽位混插，系统的所有单板都能实现 1+1 热备份。

5）系统可扩展性和可维护性设计周到

软件可扩展性好，在线升级方便。采用平台的设计思想和先进的软件设计方法，采用稳定性、可靠性及可扩展性好的实时操作系统，系统嵌入式环境提供两套独立的程序和数据，通过软件加载的方式方便、安全地实现软件升级。通过严格先进的配置管理、先进的设计和严格规范的测试保证升级版本的一致性和兼容性。

系统提供设备数据的上、下载功能，保证数据的安全性和恢复的方便性。同时软件升级时分成下载、校验、试运行和正式切换（升、降级）等四个步骤，既能保证安全地传送下载新的软件，同时又可以在"请点"的时间内进行全线试验和切换。

6）人性化的功能细节设计

系统提供许多个性化和人性化的功能。例如，调度终端和网管界面操作风格有些是可以由用户定制的，振铃声音也可以由用户设置；在通常的交换系统中存在以下问题：当用户 A 呼叫用户 B 且正在振铃时，若用户 C 也呼叫用户 B，若二者呼叫级别相同，则用户 C 得到的提示信息是用户 B 正在通话中或正忙，而实际情况很有可能是用户 B 根本就不在，从未摘机接听。MDS 细分出是线路故障、有用户正在呼叫、正在通话等各种呼叫状态并准确提示用户，在细节上满足客户的需求。

3. 应用领域

MDS3400 调度指挥系统主要用于铁路数字调度通信系统、FAS 调度通信系统和多媒体调度系统。

用于一般数字调度通信系统时，MDS3400 可用作主系统和分系统，主系统带若干数字环，每个环上有若干个分系统，如图 3-4 所示。

GSM-R 调度通信系统从总体上分为两大部分，以 FAS 为中心的固定用户系统和以 MSC 为中心的无线用户系统，两者之间通过 30B + D（DSS1）接口相连，FAS 系统的部署与原有线数字调度系统类似，分别置于中国国家铁路集团有限公司、铁路局及沿线各个车站。

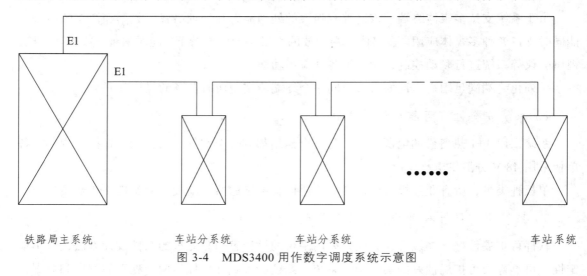

铁路局主系统　　　　　车站分系统　　　　　车站分系统　　　　　　　　　　车站系统

图 3-4　MDS3400 用作数字调度系统示意图

用于 FAS 调度通信系统时，MDS3400 可用作路局 FAS 和车站 FAS。GSM-R 及 FAS 调度通信系统的构成及组网方式如图 3-5 所示。

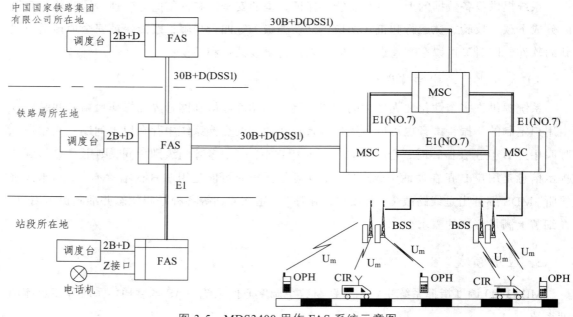

图 3-5　MDS3400 用作 FAS 系统示意图

在多媒体调度系统应用时，其方式如图 3-6 所示。

调度台和各种分机用户可以直接接入 IP 网，也可以接入所属 MD3400 或其他 IP 接入网关。用户可以是电路话机、IP 话机、语音调度台、多媒体调度台、监控终端等。

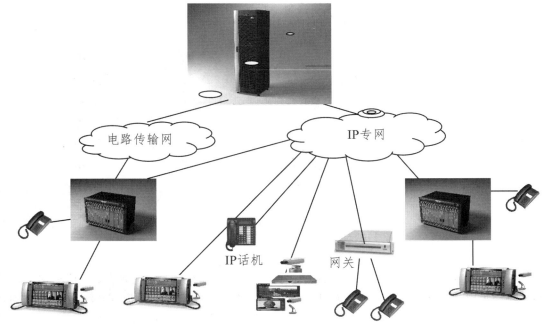

图 3-6 MDS3400 用作多媒体调度系统示意图

二、组网方式

MDS 多媒体调度系统具有灵活的组网功能，可支持多种组网方式，组网方式可以根据用户的实际情况和业务需求灵活采用链形方式、数字环方式、星形方式、树形方式和双中心网状方式等。

MDS 多媒体调度系统还可以扩展为具有 IP 组网方式的调度系统，以充分满足市场的需求及发展趋势。

1. 电路组网方式

1）链形方式

调度指挥中心与节点 1、节点 1 与节点 2 之间通过数字中继相连，节点 2 与调度指挥中心之间的通信要通过节点 1 的交换功能完成。链形组网方式多适用于各个节点呈线形分布且节点数目相对较少的情况，如图 3-7 所示。

图 3-7 链型方式组网

链形方式应用举例如图 3-8 所示。

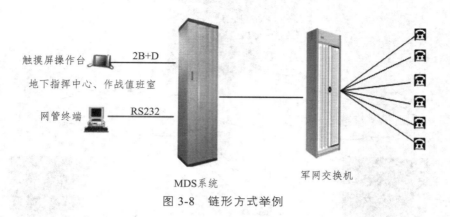

图 3-8　链形方式举例

2）数字环方式

　　多个 MDS3400 通过 E1 数字中继接口相连，主系统的下行 E1 口经过数字传输通道连接到分系统 1 的上行 E1 口，分系统 1 的下行 E1 口同样经过数字传输通道连接到分系统 2 的上行 E1 口上，如此串接到最后一个分系统的上行 E1 口，其下行 E1 口经过另外一条数字传输通道直接连接到主系统的上行 E1 数字接口上。这样，这 n 个分系统与主系统就构成了一个封闭的数字环，如图 3-9 所示。

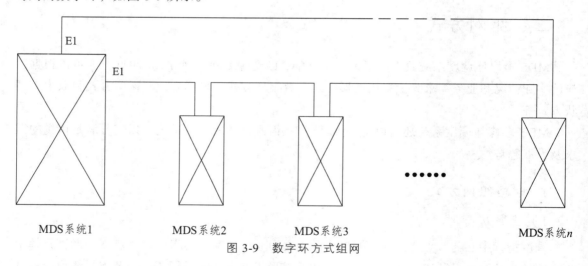

图 3-9　数字环方式组网

　　数字环方式应用举例如图 3-10 所示。

　　MDS3400 系统有多达 80 对数字环 E1 接口，可以组成多达 80 个数字环，每个 MDS 系统可以在多个数字环中，并且可以在有的数字环中作主系统，在有的数字环中作分系统。

　　（1）数字环自愈。

　　在一般情况下，通信使用下行 E1 通道，系统实时监测 2M 口的通信状态，当检测到数字环下行 E1 通道的某处断开时，立刻切换至上行 E1 通道方向进行通信，从而保证数字环的任何一处断开都不会影响系统的正常通信，切换时间为毫秒级。

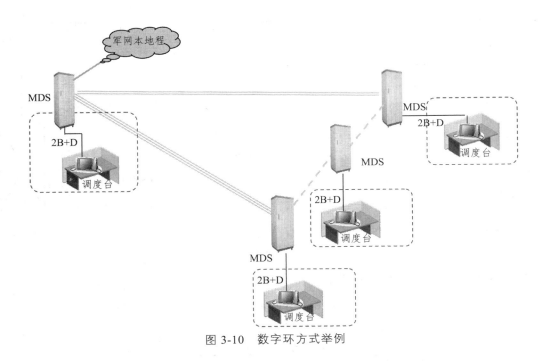

图 3-10　数字环方式举例

（2）断电直通。

有些情况下，某个车站由于一些特殊原因系统出现断电的情况，则此 MDS3400 系统的上、下行 E1 口将自动对接起来，还构成一个封闭的数字环从而不会影响系统正常通信。

（3）时隙分配。

一个 2M 数字环中共有 32 个时隙，其中 TS_0 和 TS_{16} 时隙为帧同步时隙和信令时隙，剩余的 30 个时隙中的 3 个时隙作为 MDS3400 系统的内部通信时隙使用，其余的 27 个时隙可作为话音时隙使用。MDS3400 系统采用通话占用时隙的方式，每一组通话动态的占用一个空闲时隙，当通话结束时，该时隙通道被释放；在进行组呼或召开会议时，MDS3400 只占用数字环中的一个共线时隙。

（4）数字环中的车站数量。

MDS3400 数字环组网时一次出局（出站，非站内）呼叫需要占用环中一个时隙，其中组呼和会议可以看作是一次呼叫，总共只占用一个数字环时隙。

在 MDS3400 系统里，一个 2M 数字环共有 27 个中继时隙可作为话音时隙使用，为保证呼叫成功，一个数字环通常情况下可按 6 ~ 10 个车站设计。

3）星形方式

枢纽系统提供多个 2M 数字接口，分别与各分系统的 2M 数字接口连接，每个分系统对应于枢纽系统都有自己独立的 2M 通道，枢纽系统与任一分系统间可独立完成话音及数据等业务。星形组网方式多适用于站点呈星形辐射式分布、通道资源丰富的情况，如图 3-11 所示。

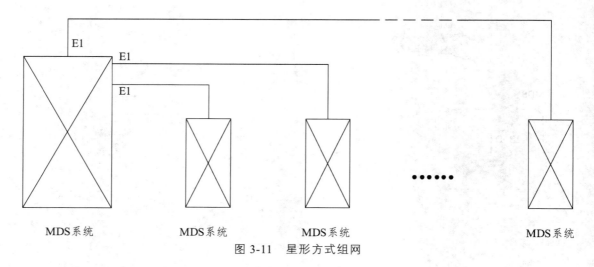

图 3-11　星形方式组网

星形方式应用举例如图 3-12 所示。

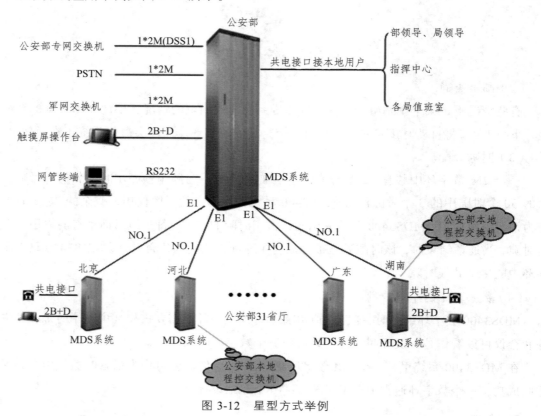

图 3-12　星型方式举例

4）树形方式

树形调度网络是多级星形方式的叠加，每级系统均可通过星形组网方式与上一级或下一级系统进行通信，从而构成多级数字调度指挥网络，如图 3-13 所示。

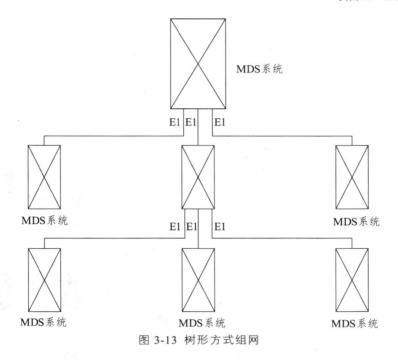

图 3-13　树形方式组网

树形方式应用举例如图 3-14 所示。

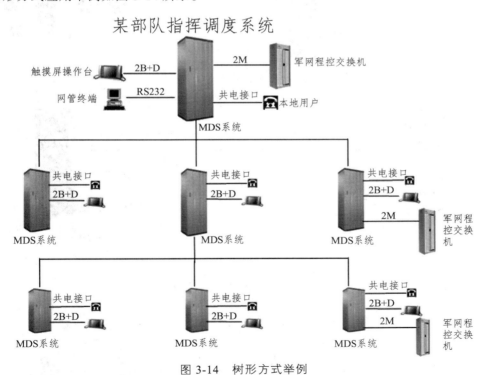

图 3-14　树形方式举例

　　树形组网方式适用于调度指挥中心与各个节点之间是比较严格的等级管理系统中，可构成多级的数字调度指挥网络。

5）双中心网状方式

网络中有两个 MDS3400 系统都通过多个 2M 数字接口,分别与其他 MDS3400 系统的 2M 数字接口连接,且两个枢纽系统之间,以及其他相邻系统之间,都有 2M 数字接口连接。双中心网状方式有三种,分别是数字环双中心方式、星形双中心方式和 IP 双中心方式,如图 3-15 所示。

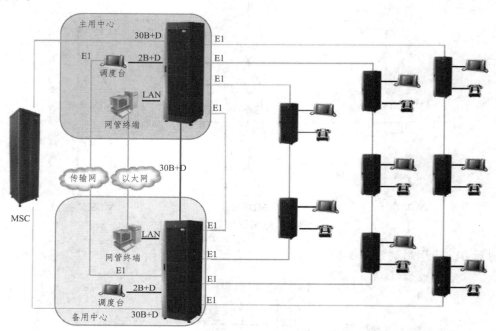

（a）数字环双中心方式

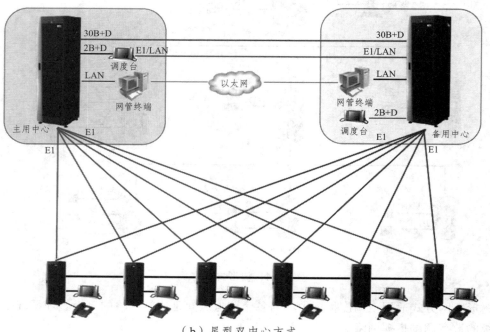

（b）星型双中心方式

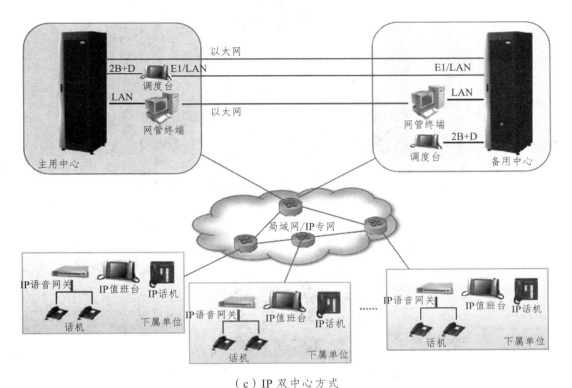

（c）IP双中心方式

图 3-15　双中心方式组网

2. IP 组网方式（见图 3-16）

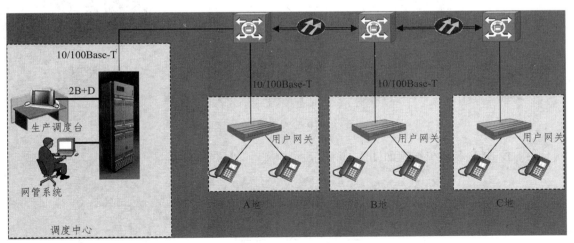

图 3-16　网络拓扑图

（1）纯 IP 单系统组网如图 3-17 所示。

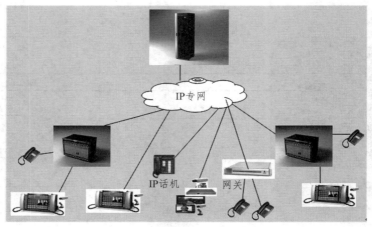

图 3-17 纯 IP 单系统组网

（2）IP 和电路单系统组网如图 3-18 所示。

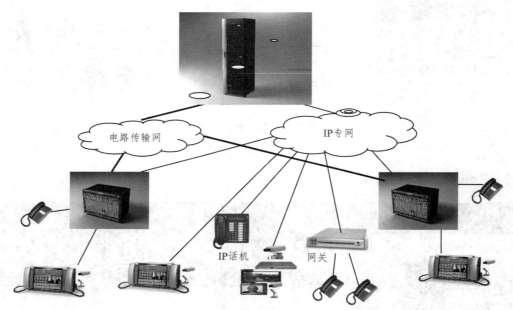

图 3-18 IP 和电路单系统组网

（3）IP 中继多系统组网如图 3-19 所示。

图 3-19 IP 中继多系统组网

单个系统可以是纯电路系统，可以是纯 IP 系统，也可以是电路和 IP 混合系统。

三、系统功能和业务

1. 系统功能

MDS 系统功能强大，能适应一般铁路数字调度通信和 GSM-R 调度通信系统下的各种调度业务对于功能的需求。

1）数字时分交换和以太网交换

MDS3400 采用先进的数字时分交换技术，具备 4 096 × 4 096 全数字交换网络。MDS3400同时支持 10/100M 以太网交换。由于同时支持电路交换和 IP 交换，为系统支持各种电路业务、IP 业务及网关业务打下了坚实的基础。

2）数字环自愈及模拟通道备份

在总体结构的设计中，我们采用环状的数字通道。通过软件的精确算法，系统保证数字环任何一处断裂都不会对各系统间的信令通信、数字调度电话业务、数字专用电话业务以及数字站间通信有任何影响。

在一般情况下，系统通信使用下行 E1 通道，系统实时监测 2M 口的通信状态，当检测到数字环下行 E1 通道的某处断开时，立刻切换至上行 E1 通道方向进行通信，从而保证数字环的任何一处断开都不会影响系统的正常通信，切换时间为毫秒级。

在数字环有多处断裂的情况下，系统还可以自动切换到备用电缆通道，保证系统重要通信能正常进行。

3）断电直通

当某一个系统（车站 FAS）的供电出现故障或需要断电维修时，该系统所接的上下行两个 2M 口收发将直接接通，将此站旁愈出数字环，以保证整个数字环的完整性，从而使通信不因某一个单点设备的故障而中断。

4）远程调度台

在调度系统组网时，铁路局内的调度台，尤其是电专、车务、工务等调度台并没有位于铁路局调度中心内，可能会被安放在远离调度中心的某一个车站附近。这些调度台可以通过2B+D 接口接入到就近的车站系统后台，其功能、性能与位于路局内或调度中心内的完全相同。

5）系统级联

MDS3400 调度指挥系统的容量对于绝大多数车站的站场通信是完全足够的，而对于一些大的站场（如编组场），可以采用多个系统级联的方式来完成大容量需求的站场通信。被级联的系统在业务、功能以及对其维护管理上均不受任何影响，级联方式如图 3-20 所示。

6）兼容现有调度系统功能

MDS3400 系统可兼容现有数字调度系统功能及原有的模拟调度系统功能，同时系统还提供各种模拟接口，可以直接接入模拟调度总机、模拟调度分机、模拟调度回线等模拟设备。

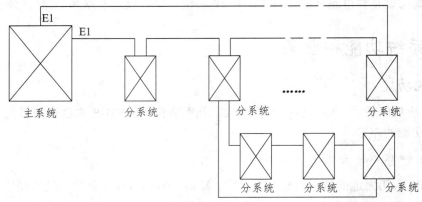

图 3-20 系统级联示意图

7）紧急电话

某电话被设置为紧急电话（优先用户）呼叫调度台或车站值班台时，调度台和车站值班台无须应答，话路已被接通，紧急电话和调度台或车站值班台即可直接通话。

8）紧急呼叫

当调度台（车站值班台）发起紧急呼叫时，调度员（车站值班员）先按紧急呼叫键再按相应的按键即可提高此次呼叫的级别。此时，对于级别低的呼叫即可实现强插、强拆。

9）集中管理远程维护

MDS3400 系统在枢纽侧可以设一个网管终端，通过 RS232 串口接入系统后台，可实现对主系统（路局枢纽 FAS）及全线系统（车站 FAS）的集中管理与远程维护，网管子系统功能强大，涵盖了性能管理、故障管理、配置管理、安全管理及计费管理五大功能，具体的描述详见网管子系统（第六条）。

10）热备份功能

MDS3400 系统的关键接口部件如主控制器、交换网、会议资源、音源、扩展、驱动等都提供 1+1 热备份的功能，数字板和其他用户板提供可选 1+1 热备份功能。数字板和其他用户板可以设置为不需要 1+1 热备份。

11）回波抑制与自动增益控制

MDS3400 系统采用了先进的 DSP（数字信号处理）技术，有效地解决了 2/4 线转换所带来的回音以及免提通话中的扬声器对麦克风的回声，从而实现了调度电话、专用电话的全双工通信。

同时，也为了增加系统对各种线路的自适应能力，MDS3400 系统还利用 DSP 技术实现了对语音的自动增益控制（AGC），避免了因线路造成声音大小不均衡的情况。

12）录音功能

MDS3400 系统可提供录音接口,接入多通道数字录音仪,佳讯公司自主研发的多通道(可达 64 个通道）数字录音仪采用硬盘存储（40 G 硬盘可存储 3700 多小时的语音资料）、声控启动方式，而且多通道数字录音仪支持本地放音和远程放音两种方式。用户根据用户密码可进入录音系统，可根据用户权限对语音资料进行播放、检索、转储等。

13）会议功能

MDS3400 系统中设置了丰富的多方会议电路（最多 1920 方），供调度员、值班员组织多方会议。

14）DXC 功能

MDS 系统内部支持 DXC1/0 功能，即支持 64K 数字交叉连接功能。系统支持各种复杂连接的调度业务、专用业务、各种复杂的数字共线业务以及点对点、点对多点、广播型的半固定接续等。

15）多种防护功能

MDS 系统的各种接口都有三级防雷防强电保护，以更好地适应雷雨地区和铁路电气化区段的设备安全运用。机箱机柜的工艺、电路板的布线等都经过了精心设计，使系统具备了较强的防电磁干扰能力，同时极大地降低了系统对外的电磁辐射。

16）无人站实现方式

在有些铁路线中会存在无人站（如青藏线），无人站有时无人值守，有时有调度员值守。MDS 系统可实现车站台在有人值守与无人值守时的切换，并在无人值守时向呼叫用户送提示音，告知对方此站是无人值守站。具体的实现方式如下：

无人站车站台软件界面在进入无人值守状态时显示黑屏；

无人站车站台软件增加无人值守时的语音提示，如"这里是××车站，现在无人值守，请挂机"，语音播放两遍。

无人站车站台界面如图 3-21 所示。

图 3-21　无人站车站台界面

如无人值守时，点击界面上方的"转为无人值守站请点击这里"，点击之后，界面如图3-22 所示。

图 3-22　无人值守站界面

此时若有用户呼叫此车站，系统即自动发出"这里是××车站，现在无人值守，请挂机"的语音提示。

17）时钟同步方式

MDS 系统的时钟系统既可以独立地自由运行，也可以与外时钟 2Mb 同步。

2．系统业务

1）系统实现的语音业务

（1）调度业务。

列调：列车调度员以单呼（车次号功能寻址/MSISDN 号码方式）、组呼、广播方式呼叫调度辖区内的机车司机。列车调度员以单呼、组呼方式呼叫调度辖区内的车站值班员。列车调度员组呼调度辖区范围内的机务段（折返段）运转、列车段（车务段、客运段）、电力牵引变电所等值班员并通话。列车调度员向调度辖区范围内的车站值班员、机车司机、助理值班员、运转车长、工务人员、道口人员发起公共紧急组呼。支持机车司机按位置寻址/ISDN 号码方式个别呼叫当前所在调度辖区的分局列车调度员并通话。支持机车司机按位置寻址/ISDN 号码方式个别呼叫本站/前方站/后方站值班员并通话。支持机车司机向所属调度辖区的调度员以及相邻的车站值班员、机车司机、助理值班员、运转车长、工务人员、道口人员发起铁路紧急呼叫。

货调：货运调度员应按个别呼叫、组呼等方式呼叫调度辖区范围内相关的所属用户并通话。货运调度员接收所属用户的个别呼叫并通话。

电调：牵引供电调度员应按个别呼叫、组呼等方式呼叫调度辖区范围内相关的所属用户并通话。牵引供电调度员接收所属用户的个别呼叫并通话。

专用业务：专用电话调度员可按个别呼叫、组呼等方式呼叫管辖范围内相关的所属用户并通话。专用电话调度员接收所属用户的个别呼叫并通话。

（2）站场通信。

站场通信包括车站集中电话、货运电话、列检电话、车号电话和商检电话等。

车站集中电话：实现以车站值班员（调度员）、助理值班员、客运值班员等为中心的通信，其用户包括机车司机、车站外勤值班员、站内道口、分局（含不设分局的铁路局）调度员、工务（信号、通信、电力、接触网等）工区、货场值班员、客运作业人员、车务段调度、调车区长、机务运转、内勤车号员、商检组长、计划员、清扫房工作人员等。

货运电话：实现货运计划员和外勤货运员、车站值班员、货运员、装卸所、常驻货主（专用线）、货运室值班员等用户之间的通信。

列检电话：实现列检值班员和列检员、车站值班员、红外线值班员、红外线调度员等用户之间的通信。

车号电话：实现内勤车号员和外勤车号员及其他相关用户之间的通信。

商检电话：实现商检组长和商检员及其他相关用户之间的通信。

（3）站间通信。

站间通信是相邻两车站值班员办理有关行车业务的专用电话。在本系统中既可通过数字通道实现站间通信，也可通过磁石接口作为模拟备份通道。系统在两者之间可以自由地进行手动切换、故障自动切换。

（4）施工养护通信：施工养护通信是指为维修或施工临时组织的通信，主要用户包括维修或施工现场指挥人员、各工种（含工务、电务、供电、水电等，下同）指挥人员及现场作业人员、现场防护人员、轨道检查车（电线路修复车、接触网综合检测车、各种施工作业车辆、试验车等）工作人员、列车调度员、牵引供电调度员、车站值班员、机车司机以及其他相关人员。各工种指挥人员可按个别呼叫、组呼等方式呼叫相关所属用户并通话。各工种指挥人员接收所属用户的个别呼叫并通话。维修或施工现场指挥人员可按个别呼叫、组呼等方式呼叫现场各工种相关人员并通话。维修或施工现场指挥人员接收现场各工种相关人员的个别呼叫并通话。

（5）道口通信：道口通信的主要用户包括道口值班人员、车站值班员以及其他相关人员。车站值班员个别呼叫、组呼方式呼叫辖区范围内的道口值班人员并通话。车站值班员接收辖区范围内的道口值班人员的个别呼叫并通话。

2）系统实现的多媒体业务

（1）文本信息。

触摸屏幕调度终端能发送文本信息，IP终端和ISDN终端能接收文本信息。文本信息长度本身没有限制。

（2）视频监控。

系统能接入IP摄像头，在触摸屏调度终端或者专用的视频终端上能查看和控制视频。系统也能接入其他厂家的监控系统，并在MDS的终端上进行视频监视和控制，在需要时能做到语音和视频联动。

（3）视讯会议。

系统支持视讯会议，触摸屏调度台用作视讯会议终端。系统也可以接入其他厂家的视讯会议系统，从调度终端上参加其他系统的视讯会议，在需要时做到视讯会议终端和其他终端的联动通信。

四、MDS3400 调度交换平台

1. 系统结构

MDS3400 采用标准 19″机柜，为插箱插板式结构。单个 MDS3400 模块分为主控层和扩展层两种插箱，体系结构如图 3-23 所示。

图 3-23　体系结构

一个主控层可以带 14 个扩展层（集线比 1：1）或者 28 个扩展层（集线比 2：1）。由于任意业务板可以插在任意槽位，主控层根据所带扩展层的多少也插一定数量的用户板。同样道理，如果扩展层有 E1 接口板，满配置也要不了 14 个扩展层，极端情况下主控层业务槽位全插 E1 接口板就能占用全部系统交换容量。

机柜如图 3-24 所示。

图 3-24　机柜

插箱如图 3-25 所示。

图 3-25　插箱

机柜插箱实物图如图 3-26 所示，平面图如图 3-27 所示。

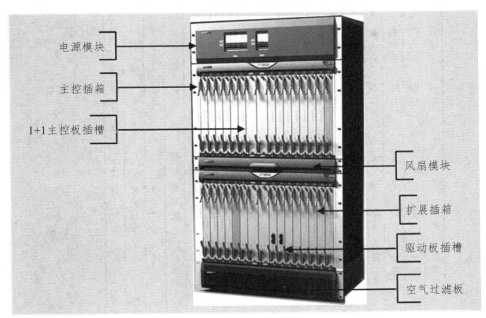

图 3-26　机柜插箱实物图

1) 主控层

主控层采用用于 19″ 机柜的插箱，共有 16 个槽位，其中 2 个槽位为 1+1 主备用的主控板，其余 14 个槽位可以插任意接口板，其中带扩展层时需要插扩展板。主控板上提供了电路交换网、以太网交换、同步定时、主控 CPU 系统，以及基本的音源、音信号收发、会议等资源。本层的模拟用户需要的铃流可以插铃流板来提供，也可以靠系统整体铃流模块来提供，根据实际应用需要配置。

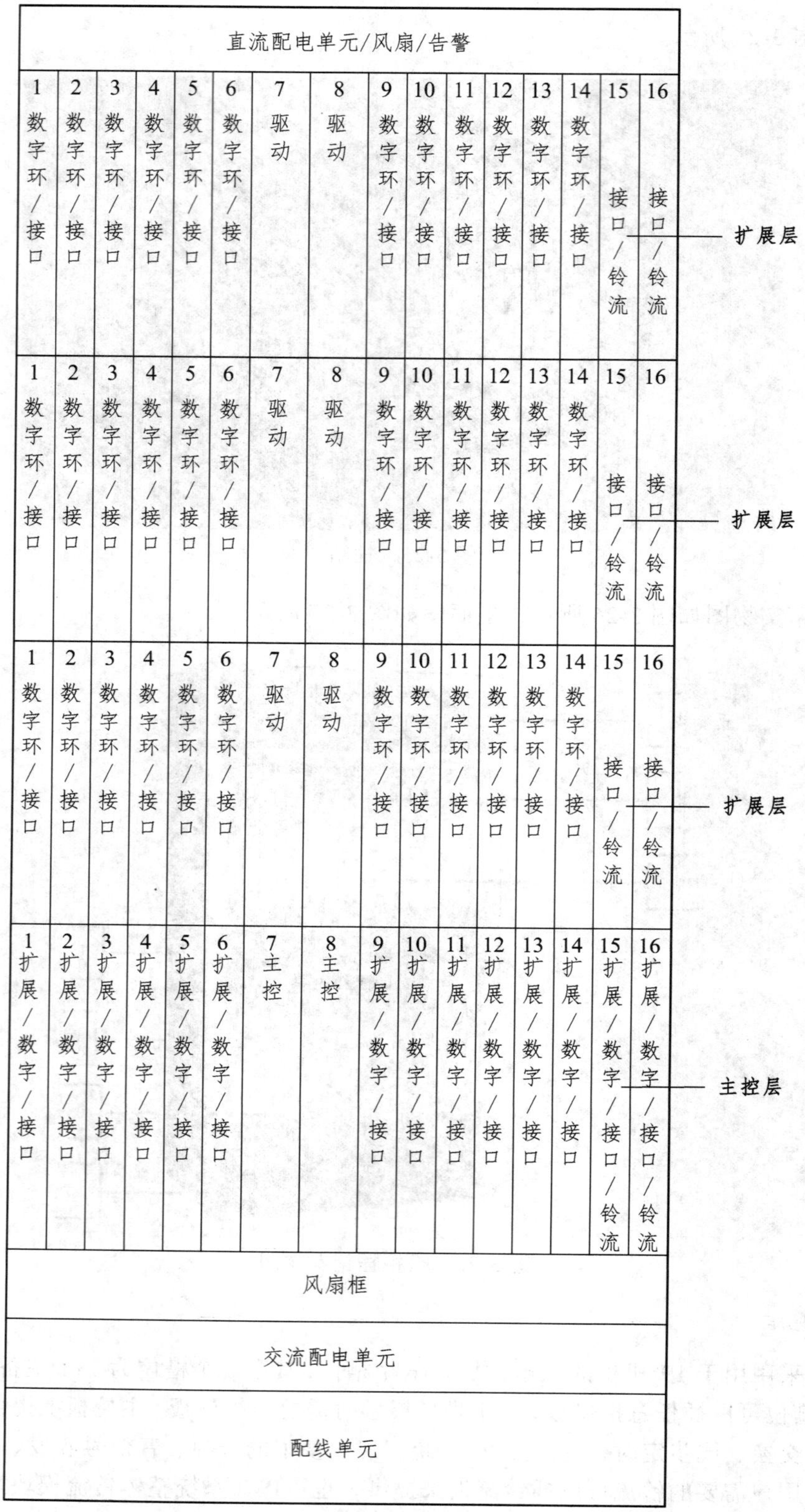

直流配电单元/风扇/告警																
1 数字环/接口	2 数字环/接口	3 数字环/接口	4 数字环/接口	5 数字环/接口	6 数字环/接口	7 驱动	8 驱动	9 数字环/接口	10 数字环/接口	11 数字环/接口	12 数字环/接口	13 数字环/接口	14 数字环/接口	15 接口/铃流	16 接口/铃流	扩展层
1 数字环/接口	2 数字环/接口	3 数字环/接口	4 数字环/接口	5 数字环/接口	6 数字环/接口	7 驱动	8 驱动	9 数字环/接口	10 数字环/接口	11 数字环/接口	12 数字环/接口	13 数字环/接口	14 数字环/接口	15 接口/铃流	16 接口/铃流	扩展层
1 数字环/接口	2 数字环/接口	3 数字环/接口	4 数字环/接口	5 数字环/接口	6 数字环/接口	7 驱动	8 驱动	9 数字环/接口	10 数字环/接口	11 数字环/接口	12 数字环/接口	13 数字环/接口	14 数字环/接口	15 接口/铃流	16 接口/铃流	扩展层
1 扩展/数字/接口	2 扩展/数字/接口	3 扩展/数字/接口	4 扩展/数字/接口	5 扩展/数字/接口	6 扩展/数字/接口	7 主控	8 主控	9 扩展/数字/接口	10 扩展/数字/接口	11 扩展/数字/接口	12 扩展/数字/接口	13 扩展/数字/接口	14 扩展/数字/接口	15 扩展/数字/接口/铃流	16 扩展/数字/接口/铃流	主控层
风扇框																
交流配电单元																
配线单元																

图 3-27　机柜平面图

2）扩展层

扩展层采用 19″ 机柜的插箱，共有 16 个槽位，其中 2 个槽位为 1+1 主备用的驱动板，其余 14 个槽位可以插任意接口板。扩展层的接口板和主控层的接口板完全一样，但不能插扩展板。本层的模拟用户需要的铃流可以在本层插铃流板来提供，也可以靠系统整体铃流模块来提供，根据实际应用需要来选择配置。

3）直流配电单元

机柜的顶部设有直流配电单元，高度为 3U（1U=1.75″）。直流配电单元支持两路独立的直流 48 V 电流输入，两路 48 V 输入经二极管并联成一路 48 V 电流，之后通过空开再到每个插框。每个插框由一个空开控制。

直流配电单元面板示意图如图 3-28 所示，#1、#2 二个指示灯，分别代表两路 48 V 电源的电源指示，#1、#2 两个空气开关为两路 48 V 输入，R1、R2、R3、R4 分别是四个插箱的供电开关，F1、F2 为二个风扇单元开关。

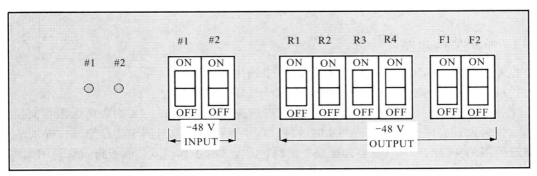

图 3-28　直流配电单元面板示意图

4）交流配电单元

通信系统常用直流 – 48 V 供电，但有些场合客户要求必须使用交流 220 V 供电。MDS3400 在机柜的底部保留一高度为 3U 的区域，可以放置一个交流 220 V 转直流 48 V 的配电设备，先把交流转成直流后再接到直流配电单元。

5）配线单元

在系统容量较小的情况下，不需要单独的配线架，而在机柜底部设有配线单元，通过背板上的欧式插座把各单板上的线连到配线单元。有配线单元更方便工程的实施。

机柜底部的配线单元仅适用于模拟用户线较小的情况，当 MDS3400 系统单机容量很大时，需要外置单独的配线架。机柜底部的配线单元也可设数字配线模块。

6）接口类型

MDS3400 提供丰富的接口：STM-1 SDH 光接口、34Mb/s PDH 光接口、E1 接口、ISDN BRI（2B+D）接口、FXS 接口（模拟用户接口）、FXO 接口（环路中继接口）、E/M 中继接口、磁石接口、二线音频接口、四线音频接口、选号接口、区间接口和 10/100M 以太网接口。

7）系统容量

电路交换容量：	4 096×4 096；
E1 接口最大数量：	112；
用户接口最大数量：	3136；
接配调度台最大数量：	128；
数字环最大数量：	80；
一个数字环最多挂接分系统：	30；
会议方数：	64×m（$m=2\sim30$）。

各种用户及扩展会议资源共享交换容量。各种业务单板可以任意组合混插。

8）信令种类

MDS 采用相同的 E1 接口板，支持中国 No.1、No.7、DSS1、QSIG 等信令。

MDS 采用专用的 E1 数字环接口板，支持专用数字环信令。

IP 支持 SIP 终端接入。

2. 部分单板介绍

控制层背板（BKC）：2 个主控槽位，14 个通用接口槽位。

扩展层背板（BKX）：2 个驱动槽位，14 个通用接口槽位。

主控板（MPU）：系统主处理机，双网双机热备份；提供 4K×4K 时隙的无阻塞交换；提供 128 方会议；提供掉电能保持的实时时钟；提供保存一定数量话单的存储器；提供整个主机系统所需的 4 级时钟，具有自由振荡、跟踪、保持 3 种工作模式。面板指示灯说明如表 3-1 所示。

表 3-1 MPU 面板指示灯说明

灯名/接口	颜色	说　明	含　义
ACT	绿色	主备用指示	亮：主用 灭：备用
RUN	绿色	运行状态指示灯	0.2 s 亮/0.2 s 灭：正常运行 亮/灭：工作不正常
BUSY	绿色	保留	
ALM	红色	告警指示（保留）	
MOD	绿色	时钟模式	亮：自由振荡模式 1 s 亮/1 s 灭：保持模式 0.25 s 亮/0.25 s 灭：跟踪模式

数字中继板（DTL）：数字中继板，提供 E1 接口与其他交换机连接，每板可以提供 8 路 E1 接口，该接口支持 No.1、No.7、DSS1 等信令。其面板指示灯说明如表 3-2 所示。

表 3-2　ASL 面板指示灯说明

灯名	颜色	说　明	含　义
ACT	绿色	主备用指示	亮：主用 灭：备用
RUN	绿色	运行状态指示灯	1 s 亮/1 s 灭：正常运行
COM	绿色	与主控板通信状态指示灯	常亮：与主控板通信正常 闪：正在有数据通信
ALM	红色	告警指示（保留）	灭：正常 亮：时钟丢失告警
STA1～STA8	绿色	E1 接口状态	亮：正常 灭：同步丢失告警

数字环板（DLL）：数字环板，提供数字环 E1 接口与其他交换机连接，每板可以提供 8 路 E1 接口即 4 个数字环接口，该接口支持铁路专用数字环信令。其面板指示灯说明如表 3-3 所示。

表 3-3　ASL 面板指示灯说明

灯名	颜色	说　明	含　义
ACT	绿色	主备用指示	亮：主用 灭：备用
RUN	绿色	运行状态指示灯	1 s 亮/1 s 灭：正常运行
COM	绿色	与主控板通信状态指示灯	常亮：与主控板通信正常 闪：正在有数据通信
ALM	红色	告警指示	灭：正常 亮：时钟丢失告警
STA1～STA8	绿色	E1 接口状态	亮：正常 灭：同步丢失告警

数字用户板（DSL）：提供 2B+D 接口与触摸屏调度台或键控式调度台连接，每板可以提供 4 路接口。其面板指示灯说明如表 3-4 所示。

表 3-4　ASL 面板指示灯说明

灯名	颜色	说　明	含　义
ACT	绿色	主备用指示	亮：主用 灭：备用
RUN	绿色	运行状态指示灯	1 s 亮/1 s 灭：正常运行
COM	绿色	与主控板通信状态指示灯	常亮：与主控板通信正常 闪：正在有数据通信
ALM	红色	告警指示	灭：正常 亮：时钟丢失告警
STA1～STA4	绿色/红色	数字用户电路状态指示	常灭：无调度台 常亮：调度台通信正常 0.25 s 亮/0.25 s 灭：链路已连接，等待数据通信正常

模拟用户板（ASL）：即共电用户接口板。每块共电板提供 16 路共电用户接口。其面板指示灯说明如表 3-5 所示。

表 3-5　ASL 面板指示灯说明

灯名	颜色	说　明	含　义
ACT	绿色	主备用指示	亮：主用 灭：备用
RUN	绿色	运行状态指示灯	1 s 亮/1 s 灭：正常运行
COM	绿色	与主控板通信状态指示灯	常亮：与主控板通信正常 闪：正在有数据通信
ALM	红色	告警指示	灭：正常 亮：时钟丢失告警
STA1 ～ STA16	绿色/红色	模拟用户电路状态指示	常灭：话机挂机 常亮：话机摘机或者通话中 1 s 亮/4 s 灭：正在振铃 0.25 s 亮/0.25 s 灭：本路用户电路有故障

多功能接口板（MIL）：接口板由母板和各子板组合而成。每块母板可任意插接四块各类型子插板，每块子插板提供两个同类型的接口，子插板类型包括磁石插板、二/四线音频插板、选号插板、环路插板、区间插板等。这些接口板可在母板上根据需求灵活配置。

铃流板（RNG）：提供模拟用户话机和磁石话机的铃流和磁铃。

资源板（RES）：即会议资源板。每块板提供 256 方会议资源。

扩展板（EXT）：即 IP 接口板，提供控制层插箱到扩展层插箱的信号转换。每块板提供 256 路用户网关，以及相应的协议处理。

驱动板（DRV）：扩展层插箱的控制板。

测试板（STU）：完成模拟用户电路内线诸如摘机、拨号音、收脉冲号、收双音号、回铃音、忙音、馈电、反极性、挂机、振铃、截铃、馈电电压等功能的测试；完成数字用户电路内线诸如 U 接口的激活与去激活、U 接口的供电状态等功能的测试；实现 DSP 各种信号音的检测与产生并能提供连接 PCM 通话分析测试仪接口。

以太网交换板（ETH）：提供 12 路以太网接口，可以替代外置的以太网交换机，直接插在插箱中。

信令板（CCS）：支持 SS7，支持背板 2M 或 8M 母线接入。

语音接口板（VOP IP）：每块板可支持 256 路 IP 用户，接 IP 调度台时用户数相应减少（每个 IP 调度台占 2 路）。

网管通信板（NCU）：在主控板的网管通道不足的情况下为系统提供 16 ～ 128 路网管通道。

语音总路由板（RSVR IP）：8 口以太网交换，完成各个模块的以太网数据交换，配备 FPGA，完成 8M 与 2M 之间的速率变换。

五、操作台

MDS系统支持的调度台和车站台包括触摸屏操作台和键控式操作台，两者都是通过2B+D接口接入MDS系统后台。操作台采用了DSP数字信号处理技术，使喇叭对麦克风的回声得以抑制，同时抵消模拟接口2/4线转换所带来的回波，消除了自激现象产生的可能，实现了全双工通信。采用AGC自动增益控制技术，在系统内部自动进行电平调节，无论用户的声音是大还是小，操作人员所听到的声音都保持在一个比较合适的范围之内。

1. 触摸屏操作台

触摸屏操作台分为用于调度所侧的调度台和用于车站侧的车站台，两者在硬件结构上相同，通过数据设置完成不同的使用功能。

1）设计特点

（1）一体化触摸屏操作台。

一体化触摸屏调度台将屏幕、双手柄及扬声器集成，采用图形化的操作界面。同时还可配置麦克风及鼠标，并支持触摸与鼠标同时操作，如图3-29和图3-30所示。

图3-29　一体化触摸屏操作台

图3-30　一体化触摸屏操作台主界面

　　一体化触摸屏操作台与调度交换子系统之间通过 2B + D 接口连接，支持主辅两个通道，其中麦克风、扬声器和右手柄为主通道，左手柄为辅通道，操作台与调度交换子系统之间距离在 1 km 以内。

　　（2）分体式操作台.

　　分体式操作台也叫大屏幕操作台，主要由工控机、大屏幕触摸屏、通话终端等三部分组成，如图 3-31 所示。

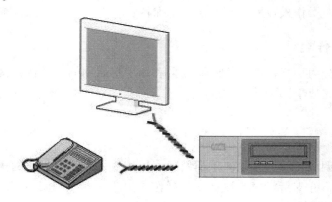

图 3-31　分体式操作台

　　其中通话终端是需要生产组装的部分。通话终端外形类似电话机，由手柄和机身两部分组成，而机身又由上下壳组成，其平面效果如图 3-32 所示。

　　触摸屏采用 17″液晶触摸屏，如图 3-33 所示。

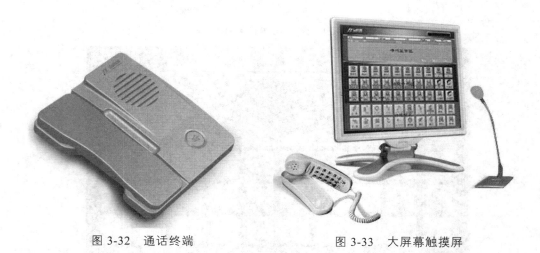

图 3-32　通话终端　　　　　　　　图 3-33　大屏幕触摸屏

2）功能特点

　　触摸屏操作台可实现的功能有会议、广播、呼叫转接、呼叫转移、呼叫保持、强拆、强插、来电电话号码显示、来电中文显示、呼叫状态显示、呼叫级别显示、双通道通话、一键直通、按键扩展、保存通话记录、数据业务、调度辖区内列车运行的实时显示。具体如下：

单呼：调度台用户按键号码可以通过终端进行设置，调度台需要呼出时，按用户按键即可。调度台也可以通过号码盘进行呼出。

组呼：调度台可以预先设定分组，使用时直接按相应键，可以直接呼叫群组内成员，成员接听后进入群组。成员之间可以互相通话。调度员可以控制用户发言方式。

强插、强拆：系统的强插、强拆功能是按照用户终端的级别实现的，高级别的用户可强插、强拆低级别的用户。一般调度台的级别高于普通用户终端。强插：调度台呼叫正在通话的用户，结果是调度台与原通话的双方构成三方通话，提醒有重要呼叫，要求原通话双方结束通话。有时也做成自动强插，调度台呼叫正在通话的用户，与之通话的另一方用户听保持音乐，调度台和此用户通话；如果调度员主动挂断电话，则两个用户恢复通话。强拆：调度台呼叫正在通话的用户，与之通话的另一方用户被拆线，听忙音，调度台和此用户通话。

强制与静音（屏蔽与分隔）：通话过程中按下强制（屏蔽）键，则通话对方可以听到调度台讲话，而无法向调度台讲话，即调度台对向下单向讲话，用户无法向上讲话音。通话过程中按下静音（分隔）键，则调度台可以听到对方讲话，而对方听不到调度台讲话。

分群：多个用户包括调度台终端和用户终端可分为一个群，当有用户呼叫此群内的任一用户时，所有的群内用户都振铃，任一用户摘机应答后，群内其他用户停止振铃。群的设置由系统维护终端完成。

会议：调度台可以召开多方电话会议。会议形式包括广播会议、通播会议、预定会议以及临时会议四种。预定会议：全双工会议，且可以有外线用户参加会议。会议电话数据由维护终端进行设置，调度台可以对参加方进行静音、发言与拆线的操作。参加方提前退出会议，系统有追呼的功能。调度台具有将新的来话转入到会议的功能。临时会议：也为全双工会议，且可以有外线用户参加会议。临时会议的参加方由调度员在召开会议时任意指定。调度台召开临时会议时，可以通过按用户按键或者拨号两种方式来增加参加方。全部调度台可以同时召开临时会议。MDS3400 系统中设置了丰富的多方会议电路（最多 1920 方），供调度员、值班员组织多方会议。

通播：通播是一种特殊会议，通播由调度台发起，操作方式采用一键直通方式，调度员按一个通播键即可同时呼出事先定义的用户组中的全部用户，用户摘机后，调度台和所有用户在一个通播会议中，即调度台和用户之间具有双向通话链路，而下级用户之间无通话链路。

广播：广播是一种特殊会议，广播由调度台发起，操作方式采用一键直通方式，调度员按一个广播键即可同时呼出事先定义的用户组中的全部用户，用户摘机后，调度台和所有用户在一个广播会议中，即所有用户只能听到调度台的声音，但调度台听不到用户的声音，各用户之间也不能相互听声音。

自动播放会议提示音：调度员利用组呼键召开会议时，由于会议成员摘机时间不一致，因此系统加入了自动播放会议提示音的功能。在用户摘机后，系统会自动播放会议提示音"正在召开会议，请稍候"，当所有用户摘机后，调度员可停止提示音的播放。

自动追呼：调度员召开会议时，若会议成员摘机，系统会发出自动追呼，即用户终端会自动振铃，直至摘机重新回入会议中。

会议性质更改：当调度员利用组呼键召开会议时，在召开会议的过程中，可对整个会议的性质进行更改，可在双向会议和广播会议之间进行切换。

会议成员身份更改：当调度员利用组呼键召开会议时，在召开会议的过程中，可对某个用户的身份进行更改，可在主席和会员之间进行切换。"主席"在整个会议中可说可听，"会员"在整个会议中单听。

加入会议：当调度员正在召开会议时，若有用户呼叫调度员，调度员应答后，用户会自动加入调度员所在的会议；当调度员正在召开会议时，若调度员呼叫某用户，用户应答后，自动回入调度员所在的会议。

退出会议：当调度员正在召开会议时，调度员可退出当前会议，此时调度员可发起其他的单呼或组呼；当调度员正在召开会议时，直接点击某一会议成员的按键，此会议成员可退出当前的会议。

一般呼叫：用户终端发起的正常呼叫为一般呼叫，用户终端可采用热线方式、延迟热线方式、缩位拨号方式、拨号方式呼叫相应的调度台或用户终端。

紧急呼叫：当调度台（分系统值班台）发起紧急呼叫时，调度员先按紧急呼叫键再按相应的按键即可提高此次呼叫的级别。此时，对于级别低的呼叫即可实现强插、强拆。一般用户终端也可发起紧急呼叫，拨号之前先拨"＃＃"号，再拨调度台的号码即可发起紧急呼叫，调度台会有不同的声音和颜色显示，以提示此呼叫为紧急呼叫。

紧急电话：某电话被设置为紧急电话（优先用户）呼叫调度台或车站值班台时，调度台和车站值班台无须应答话路已被接通，紧急电话和调度台或车站值班台即可直接通话。紧急电话可以设置呼叫时限，当时间超过设置的时间通话便自动切断。

呼叫保持、呼叫召回：调度台与用户 1 正在通话，如用户 2 呼入，调度台可将用户 1 保持，只需点击"保持"键，再点击用户 1 对应的按键即可，此时调度台与用户 2 通话，用户 1 听保持音乐；调度台与用户 2 通话结束后，用户 1 与调度台自动恢复通话状态。

呼叫转接：调度与用户 1 正在通话，按下用户 2 对应的按键，接通该用户，调度挂机，即实现用户 1 与用户 2 之间的通话，完成转接功能。

呼叫转移：可将所有呼叫该用户的电话自动转移到临时指定的用户上；转移的方式分为无条件转移和无应答转移。

录音功能：MDS3400 系统可提供录音接口，接入多通道数字录音仪，佳讯公司自主研发的多通道（可达 64 个通道）数字录音仪采用硬盘存储（40 G 硬盘可存储 3 700 多小时的语音资料）、声控启动方式，而且多通道数字录音仪支持本地放音和远程放音两种方式。用户根据用户密码可进入录音系统，可根据用户权限对语音资料进行播放、检索、转储等。录音仪单机最大 64 路录音，支持音控、压控、网控、信控、键控录音，支持多种音频格式，包括 A-LAW，IMA-ADPCM 等格式，支持本地监听，电话远程监听，能通过网管进行管理，且与交换机时间同步。

监听：调度台可以监听方式进入到某会议中，可听到会议中任意会员的发言。

用户状态显示：在调度台上可显示调度系统内部用户的状态，如忙、闲状态，并显示与之通话的用户。

来电显示：用户呼叫调度台时，调度台会有呼叫队列显示，呼叫队列中显示用户名称和号码，调度台可选择呼叫队列中的任何一个呼叫进行接听，若不选择，系统默认为呼叫队列中的第 1 个呼叫。调度台的接听方式有多种：自动应答（调度台无须任何操作，自动接听呼叫队列中的第 1 个呼叫），摘机接听（直接摘手柄，接听呼叫队列中的第 1 个呼叫；选择呼叫队列中的某一个呼叫之后摘手柄，则接听所选择的呼叫），按键接听（直接点击"应答"键，接听呼叫队列中的第 1 个呼叫；选择呼叫队列中的某一个呼叫之后点击"应答"键，则接听所选择的呼叫）。

双通道通话：调度台具有两个手柄或一个手柄、一个麦克风，两个通道可同时与 2 个用户通话，互不影响。

用户权限管理：用户权限分为 16 级，高级别用户可对低级别用户进行强插、强拆。

与既有调度系统互联互通：同时支持 No.1、No7、DSS1、环路多种信令，与支持标准信令的设备可以实现互联互通。

热备份功能：MDS3400 系统的关键接口部件如主控制器、交换网、会议资源、音源、扩展、驱动等都提供 1+1 热备份的功能，数字板和其他用户板提供可选 1+1 热备份功能。数字板和其他用户板可以设置为不需要 1+1 热备份。MDS3400 前台提供接口热备份功能，双 2B+D U 口/双 E1 口/单 E1 口 + 单 LAN 口/单 U 口 + 单 LAN 接口任意组合，不同路由至系统后台，任一接口或路由故障均能保证最低限度的调度通信。

回波抑制与自动增益控制：MDS3400 系统采用了先进的 DSP（数字信号处理）技术，有效地解决了 2/4 线转换所带来的回音以及免提通话中的扬声器对麦克风的回声，从而实现了调度电话、专用电话的全双工通信。同时，也为了增加系统对各种线路的自适应能力，MDS3400 系统还利用 DSP 技术实现了对语音的自动增益控制（AGC），避免了因线路造成声音大小不均衡的情况。

多种防护功能：MDS 系统的各种接口都有三级防雷防强电保护，以更好地适应雷雨地区和电气化区域的设备安全运用。机箱机柜的工艺、电路板的布线等都经过了精心设计，使系统具备了较强的防电磁干扰能力，同时极大地降低了系统对外的电磁辐射。

IP 语音和传真：IP 语音支持 G.711A、G.729a、G.723.1 等语音编码方式，语音的打包时间和抖动缓存时间可以设置。支持 T38 传真，采用 UDPTL 协议，参数可以设置。在保证传真质量的前提下，应能不间断地传送 20 页标准样张。传真呼叫建立时间小于 20 s（从拨完最后一位号码到开始发送传真的时间）。

电源管理：MDS3400 主系统采用 – 48 V 供电，分系统采用 220 V 供电，需要 1+1 热备份。电源可以通过网管进行管理，电源的电压、电流等故障可以上报至本系统的网管上。

3）操作台界面

一体化触摸屏操作台与单手机触摸屏操作台完全相同，操作台主界面如图 3-34 所示。

图 3-34　操作台主界面

呼叫显示区：显示调度台呼入、呼出对象的状态信息。

按键呼叫区：用户定义的呼叫按键，对应呼叫对象的电话号码。每一按键代表一个用户或一组用户，按键可根据实际使用要求定义为单呼键、组呼键或广播键。

功能键区：用来完成呼叫保持、转接、主辅通道切换等功能的按键。

功能键包括以下按键：

上一条：选择上一条呼叫记录。

下一条：选择下一条呼叫记录。

主接听：选择主通道接听。

辅接听：选择辅通道接听。

保持：保持当前呼叫。

拒绝：拒绝选择的呼入。

切换：切换主辅通道。

转接：转接当前的通话。

申请发言：在会议中申请发言、可以讲话。

结束发言：释放发言、结束讲话。

系统配置：完成系统配置，包括按键配置、增益配置、附加业务的设置、数据业务的设置、公里标的设置、通话记录的查询等。

拨号盘：通过拨号方式发起呼叫。

重拨：重拨选择的呼叫。

静音：对主通道进行静音。

运行信息页：显示当前辖区内的列车运行信息（列车运行信息由数据中心或 MIS 系统提供）。图中的列车是动态显示的，如列车运行到调度员或车站值班员的管理区段，列车就会出现在相应的调度台或车站台的界面上，调度员或车站值班员可直接呼叫管辖区域内的列车司机或运转车长。

单键呼叫页：显示单键拨号按键。

翻页：可对按键呼叫区进行扩展。

呼叫 1、呼叫 2、呼叫 3、呼叫 4：如果呼入的电话号码在调度台上没有定义、从呼叫 1 到呼叫 4 中选择一个空闲的键响应该呼叫，并进行号码翻译，如图 3-35 所示。

图 3-35　动态显示

4）触摸屏相关指标

（1）输入。

点击敏感度：最快可到 7 ms。

触摸压力：4 盎司（1 盎司=28.350 g）

触摸响应时延：最快可到 7 ms。

防油污：可以抵御在 21 ℃ 一个小时内的化学物质的侵袭。

（2）输出。

分辨率：最大 1 280 × 1 024 PPi。

灰度等级：64。

几何形状：水平 13.3，垂直 10.6，宽度 15.4，高度 14.4，厚度 8.0。

（3）环境。

高温：工作温度：40 ℃；储存温度：60 ℃。

低温：工作温度：0 ~ 40 ℃；储存温度：– 20 ~ 60 ℃。

振动：触摸屏可以承受每个坐标方向 15 min，振幅为 0.01″，频率为 5 ~ 455 Hz 的振动。

湿度：工作湿度：20% ~ 80%；储存湿度：10% ~ 90%。

2. 键控式操作台

键控式操作台分为用于枢纽侧的调度台和用于车站侧的车站台，用于枢纽侧的调度台和用于车站侧的车站台，两者在硬件结构上相同，通过数据设置完成不同的使用功能。

1）设计特点

键控式操作台由拨号键区、呼叫键区、功能键区、液晶显示屏、按键指示灯、手柄和麦克风等部分构成。

键控式操作台与调度交换子系统之间通过 2B + D 接口连接，支持主辅两个通道，其中麦克风、扬声器为主通道，手柄为辅通道。操作台与调度交换子系统之间距离若采用后台供电方式可达 1 km，若采用本地供电方式可达 5.5 km，也可通过传输设备将调度台无限延伸。

键控式操作台具有 24、48、60 键三种容量规格。图 3-36 所示为 60 键操作台外观图。

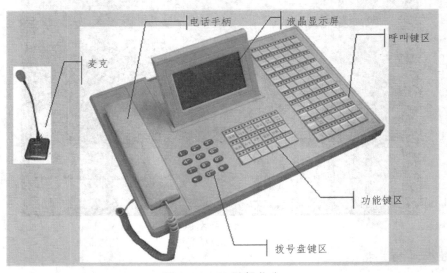

图 3-36　60 键操作台

用户键区通过维护台可设置为各种单呼、会议、组呼、转接等功能键。数字键区可用于设置系统时间和系统出局拨号使用。液晶显示屏用于显示系统时间、系统菜单设置和各种操作状态，系统时间可以从维护台取得，也可以通过液晶菜单进行设置。麦克风和耳麦用于主通道通话，手柄用于辅通道通话，主辅通道可以通过切换键进行切换。功能键包括液晶菜单操作、音量调节、录放音控制、主辅通道切换、会议、参会、监听、保持、转接、麦克风控制等按键。

键控式操作台还可以采用可拼接积木式多模块结构，基本单元用户键为 40 键，每个扩展单元用户键为 64 键，热键数量可扩充至 272 键，基本单元可作为 ISDN 数字话机使用，如图3-37 所示。

图 3-37　可拼接积木式操作台

2）功能特点

键控式操作台具有单呼、组呼、会议、广播、呼叫转接、呼叫转移、呼叫保持、强拆、强插、一键直通、来电电话号码显示、来电中文显示、双通道通话等。

六、网管子系统

1. 网管系统概述

MDS3400 的运行维护通过 Anymanager 网管系统进行，包括数据和配置管理、告警与测试管理、话务统计与分析、计费、内置式信令分析等几大模块，各模块可以分别加载，可以部署在一台计算机上，也可以分别部署在不同的计算机上，如图 3-38 所示。

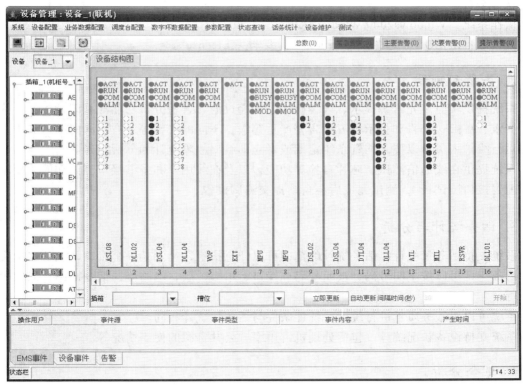

图 3-38　网管子系统

从逻辑上，把一台 MDS3400 交换机当作一个网元，在 MDS3400 叠加组成更大容量的交换机时也是如此。网管系统可以同时管理多个 MDS3400 网元，同时能管理交换机所属的终端。

网管与交换机之间采用 TCP/IP 通信，网管只需要与一台或几台交换机在一个 LAN 里，其余交换机可以靠主控之间的通信为网管管理远程网元提供 IP 通信通道。网管上和主控上都支持 IP 路由协议。网管系统和网元之间采用佳讯私有的应用层协议。

网管系统软件采用 C/S 方式。客户端软件相同，但根据不同的权限可以加载运行一个或多个或全部模块。客户端软件可以和服务器端软件部署在同一台计算机上。

网管服务器具备接受上层网管管理的能力，并已经能提供 SNMP 接口和私有接口接受上层网管管理。上层网管若需要其他接口则需要另行开发，但软件体系结构保证这种模块开发对系统其他部分没有影响，时间进度也会比较快。

网管系统要求运行平台最低配置为：

硬件平台：

CPU：P4 3 G 或以上；

内存：1 G 以上（推荐 1 G）；

硬盘：空闲空间 80 G 或以上；

显示器及显卡：19″液晶显示，支持 1 280×1 024 PPI 分辨率；

键盘和鼠标：标准键盘和 3 键鼠标；

音箱：选配。

软件平台：

操作系统：Windows2000/WindowsXP 或者 Linux；

数据库：MySQL（免费）或 Oracle（需要购买 License）。

2. 告警和测试

系统提供实时声光告警提示、告警确认、告警过滤、告警分析功能。系统把告警分为紧急、严重、一般、警告和提示等五种告警严重等级，不同的告警等级有不同的颜色和声音提示。运行维护人员可以要求网管系统定期或者立即给出故障统计和分析报告。

系统提供在线通信测试、芯片自检等功能，以及在线用户和中继接口测试功能（要求交换机配置接口测试板），测试完成后会自动提交测试报告。

3. 话务统计与分析

系统支持话务量统计。话务统计的范围可以任意指定，小到某一个接口，大到整个交换机。话务统计可以按主叫号码、被叫号码、接口、单板、层、电路群、信令链路、局向等条件进行。

系统可以对服务质量进行统计，统计条件与话务量统计相同。

系统支持设备状况统计，包括处理机占用率、公共资源的使用情况等。

4. 信令分析

网管系统上有信令分析软件模块，能对 MDS3400 的信令进行分析，包括 ISDN BRI、DSS1、NO.7、中国 NO.1、QSIG 等。这样在互连互通时无须麻烦地去沟通协调，也不需要再找专用的信令分析仪去当裁判。

5. 管理功能

1）故障管理

在网管系统主界面的下方设有告警窗口，当有告警发生时，告警信息便可以通过此窗口实时地反映出来，方便用户随时查看，如图 3-39 所示。

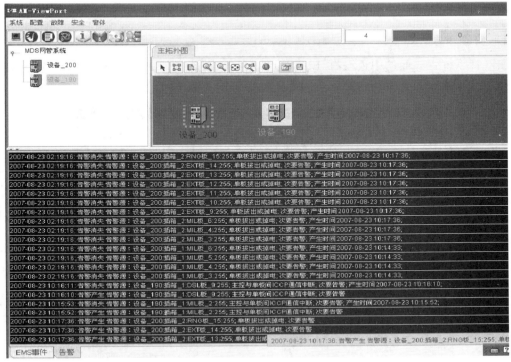

图 3-39　故障管理

在主界面下，点击上面工具栏中的"故障"选项，便会出现告警查询界面，如图 3-40 所示。

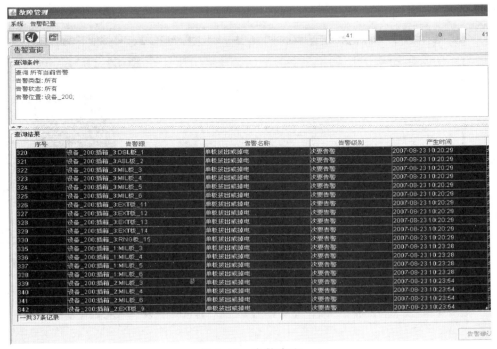

图 3-40　告警查询

用户可以对所有的告警进行查询。

2）安全管理

在网管系统主界面的中还设有 EMS 事件窗口，在该窗口中，用户可以实时地看到网管所进行的所有操作的类型、内容、时间等信息，如图 3-41 所示。

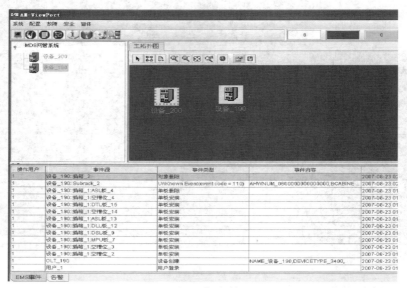

图 3-41　安全管理

在主界面下，点击上面工具栏中的"安全"选项，便会出现 EMS 用户安全管理界面，如图 3-42 所示。

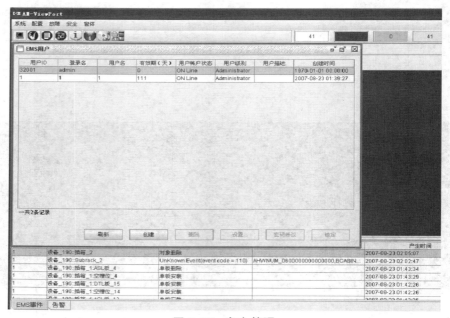

图 3-42　安全管理

此表可根据设定的条件，显示出操作时间、人员和内容，可方便维护人员和管理人员的查询，明确责任。

3）配置管理

配置管理功提供了友好的界面和丰富的功能，方便用户配置管理、动态调整系统数据，并且让用户能够十分清楚地浏览整个系统的数据配置情况，如图 3-43 所示。

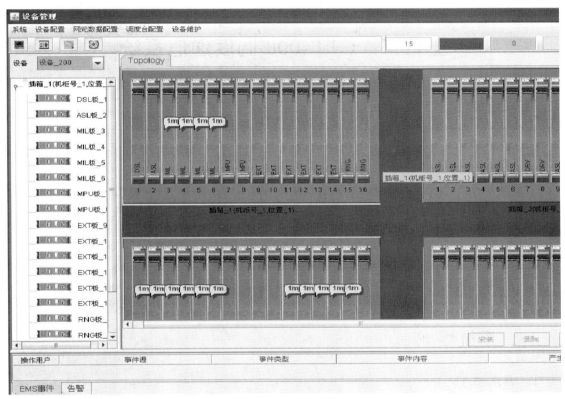

图 3-43　配置管理

网管系统的配置功能保证开通和维护人员能正确、可靠、安全、迅速地完成交换机的配置，包括系统配置、局数据配置、用户数据配置、终端数据配置。系统提供脱机配置、数据库上载、数据库下载、清空数据库、备份数据库、恢复数据库、导出数据、导入数据等完善的数据库操作，也提供自动配置发现、数据复制、数据修改、联机配置、数据一致性检查、数据同步核对等操作，保证配置便捷、可靠、安全。

配置管理功还提供了友好的界面和丰富的功能，方便用户配置管理、动态调整系统数据，并且让用户能够十分清楚地浏览整个系统的数据配置情况。

复习思考题

1. 试分析比较 FH98 系统和 MDS3400 系统的异同点。

2. MDS3400 调度系统由哪几部分构成？

3. MDS3400 系统主要应用在哪些领域？分别是怎么组网的？

4. MDS3400 系统的业务和功能分别是什么？

5. MDS3400 系统调度交换平台由哪几部分组成？

6. 触摸屏操作台和键控式操作台分别用在什么地方？有什么不同？

7. 网管子系统有哪些功能？

任务二　CTT4000 调度通信系统

【知识要点】

（1）系统组成。

（2）组网方式。

（3）系统主要业务及功能。

【任务目标】

（1）理解 CTT4000 调度通信系统的组成结构和组网方式。

（2）了解其系统的主要业务及功能；会区分佳讯 FH98 和中软 CTT4000 数调设备。

一、系统组成

1. 调度主机

CTT4000 调度主机实现全系统的网络和通道管理功能、全系统的呼叫处理和交换功能、调度台的管理和调度功能、接口的处理及组网功能等。

CTT4000 调度主机采用标准 19″结构，2 m 或 2.2 m 高。

所有单板插框采用 19″7U 结构，所有单板高为 5U；单板插框分模块框和时钟/以太网框两种，模块框内除 PWR 和 MPU 板外，其他槽位所有接口板均可混插，如图 3-44 所示。

2. 单板介绍

MPU 板：模块处理机板，每模块配置两块，采用并行处理方式。它内置 16K×16K 大型数字交换网络，256 方会议资源，64 套 DTMF 资源，32 种个性化语音，64 种信号音，并为本模块提供全系统同步的各种时钟和时序，完成模块内和模块间的网络交换、呼叫处理和控制。

CLK 板：时钟板，为系统内各模块提供基准同步时钟源，每系统配置两块，时钟源完全同步，并行输出；每块时钟板设计有单独的电源，两块时钟板在物理上完全独立。

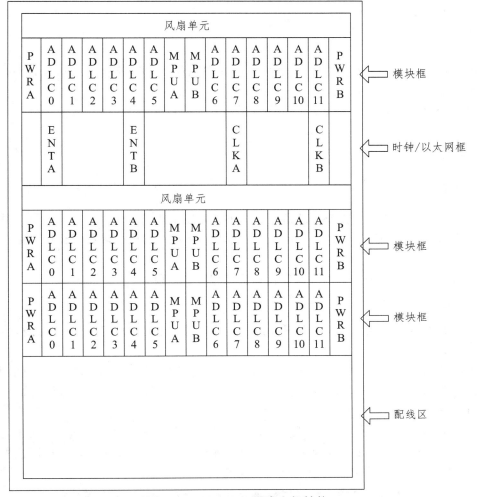

图 3-44　CTT4000 调度主机结构

ENT 板：100M 以太网板，每系统配置两块，并行运行；每板提供 24 个 100M 以太网接口。每块以太网板设计有单独的电源，两块以太网板在物理上完全独立。

PWR 板：电源板，提供模块框系统所需的电源及铃流，每模块框配两块电源板，两板的直流电源工作于并联热供方式，铃流为热备份。

DTU 板：数字中继处理机板，可选热备份，每板两个 A 口，完成系统共线信令、No.1 信令、No.7 信令的处理；

30B+D 板：PRI 接口板，可选热备份，每板两个 A 口，完成 DSS1 信令的处理。

DDU 板：2M 触摸屏调度台接口板，每板两个 A 口，完成 2M 调度台接口信令等的处理。

DSU 板：数字用户信令处理机板，可选热备份，每板 2/4 个标准 2B+D U 接口，完成标准 U 口信令及调度台信令处理。

ALC 为接口模块母板，每板提供 8 个接口模块槽位，可混插 8 种的不同模块。

系统容量：

最大模块数：16 个。

分布式网络容量：8192 时隙。

单模块网络：16K×16K。

单模块 2M 接口：16 个。

单模块用户接口：256（含 Z 接口、2B+D 接口、磁石接口、环路接口、2/4 线音频接口等）。

单模块会议资源：256 方。

单模块 DTMF：64 套。

单模块语音：32 种。

单模块信号音：64 种。

3. 调度台

调度台是调度指挥人员（或车站值班员）进行调度指挥的操作平台。调度员通过调度台上各种按键进行各种调度操作，如应答来话、单呼、组呼、全呼、转移或保持来话、召集会议等。

CTT4000 调度台也分为触摸屏调度台和键控调度台两种。

1）触摸屏操作台

触摸屏调度台通过触摸屏显示器界面进行各种操作；由触摸屏显示器、调度台主机、通话装置三部分组成。

触摸屏显示器选用 ELO 品牌。可根据用户需求选用不同尺寸的显示器，一般采用 15″。

操作界面包括消息显示区、呼叫键区、功能键区，如图 3-45 所示。其外观与功能和 MDS3400 触摸屏操作台类似，在此不再累述。

两个通道都支持使用外置麦克风或手柄。即主辅通道同时使用麦克风、主辅通道同时使用手柄、主辅通道分别使用麦克风和手柄；均支持头戴式耳机、手麦；均支持摘挂机功能、支持 PTT 功能，支持通话装置在位信息提示功能。

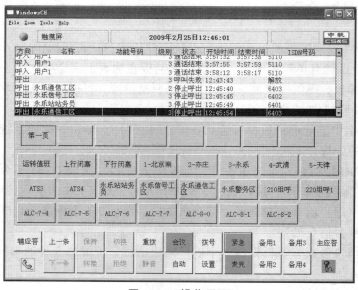

图 3-45　操作界面

2）键控式操作台

键控调度台直接通过各种特定意义按键进行操作，由键盘部分、显示部分、接口部分、控制部分、通话回路部分、电源部分、其他辅助功能部分等组成。其外观与功能和 MDS3400 键控式操作台类似，在此不再累述。

4. 网管系统

1）网管系统组成

CTT4000 调度交换系统的维护台软件采用 Windows XP 操作系统为开发平台，采用 SQL-SERVER2000 作为数据库管理系统。如图 3-46 所示，CTT4000 维护台系统由客户端、数据库服务器、通信服务器三个部分组成，采用客户/服务器结构和流行的 TCP/IP 通信协议互联。

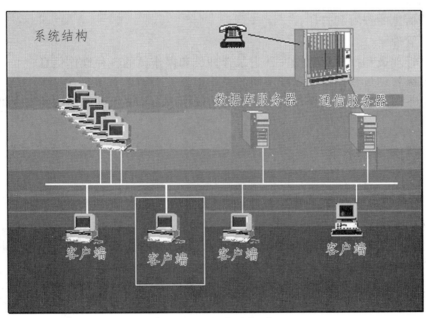

图 3-46　维护台组成

通信服务器：即 CommServer4K。通过以太网网口连接网线与后台主机相联，完成维护台与后台主机之间的命令、数据的通信等功能，是客户端与后台主机间之间的通信桥梁。

数据库服务器：存储并管理后台主机的相关配置信息以及其他如用户信息、环数据、车站数据等数据。实际应用中，我们采用 SQL-SERVER 作为数据库管理系统。

客户端：即 CttClient4K，是系统所有数据的集中管理及维护终端，提供人、机交互界面。

2）网管系统功能

（1）日常管理。

- 查看网络、主系统和各分系统的运行状况。
- 查看各系统的程序和数据版本。

- 加载程序和数据。
- 下发远程主备切换、复位等命令。
- 远程完成建立固定连接、半固定连接等网络交叉功能。
- 监视系统中所有的模拟和数字端口状态。
- 远程调整主/分系统中模拟端口电平值。

（2）数据配置管理。

- 网络通道时隙使用方式的配置。
- 主系统和分系统的数据配置。
- 调度台、车站值班台数据的配置等。

（3）故障管理。

- 全系统所有告警、故障信息的收集、统计和分析；
- 生成告警日志；
- 告警信息的查看和打印；
- 安全管理
- 建立管理员和操作员数据库，记录管理员和操作员的各种操作信息；
- 为各级管理员和操作员分配不同的操作权限；
- 针对不同的管理员和操作员设置不同的操作内容，确保网管系统的安全性。

二、组网方式

1. 星形组网

支持 DSS1 信令、No.7 信令、No.1 信令或私有专用信令下的星形组网方式。

2. 环形组网

支持 DSS1 信令或私有专用信令进行环形组网。

3. 树形组网

树形组网方案是多级星形组网方式的叠加，每级系统均可通过星形组网方式与上一级或下一级系统进行通信，从而构成多级的数字调度指挥网络。

4. 综合型组网

支持总线方式、星形方式、树形方式同时运用，形成综合型组网方式。

5. 双中心组网

支持双中心备份或互助组网方式，如图 3-47 所示。在双中心组网模式下，支持上述 4 种组网形态。

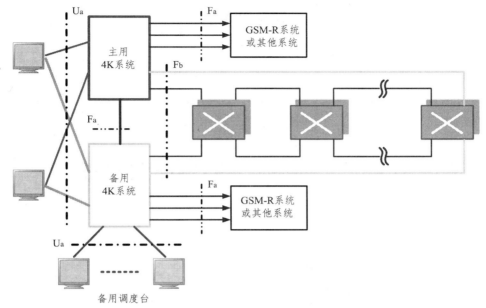

（a）方式一：双主系统与分系统分别组环

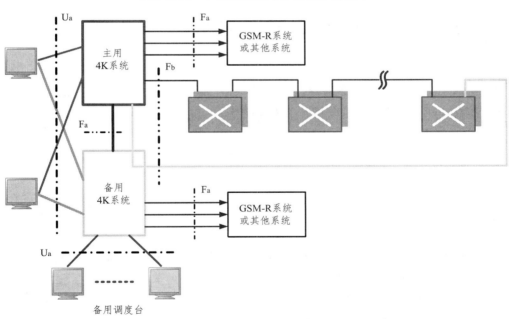

（b）方式二：双主系统与分系统在一个数字环内

图 3-47　双中心组网方式

三、系统业务及功能

CTT4000 调度系统与 MDS3400 系统类似，实现的业务及功能完全满足铁路对调度业务的全部需求，在此不再累述。

复习思考题

1. CTT4000 系统有什么特点？
2. 试分析比较 CTT2000 和 CTT4000 系统的异同点。
3. 试分析比较 MDS3400 和 CTT4000 系统的异同点。

任务三　典型业务数据配置方法

【知识要点】

（1）创建设备、创建插箱、安装单板。
（2）本局用户、调度台号码配置（本局内呼叫）。
（3）为调度台配置按键数据。
（4）MDS3400 数字环呼叫。
（5）通过数字环组网的网管通道远程配置网络参数。
（6）数字中继数据配置 DSS1 信令（含时钟配置）。
（7）数字中继数据配置 No.7 信令。
（8）模调/选号作为调度业务备份。
（9）无线大三角业务（固定会议、半固定接续）。
（10）交换机双中心功能配置。
（12）与 GSM-R 互联时的虚拟组呼。
（13）集中录音功能配置。

【任务目标】

（1）掌握 MDS3400 典型业务数据的配置方法，能总结出配置流程。
（2）能熟练进行 12 种业务配置。
（3）能解决配置过程出现的问题和故障。

数据配置总体原则：MDS3400 网管数据库是采用 Mysql 数据库，为了安全，在进行数据配置或删除数据时会进行一定的数据合法性检查，当发现有冲突时，会进行错误信息提示。

数据配置一般注意事项

（1）联机配置数据时，网管上配置和修改的数据会同时发送到后台交换机的主控板，此时配置的数据会马上生效，因此联机配置数据需谨慎操作。

（2）脱机配置数据时，增加、修改或删除的数据先保存到网管本地数据库，需要下载数据到后台交换机的主控板。

（3）后台交换机会每 2 h 自动保存一次主控板数据，无论是联机时配置数据还是脱机配置后再下载数据，都需要注意点击"保存数据"。否则，当未到达系统自动保存数据的时间时出现系统掉电、拔插主控板等情况，容易造成数据丢失。

一、创建设备、创建插箱、安装单板

1. 创建设备

网管系统能同时管理 512 套调度交换机，在配置数据之初，首先要创建该设备。创建设备的界面如下：

在主界面主拓扑图区空白处点击右键，单击"创建调度交换机"，出现"设备创建"窗口，如图 3-48 和图 3-49 所示。

主要参数说明：

"设备 ID"为创建设备的编号，从 1～60 000 可选择任意一个未用的设备号。

"设备名称"可自由定义，如北京局，但长度不能超过 20 个字符。

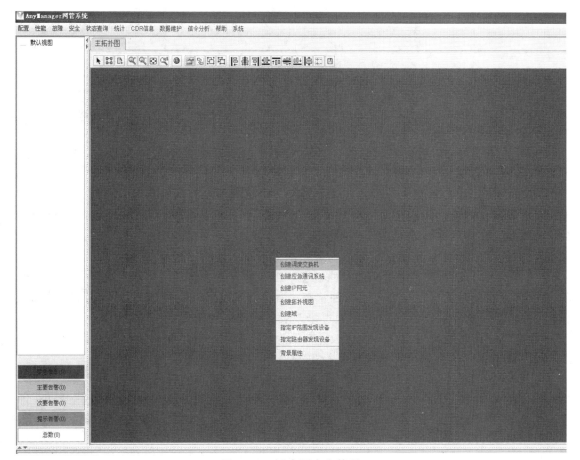

图 3-48　创建调度交换机

图 3-49   设备创建

"设备类型"可根据实际设备选择 MDS3400DL4X、MDS3400DLX、MDS3400E4、MD3400E、MD3400C、MDS3400MR2X、MDS3400MRX、FH98-G 分系统、FH98-G 主系统、FH98TL、FH98-G 类型。

"7 号板 IP、8 号板 IP"与实际设备上 7、8 槽位的主控板的 IP 地址一致,且各个设备主控板的 IP 地址不能重复。

"连接方式"可以根据实际的连接方式选择"IP 直连"和"网管通道"两种方式。"IP 直连"表示设备与网管之间直接通过网络连接;"网管通道"表示网管与设备之间经过数字环或数字中继的 2M 中的某 2 个时隙作为网管通道连接。

"子网"可选择该设备所属子网。一般默认为不属于任何子网。

"管理状态"分为管理与不管理两种状态。当选为不管理时,网管不对该设备进行管理。

"显示状态"分为显示与不显示两种状态。当选为不显示时,主拓扑图中网元的图标被隐藏,但仍在设备列表中显示,并可以通过修改设备列表中的选项将其还原。

"配置方式"该选项在此处不能更改,默认为联机配置,可以在创建设备之后,在该设备图形处右键点击"设备属性"选项来进行更改。

若选择脱机配置,则网管系统不向设备侧发送消息,仅在网管系统中保存数据。增加、修改或删除的数据先保存到网管本地数据库,需要手动下载数据到后台交换机的主控板。

若选择联机配置,则网管侧修改、配置、删除的数据会直接向设备侧主控板发送。此时在网管上配置的数据在后台设备侧会马上生效。

修改 7 号板 IP 地址或 8 号板 IP 地址时,网管会重新连接设备。

网管连接上设备的时间，即从未登录状态到登录状态或者从登录状态到未登录状态的变化时间大约为 1 min。若网管登录设备正常，网管上的该设备名称处显示为绿色；若网管登录设备不成功，则网管上的该设备名称处显示为黑色；若为脱机状态，网管上的该设备名称处显示为灰色。

2. 创建插箱、安装单板

创建设备后，双击该设备图标进入"设备管理"界面，界面中会默认显示一个主控插箱，如图 3-50 所示。

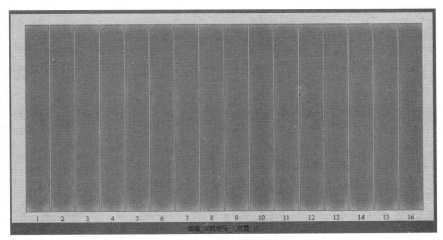

图 3-50　创建插箱

如果此时为"联机配置"状态，则可以在插箱空白处点击右键，再单击"自动识别"，通过自动识别功能将该插箱中实际所插的板卡识别出来，如图 3-51 所示。

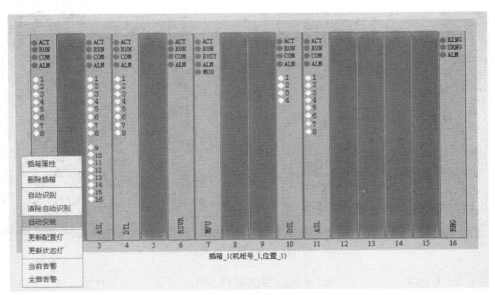

图 3-51　安装单板

再单击"自动安装",将自动识别出来的单板安装上。

如果此时为"脱机配置"状态,则需要手动安装各个单板。在相应的槽位点击鼠标右键,根据实际所插的板卡依次安装单板即可。

若相邻槽位两块板卡互为主备用工作模式,还需要在这两块板卡上右键单击进入单板属性,将这两块板卡均设为"双机"模式,如图 3-52 所示。

数字环端口	是否启用C...	判断BER误...	是否跟踪外...	接口信令类型	所属数字环	节点地址	数字环阻断	上行E1状态	下行E1状态	接口阻抗
1	不启用	10^-6	否	MDS数字...	1	0	非阻断	未知	未知	75欧
2	不启用	10^-6	否	未知	0	0	非阻断	未知	未知	75欧
3	不启用	10^-6	否	未知	0	0	非阻断	未知	未知	75欧
4	不启用	10^-6	否	未知	0	0	非阻断	未知	未知	75欧

图 3-52 设为"双机"模式

3. 创建扩展插箱

如果系统中配置了一个以上的插箱,则需要创建扩展插箱。

创建扩展插箱前,必须先在主控插箱安装 EXT 板,如图 3-53 所示。

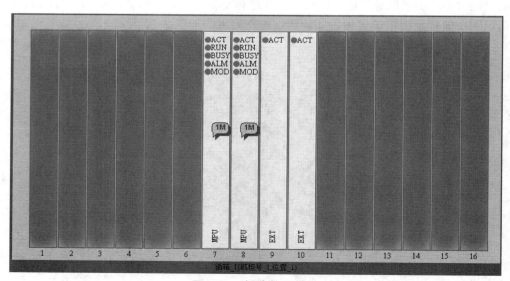

图 3-53 创建扩展插箱

注意:EXT 板为成对出现,即相邻的奇偶槽位如果一个槽位插了 EXT 板,相邻另一槽位不能再安装其他类型的单板。

这时，在"设备结构图"界面空白处点击右键，单击增加插箱，出现如图 3-54 所示的窗口。

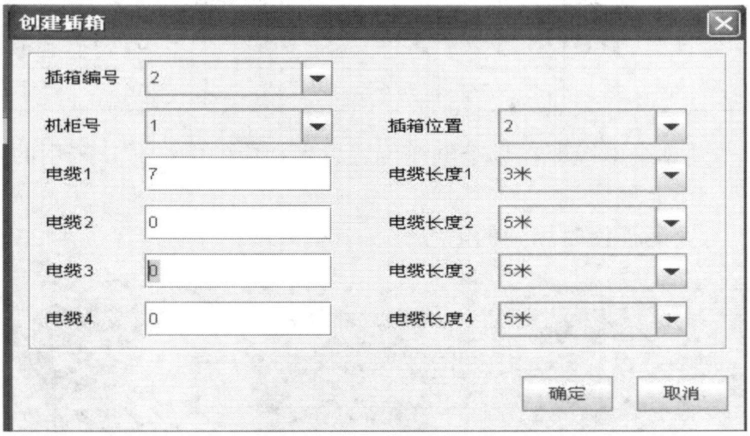

图 3-54　创建插箱

参数说明：

"机柜号"：从 1、2、3、4 依次排列。

"插箱位置"：即每个机柜上的 1、2、3、4 四个插箱依次排列。

"电缆 1、电缆 2、电缆 3、电缆 4"：代表扩展插箱背板上的 EXT1、EXT2、EXT3、EXT4 四个位置。

注意：

（1）EXT1 位置（即电缆 1）必须引入扩展电缆，引入该扩展层的通信和时钟。

（2）当该扩展插箱上只插低速板时（即 ASL、DSL、MIL 等只占用 2M 母线，不占用 8M 母线的单板），扩展插箱的背板只需连接第 1 条 LVDS HW 线缆，即扩展电缆只需引入到扩展插箱的 EXT1 位置即可。该条扩展电缆含 2 个 8M 母线经电平变换和速率变换后连到 14 个槽位和 HDLC 控制器。

（3）当扩展插箱上安装高速板时（即 DTL、DLL、RES 等占用 8M 母线的单板），还需要连接其他 LVDS HW 扩展电缆。第 2 条 LVDS HW 线缆（即扩展电缆连接到 EXT2 位置）对应扩展插箱的 1、2、3、4 槽位高速板；第 3 条 LVDS HW 线缆（即扩展电缆连接到 EXT3 位置）对应扩展插箱的 5、6、9、10 槽位高速板；第 4 条 LVDS HW 线缆（即扩展电缆连接到 EXT4 位置）对应扩展插箱的 11、12、13、14 槽位高速板。

（4）扩展插箱的 15、16 槽位不可以插高速板。

在进行数据配置时，电缆 1、电缆 2、电缆 3、电缆 4 对应的框中应填入的内容：

代表该条电缆是从主控插箱的哪个位置引出，主控插箱的背板上有相应的数字标识。

主控插箱的背板上每对相邻的槽位都有扩展电缆号的标识，且主控插箱上每对 EXT 板后边都可以引出两条扩展电缆。切记：相邻的奇偶槽位如果一个槽位已经插了 EXT 板，另一个槽位不可以再插其他单板。例如，11 槽位插了 EXT 板，12 槽位不可以插其他单板。

例如：扩展电缆从 3 槽位的 EXT 板的上边位置引出，则电缆号填 3；扩展电缆从 9 槽位的 EXT 板的下边位置引出，则电缆号填 8。具体对应关系如表 3-6 所示。

表 3-6　槽位号与电缆号的对应关系

EXT 板所在的槽位号		1/2	3/4	5/6	9/10	11/12	13/14	15/16
对应的电缆号	上插头	1	3	5	7	9	11	13
	下插头	2	4	6	8	10	12	14

　　实际连接时用到哪个电缆即在哪个电缆位置填入相应的电缆号，未用的电缆位置默认填入 0 即可，如图 3-55 所示。

　　"电缆长度"与实际连接时用到的电缆长度填写一致。

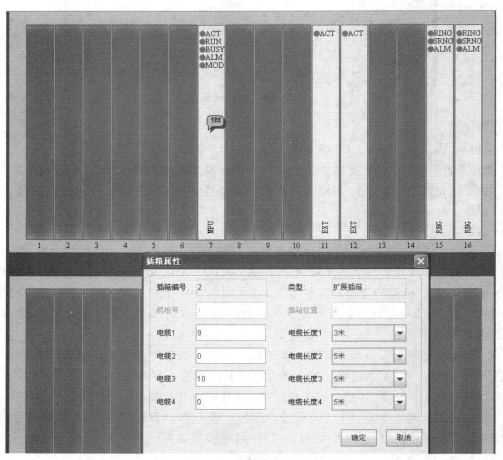

图 3-55　创建扩展插箱

二、本局用户、调度台号码配置（本局内呼叫）

1. 配置本局用户数据

（1）安装 ASL 板，如图 3-56 所示。

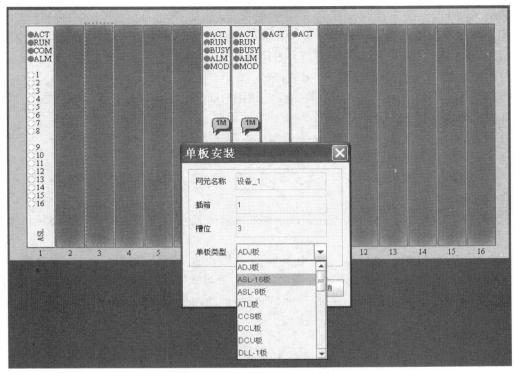

图 3-56　安装 ASL-16 单板

（2）添加用户数据。

在"业务数据配置"→"用户数据配置"中，点击"创建"，进入界面如图 3-57 所示。

图 3-57　添加用户数据

参数说明：

用户数据可以批量创建；插箱、槽位、起始线路号中填入实际 ASL 单板所在的位置。

"业务类型"：一般默认为调度用户。若使用在公务电话上，则选择公务用户。

"用户类型"：默认为模拟用户，无须修改。

"用户状态"：默认为正常状态。若需要对该用户闭塞，则可以选择"管理闭塞"，当需要解闭塞时，再将其置为"正常"。

"用户权限"：与"业务数据配置"→"用户权限限制表"中的权限级别所对应。用户可以根据实际需要限拨某些号码。

"呼叫级别"：一般默认为 3 级，如果该用户的级别高，则将其置于更高级别，该项数字越小代表级别越高。

"控制复原方式"：默认为互不控制，根据实际需要还可以设置为"主叫控制"和"被叫控制"。

"计费信号""呼叫记录标志""来电显示"：一般设置为默认参数即可，无须修改。

"立即热线"：若设为登记，需要在"热线号码"处填入需热线到的模拟电话/调度台号码。即该路电话一摘机，无须拨号，直接呼叫到热线号码所对应的终端上。

2. 分配调度台号码

（1）安装 DSL 单板，设置单板属性。

安装 DSL 单板后，在该板位点击右键，单击"单板属性"，出现如图 3-58 所示的界面。

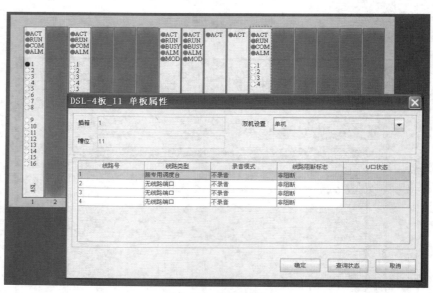

图 3-58　单极属性

DSL-4 可以连接 4 个调度台，选中相应的线路将线路类型设为"接专用调度台"，点击"确定"即可。点击"查询状态"可以查询该调度台是否与后台连接正常。

（2）分配号码。

在"调度台配置"→"调度台数据配置"中，点击"创建"，出现界面如图 3-59 所示。

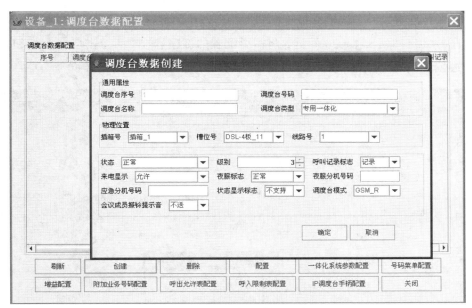

图 3-59　调度台数据创建

参数说明：

"调度台序号"：从 1 开始到 128，系统默认依次排列。

"调度台号码"：根据实际要求定义一个号码，长度小于 20 位。

"调度台类型"：根据实际连接的调度台选择其类型：共分为专用一体化、专用大屏幕、JK24、JK48、JK144、综合一体化、KDT 等共 9 种调度台。专用版本一般用于 GSM-R 的版本，通用版本一般用于军队、工矿行业。

"插箱号、槽位号"：选择 DSL 板所在的实际物理位置。

"状态"：可设置为闭塞用以人工闭塞该条线路，当需要解闭塞时，再选择为"正常"状态。

"应急分机号码"：一般都需要设置，设置为应急分机的电话号码。即当调度台出现离线、掉电等故障时，呼叫到该调度台的呼叫将全部转到设置的应急分机上。

"状态显示标志"：当该调度台为通用版本的一体化调度台时才起作用。当设置为"支持"时，该调度台上定义的按键成员的忙闲状态为在调度台界面上显示出来。

其余选项可默认，不需修改。

以上步骤完成后，本局内的模拟电话和调度台之间就可以进行局内呼叫了。

三、为调度台配置按键数据

为调度台分配号码后，便可以对调度台上的按键进行配置。

1. 配置功能按键

对于一体化触摸屏调度台，1~20 号按键为功能按键。

配置步骤：

　　在"调度台配置"→"调度台按键配置"中，选中"按键类别"中的"功能键"，按键属性中的键序号会自动列出 1～20 号键，将需要配置的键序号选中，单击 **»** 按钮，将该按键移到右边位置。选中该行双击，可以对该按键属性进行修改，如图 3-60 所示。

图 3-60　功能键编辑

　　修改功能键属性，如定义 1 号键为"切换"键，在功能键属性中选择"切换"，点击"确定"即可。

　　将刚配置完成的按键选中，点击"选择传送"，将配置的按键传送到调度台上，或者点击"全部传送"，将配置的全部按键传送到调度台上。

2. 配置单呼按键

　　对于一体化触摸屏调度台，键序号为 21 及以后的按键都可以作为单呼按键。

　　对于 KDT、JK24、JK48 调度台，键序号从 1 及以后都可以作为单呼按键。

　　配置步骤：

　　在"调度台配置"→"调度台按键配置"中，选择调度台（选择所要定义数据的调度台序号）和选择调度台按键配置。

　　选中"按键类别"中的"用户键"，按键属性中的键序号会自动列出，将需要配置的键序号选中，单击 **»** 按钮，将该按键移到右边位置。选中该行，可以对该按键号码进行配置或修改，也可以点击"修改"键进行修改，如图 3-61 所示。

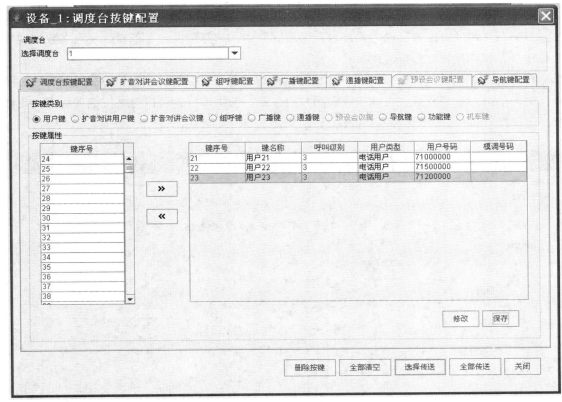

图 3-61 调度台按键配置

"键名称"：可以根据实际按键的名称定义。

"呼叫级别"：根据实际要求配置。

"用户类型"：选择电话用户。

"用户号码"：填入该按键对应的号码。

配置完成后点击保存。

将刚配置完成的按键选中，点击"选择传送"，将配置的按键传送到调度台上，或者点击"全部传送"，将配置的全部按键传送到调度台上。

3. 配置组呼按键

对于一体化触摸屏调度台，键序号为 21 及以后的按键都可以作为组呼按键。

对于 KDT、JK24、JK48 调度台，键序号从 1 及以后的按键都可以作为组呼按键。

注意：组呼、通播、广播按键配置方法相同，只是会议的模式有所不同。区别如下：

组呼：处于会议通话方式的所有参会方可以双工通话。

广播：处于广播通话方式的参会方只能听到主席讲话，主席听不到该参会方讲话。各参会方之间也互相不能听说。

通播：处于通播通话方式的参会方与主席进行双工通话，参会方之间隔离。

铁路综合调度通信系统

配置步骤：

（1）在"调度台配置"→"调度台按键配置"中，选择调度台（选择所要定义数据的调度台序号）和选择调度台按键配置。

选中"按键类别"中的"组呼键"，按键属性中的键序号会自动列出，将需要配置的键序号选中，单击 ** >> ** 按键，将该按键移到右边位置。选中该行，可以对该按键进行配置或修改，也可以点击"修改"键进行修改，如图 3-62 所示。

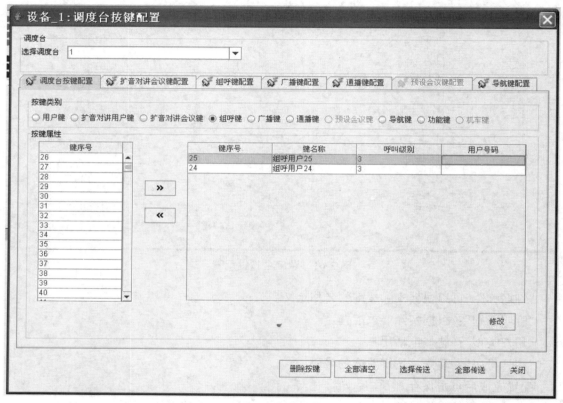

图 3-62　调度台按键配置

"键名称"：可以根据实际按键的名称定义；

"呼叫级别"：根据实际要求配置；

"用户号码"：此处可以不填。

之后，点击上方的"组呼键配置"按钮，出现界面如图 3-63 所示。

在键列表中选中刚才定义的组呼按键（如 25 号键），在用户键选择区中将该按键所包含的组呼成员勾选上，点击"配置"即可。

将刚配置完成的按键选中，点击"选择传送"，将配置的按键传送到调度台上，或者点击"全部传送"，将配置的全部按键传送到调度台上。

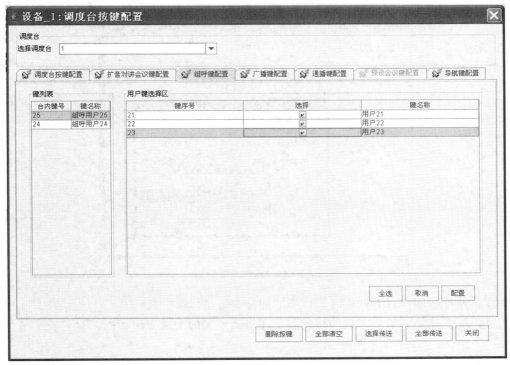

图 3-63　调度台按键配置

（2）按键配置完成后，调度台需要按该键召开组呼时，还需要进行会议 DSP 配置，方法如下：在"参数配置"→"MPU 板 DSP 类型设置"（见图 3-64）中，根据实际主控板上所插的 DSP 插板类型，将第一块或第二块 DSP 设置成"会议"方式，如图 3-65 所示。

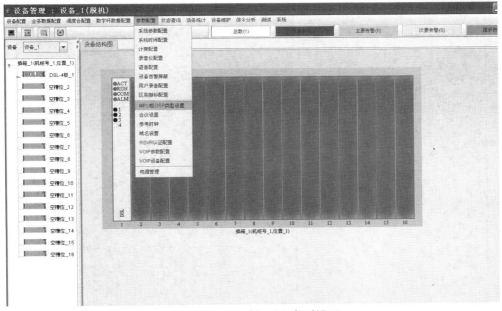

图 3-64　MPU 板 DSP 类型设置

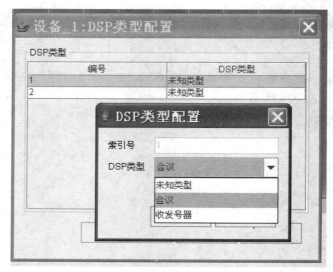

图 3-65　DSP 类型配置

这样，调度台就可以召开组呼、广播、通播会议了。

注意：配置广播、通播方式的按键与上述组呼按键的配置方法相同。

4. 删除按键

若需要删除调度台上的某个按键时，需要进行如下操作：

（1）将该按键序号移到左边（见图 3-66）。

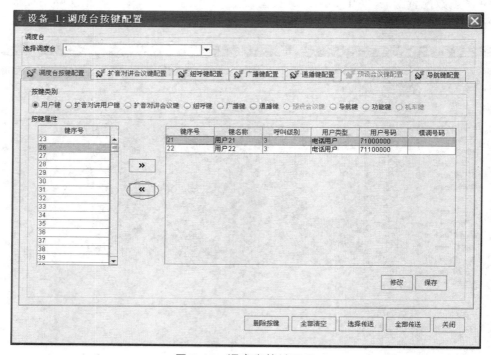

图 3-66　调度台按键配置

（2）将该按键移至功能按键区（见图 3-67）。

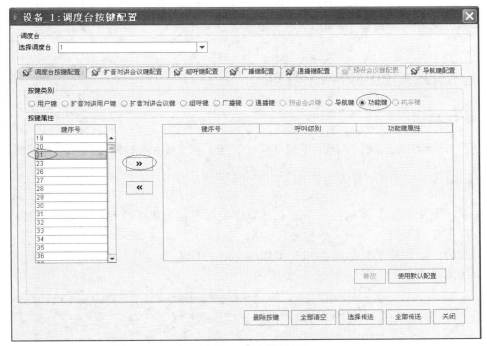

图 3-67　调度台按键配置

（3）将该按键设置为"未定义"（见图 3-68）。

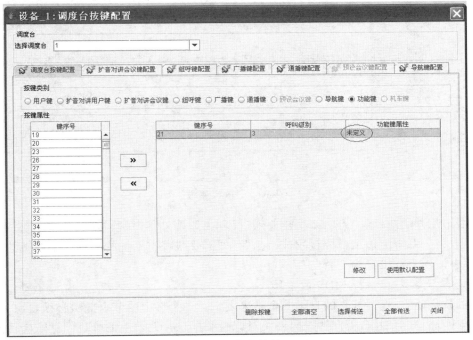

图 3-68　调度台按键配置

（4）选择传送该按键到调度台即可将调度台上的该按键删除。

（5）若对于一体化触摸屏调度台，直接选中需要删除的键序号，点击界面下方的"删除按键"也可完成删除某按键的操作。

四、MDS3400 数字环呼叫

1. 功能描述

通过 MDS 数字环组网，实现上下行环保护，完成调度业务、站间业务和跨环站间等业务。

2. 数据配置

在主系统上配置如下数据，分系统上的数据配置过程与主系统相同。只有时钟跟踪项有所不同，以下是与配置过程相关的描述：

（1）安装插箱和各单板包含 MPU，DLL，ASL，DSL 等，详见本任务第一节。

（2）DLL 单板属性定义，如图 3-69 所示。

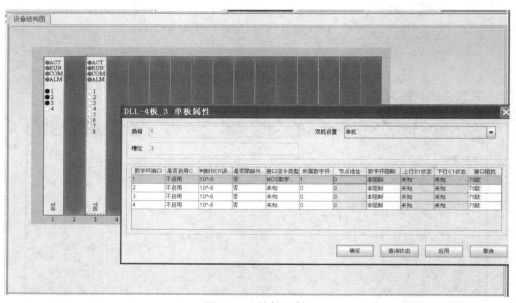

图 3-69　单极属性

"是否跟踪外部时钟"：若该系统需要通过该 E1 跟踪外部时钟，则选择"是"，否则选择"否"。一般在分系统上该项都要设置成"是"，即需要跟踪主系统的时钟。主系统的 DLL 板单板属性中该项一般设置为"否"。

"接口信令类型"：选择 MDS 数字环。

"所属数字环"：根据规划的是第几个环来定义，一个环上的节点此项必须填写一致。

"节点地址"：即 DLL 板上的拨码开关对应的节点号，无须手工填写，直接从后台读出。

"双机设置"：选项根据实际安装板卡（DLL 板）情况选择是作为主备用还是单机运行。

其余项默认即可。

（3）参考时钟设置（分系统必须配置，主系统根据实际是否跟踪外部时钟来决定是否设置该项）。

菜单路径："参考配置"→"参考时钟"。

在此界面中设置时钟来源及优先级（如本例跟踪 1、2 槽位 DLL 板），优先跟踪 1、2 槽时钟，设置如图 3-70 所示。"参考时钟优先级"中的值越小，代表时钟优先级别越高。

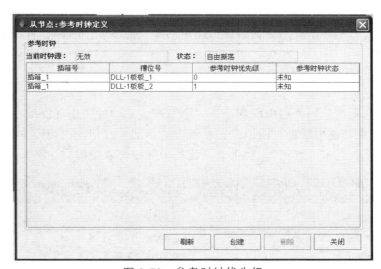

图 3-70　参考时钟优先级

注意：互为主备的 DLL 板，如 1、2 槽位的 DLL 板为主备用工作模式，参考时钟应分别设置，如图 3-71 所示。

（4）创建用户数据/调度台数据，详见本任务第二节。

（5）添加中继线数据（注意：考虑现场是否需要网管通道）。

选择 DLL 所在的插箱、槽位和所用的数字环端口号（即 DLL 板单板属性中定义的端口），如图 3-71 所示。

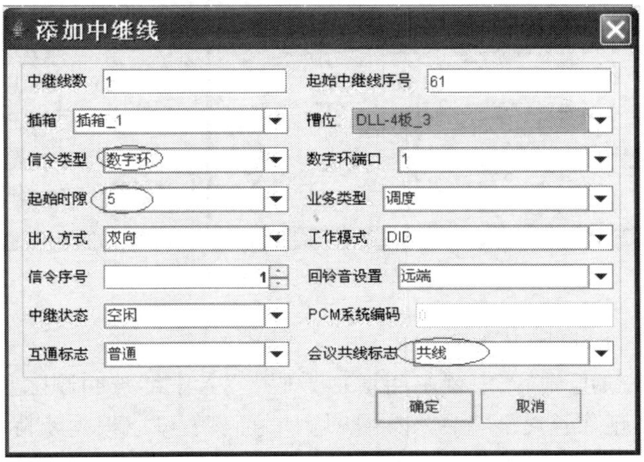

图 3-71　添加中继线数据

"起始时隙"：该时隙指的主控板交换网分配给 DLL 的时隙，而非 DLL 2M 中的时隙。若已经配置了网管通道或半固定接续业务，则网管通道或半固定接续业务占用的时隙在中继线话路中不可用。

注意：除 0、16 时隙、网管通道或半固定接续业务占用了数字环的时隙外，其余时隙必须全部加入中继线中，否则影响数字环呼叫的接通率。

"会议共线标志"：共线指一个环上的会议只占用数字环上的一个时隙，配置为共线时会议中的所有成员能够互相听说。

非共线会议指一个环上有多少会议成员则占用环上的多少个时隙，可以实现通播、广播等会议模式。

其余选项可以默认。

（6）中继群配置。

在"业务数据配置"→"路由配置"→"中继配置"中的"中继群配置"书签下，点击"创建"按钮，出现创建中继群页面，点击右下方"添加"按钮，出现图 3-72 中的添加继线号和语束中继线号，点击"确定"，将上面创建的中继线加入中继群中。

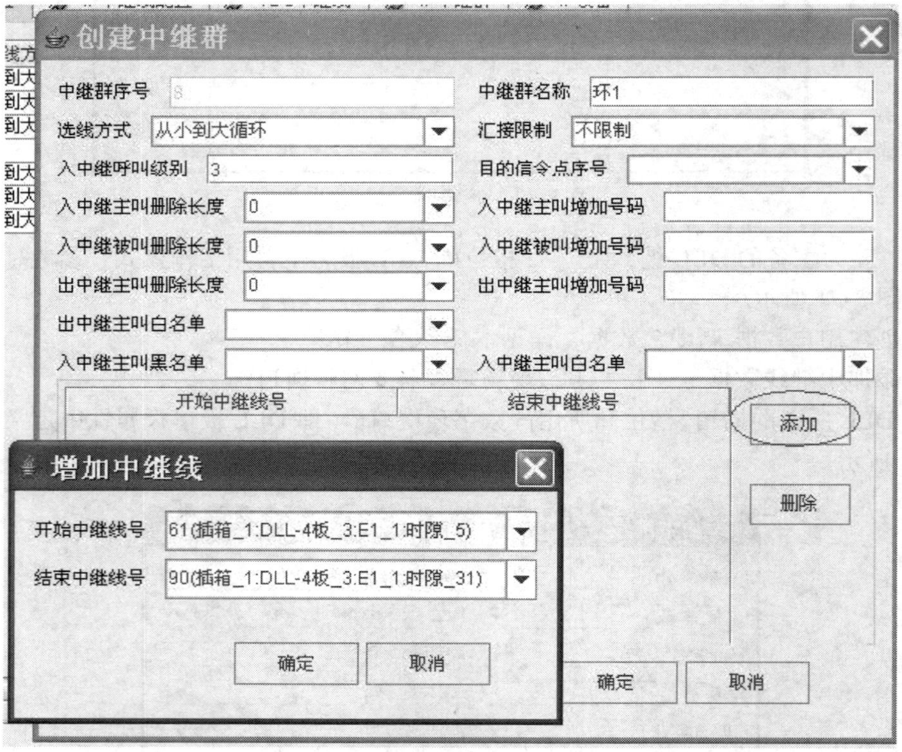

图 3-72　增加中继线

"中继群名称"：可以自定义。

"入中继主叫删除长度""入中继主叫增加号码""入中继被叫删除长度""入中继被叫增加号码""出中继主叫删除长度""出中继主叫增加号码"：可以根据实际需要对出入局的主被叫号码进行增删改。对于数字环呼叫一般不需修改。

其余项可以按照默认值，无须更改。

点击"添加"按钮，创建本中继群包括的"开始中继线号"和"结束中继线号"。按"确定"键保存。

（7）局向路由配置（有几个局向就需要做几条数据）。

调度业务举例：

① 在主系统侧，需要配置去往各个分系统的局向路由数据，有几个分系统就需要做几条路由数据。

② 在分系统侧，需要在每个分系统上配置去往主系统（调度）的路由数据。

站间业务举例：

在每套系统上都需要分别做针对上、下行车站的路由数据。

菜单路径："业务数据配置"→"路由配置"→"路由配置"。

点击"创建"按钮，打开"创建路由"对话框，如图 3-73 所示。

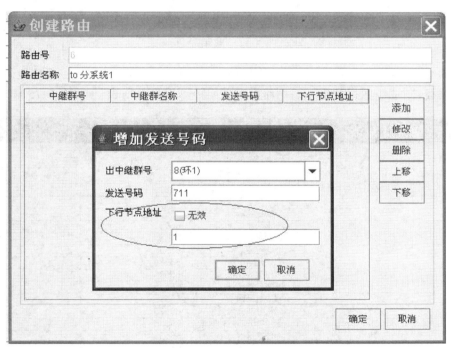

图 3-73 创建路由

"路由名称"：可以自定义。

输入路由名称，再点击"添加"按钮打开"增加发送号码"对话框。

"出中继群号"：下拉框中选择已经创建的数字环的中继群序号。

"发送号码"：一般为出局号码的字冠。

"下行节点地址"：将"无效"勾选去掉，填入对方的节点地址。

注意：对于跨环的站间业务，下行节点地址处填主系统的节点地址 0，相当于经过主系统汇接。

以分系统 3 举例，图 3-74 所示为配置好的路由数据。

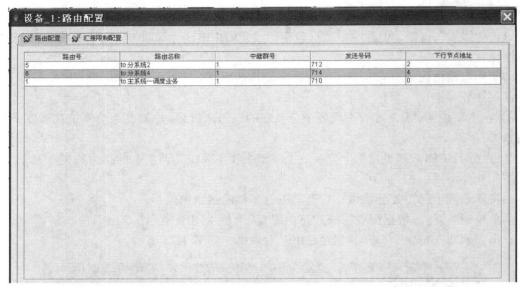

图 3-74　路由配置

（8）编号计划配置（有几个局向就需要做几条数据，与路由数据一一对应）。

菜单路径："业务数据配置"→"路由配置"→"编号计划表"（见图 3-75）。

字冠号码	后续号码长度	字冠类型	路由号	备注
#41	255	无应答呼叫前转取消	65535	
#51	255	缩位拨号取消	65535	
#52	255	延时热线取消	65535	
#54	255	呼出限制取消	65535	
#57	255	无条件呼叫前转取消	65535	
#58	255	呼叫等待取消	65535	
#59	255	遇忙回叫取消	65535	
**	255	缩位拨号使用	65535	
*11	255	呼叫代答	65535	
*114	255	报本机号码	65535	
*40	255	遇忙呼叫前转登记	65535	
*41	255	无应答呼叫前转登记	65535	
*51	255	缩位拨号登记	65535	
*52	255	延时热线登记	65535	
*54	255	呼出限制登记	65535	
*57	255	无条件呼叫前转登记	65535	
*58	255	呼叫等待登记	65535	
*59	255	遇忙回叫登记	65535	
*90	255	强插	65535	
*91	255	强拆	65535	
712	5	本地	5	
714	5	本地	6	
710	5	本地	1	

图 3-75　编号计划表

"字冠号码"：填写本系统呼叫其他系统出局时需要拨叫的对方局的号码字冠。

"后续号码长度"：若对方号码长度固定，可以不勾选"变长"，在下边输入框中填入除字冠号码以外的后续号码长度。这种方式为"整体发码"方式。

若对方号码长度不固定，可选择"变长"，这种方式为"重叠发码"，即号码是一位一位发送。

"字冠类型"：选择默认的"本地"即可。

"路由号"：选择已经配置过的对应路由号。

注：③ 局向路由配置中输入的"发送号码"应该和编号计划中"字冠号码"是对应的。

② 编号计划中"字冠号码"可以理解为本 MDS 出局时拨叫的号码字冠。

③ 局向路由配置中输入的"发送号码"可以理解为从本 MDS 出中继时给对方发送出去的号码字冠。

（9）配置数字环拓扑图。

在每套系统（包括主、分系统）都分别做了上述数据后，还需要创建数字环拓扑图。

路径：在"主界面"→"配置"→"数字环配置"中，进入界面如图 3-76 所示。

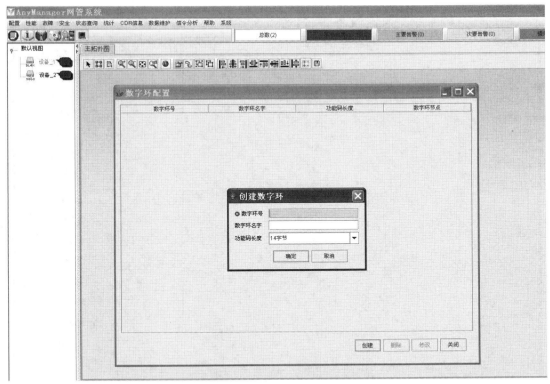

图 3-76　数字环配置界面

"数字环号"：一定要与该环上各个节点配置的 DLL 板单板属性中的"所属数字环"一致，如图 3-77 所示。

"数字环名称"：可以自定义。

"功能码长度"：在 MDS 数字环中均填写"14 字节"。

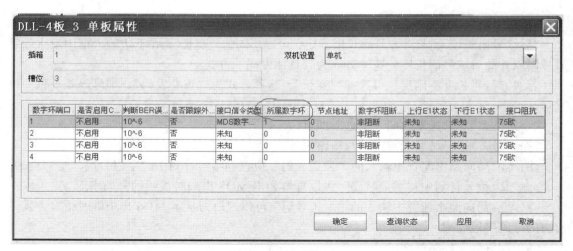

图 3-77　所属数字环

填写完成后，双击该行进入如图 3-78 所示的界面。

图 3-78　配置数字环

点击"添加"，将该环上的所有设备从主系统开始按照下行方向顺序依次添加进来（添加顺序必须与实际连接顺序相同）。

添加完成后，点击"保存"，之后再点击"传送全部"，将拓扑图数据传送到设备侧。以上步骤全部完成后，数字环的调度业务、站间业务和跨环站间业务就可以实现了。

五、通过数字环组网的网管通道远程配置网络参数

由于网管系统与设备之间是通过以太网连接，而当分系统与位于主系统侧的网管没有直接的以太网连通时，需要利用 MDS 设备之间的 E1 通道中的 2 个时隙作为网管通道时隙，来管理分系统。

另外便于现场开通时只需在主系统侧进行数据配置，MDS 系统设计了远程配置分系统的网络参数及网管通道数据，便于现场人员在位于主系统的网管侧远程配置分系统侧的数据。

1. MDS 系统网管通道原理

如图 3-79 所示，当有多套 MDS 系统组网，网管连接到 MDS 系统节点 A 上时，如果 MDS 系统节点 B、C、D 都无法通过以太网连接到网管，而这些 MDS 系统可通过 DTL 板或 DLL 板上的 E1 线连接，这样可以通过点对点 HDLC 链路组成一个局域网，这样网管不但能管理到 A，也能管理到节点 B、C、D。在这个局域网中，各个节点之间通过 RIP 协议维护着动态路由信息，节点 A、B、C、D 既是普通的网元节点，同时还承担了路由器转发信息的任务。

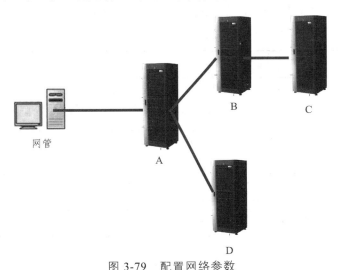

图 3-79 配置网络参数

MDS 系统上扮演这个路由器角色的实际上是 MPU 主控板，它包括一个以太网口和多个 HDLC 通道端口，每个端口相当于一个网卡，对应一个 IP 地址，MPU 板负责这些以太网端口和 HDLC 通道端口之间 IP 包的接收、路由以及转发。这些 HDLC 通道我们称为网管通道。

当系统采用数字环方式组网时，如 MDS3400 DL4X 主系统+98-G C 分系统、MDS3400 DL4X 主系统+MDS3400 DLX 分系统、FH98-G N 主系统+98-G C 分系统等情况，在分系统和网管之间如果没有直接的以太网连通，都需要通过数字环 2M 中的 2 个 TS 作为网管通道时

隙，分系统设备通过这两个时隙（128K）作为网管通道与位于主系统侧的网管连接。

2. MDS 系统网管通道物理分布

MPU 板的以太网端口连接到 MDS 主控插箱背板上的 ETH-A 和 ETH-B 口，而 HDLC 网管通道端口则连接到了 MDS 系统的固定时隙端口上，MPU 板最多能配置 15 个 HDLC 网管通道，每个网管通道实际占用了 MDS 上两个时隙端口，相当于提供了 128 K 的传输通道。

如图 3-80 所示，网管要想用网管通道管理到节点 D，必须配置节点 A 和节点 D 的网管通道数据，一是通过 MPU 板的交换网，将网管通道的端口连接到与对局相连的 E1（DTL 板或 DLL 板的 E1 接口）的相同时隙端口，使本局的网管通道在物理上与对局的网管通道连通，二是设置 MPU 板上网管通道的 IP 地址，启动 RIP 协议。

3. 浮动 IP 地址

浮动 IP 地址（Floot IP），也称虚拟 IP 地址，是 7、8 槽位的 MPU 板共享的 IP 地址，被主用 MPU 板使用，主要用作默认网关的 IP 地址。在需要配置网管通道的每个 MDS 系统的主控板上都需要配置 Float IP。

4. 开通及数据配置步骤

（1）开通网管通道前需要预先规划的内容如表 3-7 所示。

表 3-7　预先规划的内容

序号	准备项
1	网管主机的 IP 地址
2	各个节点的 7 槽位 MPU 板的 IP 地址
3	各个节点的 8 槽位 MPU 板的 IP 地址
4	各个节点 MPU 板的浮动 IP 地址
5	各个节点的网管通道的 IP 地址
6	各个节点网管通道在 DLL 板的物理分布

（2）若现场需要在主系统所在的网管侧远程给分系统配置这些网络参数，还需要保证各个设备硬件连接及拨码正确。

① 数字环上的各个节点间的上下行 2M 线连接正常。

② 数字环上的各个节点设备的 DLL 板上的拨码开关正确（拨码开关代表车站号）。

（3）规划好的主控板 IP 地址和网管通道 IP 地址如图 3-80 所示。

注意：① 同一节点内的 IP 地址的前两个字节要求一致。

② 任意两个节点的网管通道的 IP 地址不在同一个网段上。

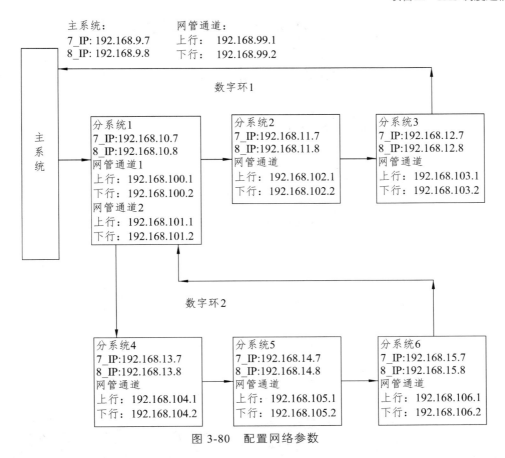

图 3-80　配置网络参数

（4）配置步骤：

配置步骤可以归纳为以下 5 部分，如表 3-8 所示。

表 3-8　配置内容

序号	配置内容
1	配置网管的 IP 地址
2	配置主系统 MPU 板的 IP 地址和浮动 IP 地址
3	配置主系统网管通道的 IP 地址和在 DLL 板上的物理分布
4	配置数字环拓扑图
5	配置分系统 MPU 板的 IP 地址和浮动 IP 地址
6	配置分系统网管通道的 IP 地址和在 DLL 板上的物理分布

具体操作为：

第一步：配置网管主机的 IP 地址。

网管服务器只要和主系统 MPU 板的 IP 地址处于同一网段即可，如图 3-81 所示。

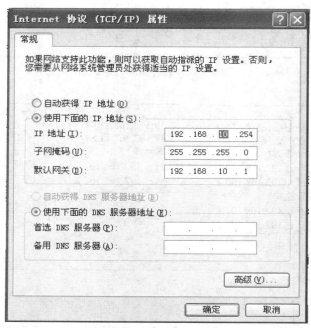

图 3-81　配置网络参数

第二步：分别配置主系统 7、8 槽位 MPU 板的 IP 地址和浮动 IP 地址。

方法：利用网管主机的串口连接 MPU 板的 com 口；使用超级终端配置（见图 3-82～3-84）。

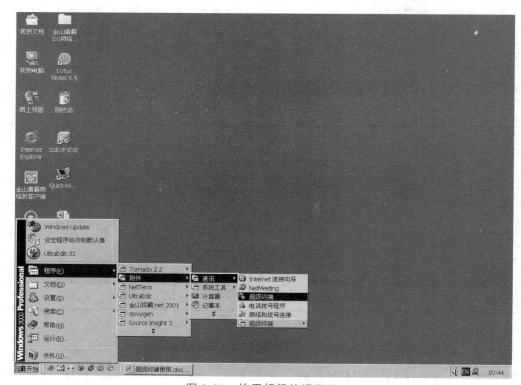

图 3-82　使用超级终端配置

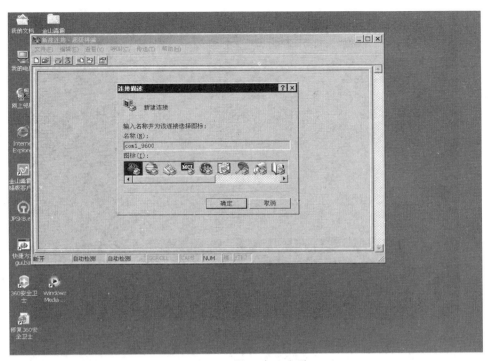

图 3-83 设置串口名称

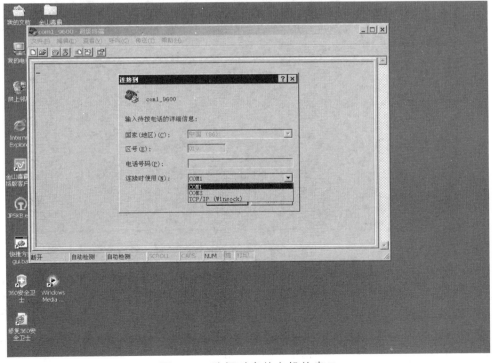

图 3-84 选择对应的主机的串口

如图 3-85 所示，点击"还原为默认值"，点击"确定"即可进入如图 3-86 所示的界面。

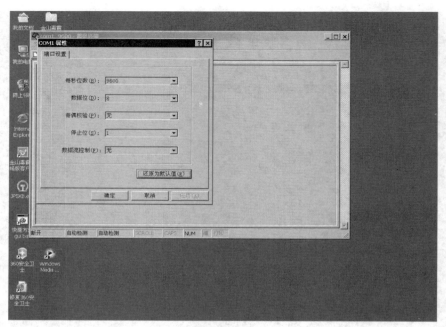

图 3-85　"还原为默认值"

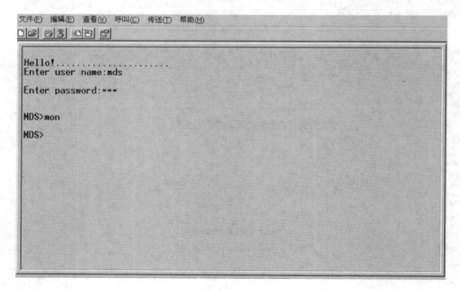

图 3-86　登录 MPU 板

登录该 MPU 板，输入用户名、密码（均为"MDS"），如图 3-86 所示。

输入"Mon"，回车。

输入"ipconfig"，回车。

根据规划好的内容依次输入 IP Address（MPU 板 IP 地址）、subnet mask（子网掩码）、default gateway（默认网关）、float ip（浮动 IP 地址）即可。

修改 IP 地址完成后需要输入"reboot"重启该主控板方能生效。

第三步：配置主系统网管通道的 IP 地址和在 DLL 板上的物理分布。

① 在主系统安装数字环板，数字环板属性设置如图 3-87 所示。

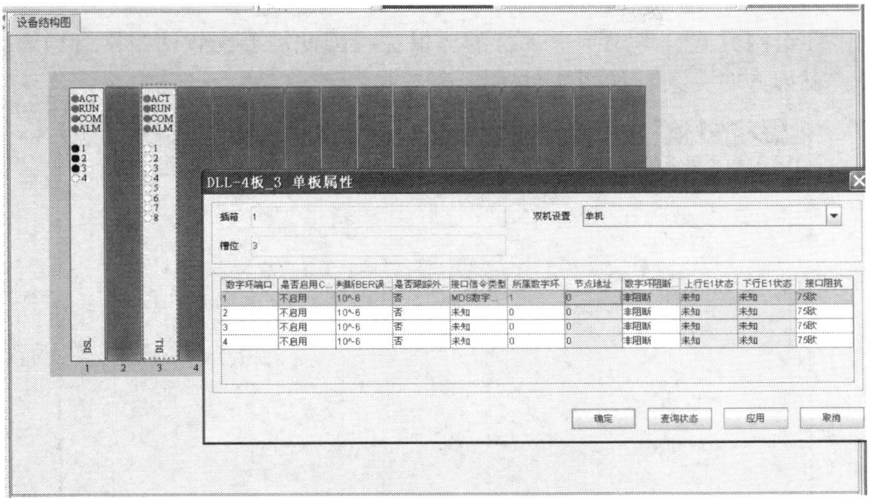

图 3-87　数字环板属性设置

"是否跟踪外部时钟"：若该系统需要通过该 E1 跟踪外部时钟，则选择"是"，否则选择"否"。一般在分系统上该项都要设置成"是"，即需要跟踪主系统的时钟。

"接口信令类型"：选择 MDS 数字环。

"所属数字环"：根据规划的是第几个环来定义，一个环上的节点此项必须填写一致。

"节点地址"：即 DLL 板上的拨码开关对应的节点号，无须手工填写，直接从后台读出。

其余项默认即可。

② 配置主系统网管通道数据。

在"业务数据配置"→"网管通道"菜单下，配置主系统的网管通道数据，如图 3-88 所示。

图 3-88　网管通道配置

　　然后选择好对应的 DLL 的插箱号、槽位号和端口号、时隙号（此处的时隙号与中继线配置中的时隙号不得重复使用）即可。

　　对于数字环组网方式，考虑到上下行的环保护，因此需要配置两条网管通道数据，即上行方向一条，下行方向一条，如图 3-89 所示。

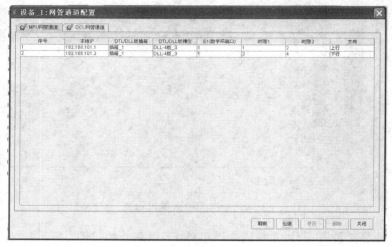

图 3-89　网管通道配置

　　第四步：配置数字环拓扑图。

　　① 脱机状态下创建各个分系统设备，并配置数字环板的属性设置。

　　此时网管不能直接登到分系统设备，因此在网管上创建各个分系统设备后需要改成脱机配置。

　　配置分系统数字环单板属性操作与配置主系统单板属性的操作一致。

　　② 网管上配置数字环拓扑图数据。

　　在"主界面"→"配置"→"数字环配置"中，进入如图 3-90 所示的界面。

图 3-90　创建数字环

"数字环号"：一定要与该环上各个节点配置的 DLL 板单板属性中的"所属数字环"一致，如图 3-91 所示。

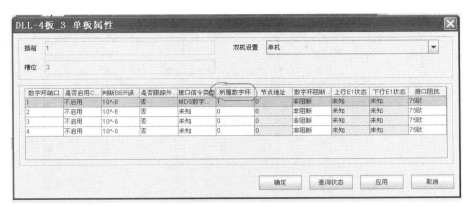

图 3-91　所属数字环

"数字环名称"：可以自定义。

"功能码长度"：在 MDS 数字环中均填写"14 字节"。

填写完成后，双击该行进入如图 3-92 所示的界面。

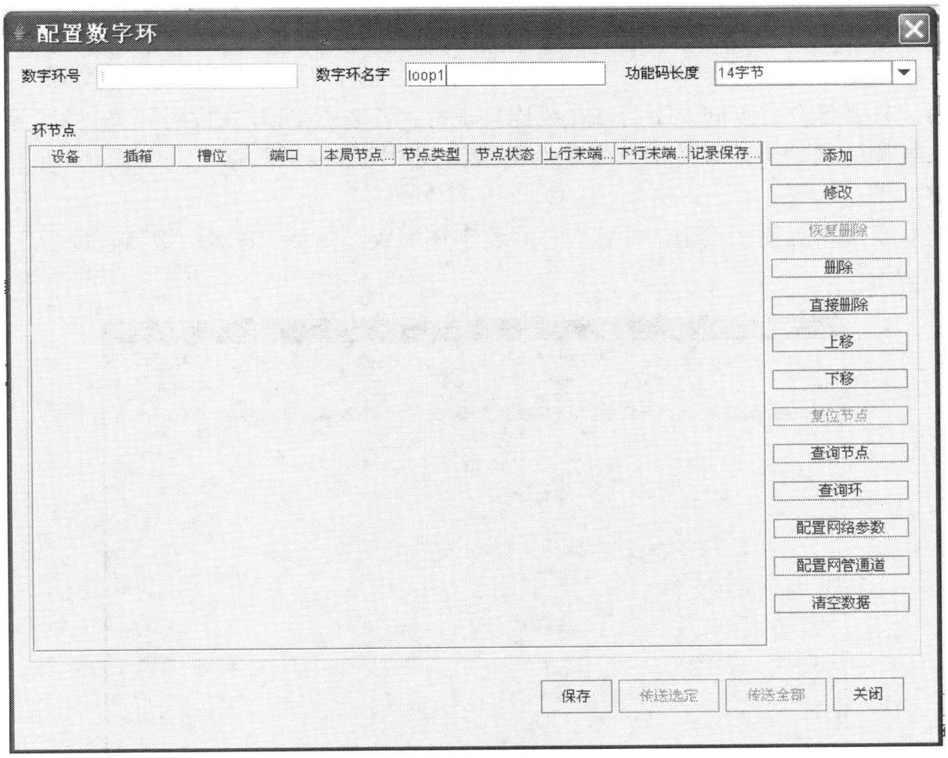

图 3-92　配置数字环

点击"添加"，将该环上的所有设备从主系统开始按照下行方向顺序依次添加进来（添加顺序必须与实际连接顺序相同）。

添加完成后，点击"保存"，之后再点击"传送全部"，将拓扑图数据传送到设备侧，如图 3-93 所示。

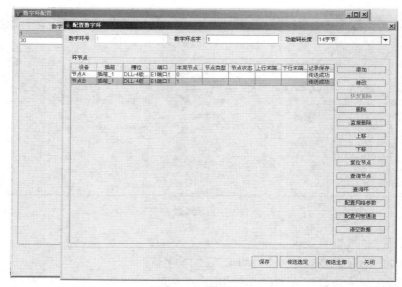

图 3-93　传送全部

第五步：配置各个分系统 MPU 板的 IP 地址和浮动 IP 地址。

上述四个步骤完成后，保证主系统的主控板上已经存在数字环拓扑图的数据。

此时，只要各个节点间上下行 2M 线连接正常，各节点 DLL 板拨码开关正确，就可以在位于主系统侧的网管上配置各个分系统的网络参数和网管通道数据了。

步骤如下：

在网管系统主界面，点击"配置"→"数字环配置"菜单，进入"数字环配置"对话框，如图 3-94 所示。

数字环号	数字环名字	功能码长度	数字环节点
1	Loop1	14字节	10->15->11->12
10	loop10	14字节	设备_150->159->159->159
100	test	14字节	60->888->61
12	test12	14字节	设备_170->设备_168
3	jjb	14字节	设备_254->设备_142
7	zdytest4	14字节	设备_190->设备_98
9	9	14字节	设备_150->159->159->159

创建　删除　修改　关闭

图 3-94　"数字环配置"对话框

选中将要配置的数字环记录，然后点击修改或双击该行，进入"配置数字环"对话框，如图 3-95 所示。

图 3-95　"配置数字环"对话框

在图 3-95 中先选中第一个分系统，点击"配置网络参数"进入"网络参数"对话框，如图 3-96 所示。

在图 3-96 中，指定槽位 7 或 8，然后根据规划的 7、8 槽位的网络参数填入对话框中。例如，第一车站的网络参数配置如图 3-97 所示。

图 3-96　"网络参数"对话框

图 3-97　配置网络参数

确认数据没有错误后，点击"保存"。这个网络参数将被发送给第一分系统的 7 槽位主控板。

重复上一步骤，完成 8 槽位网络参数配置。

对于每个分系统依次按照上述方法设置，即可完成远程给分系统配置主控板 IP 地址和浮动 IP 地址的设置。

第六步：配置各个分系统网管通道的 IP 地址和在 DLL 板上的物理分布。

为保证分系统网管通道能配置成功，要求在配置分系统网管通道数据前用数据清空命令将分系统主控板上的数据清空，如图 3-98 所示。

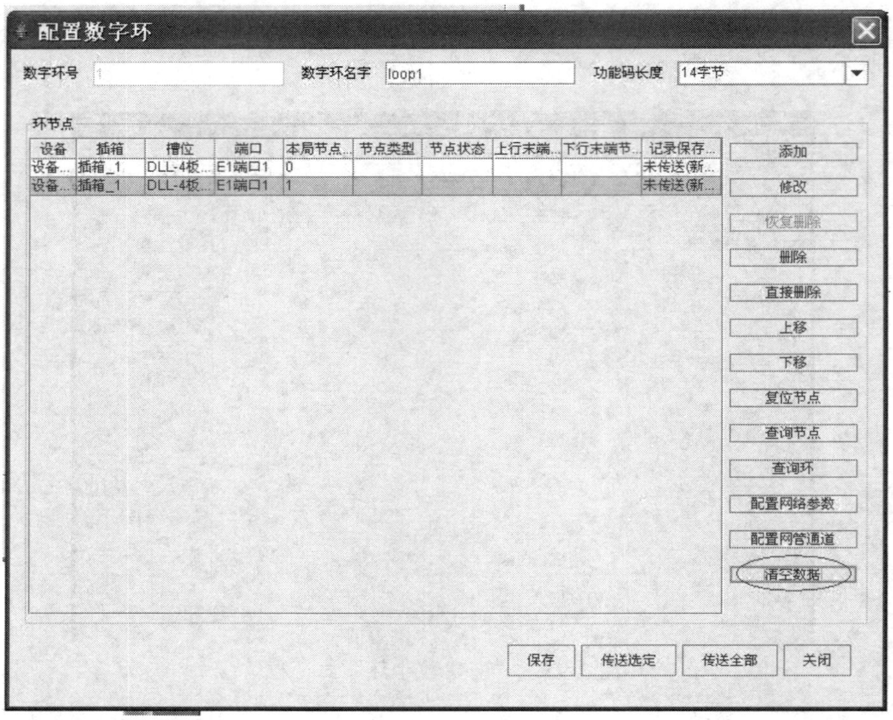

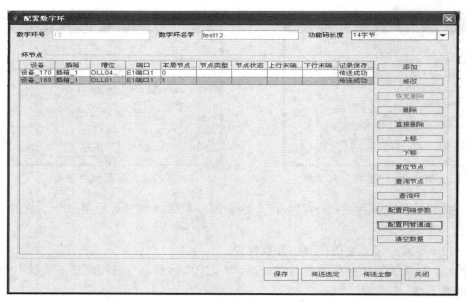

图 3-98　清空数据

选中需要清空数据的设备，再点击"清空数据"按钮就可。

此后，进入"配置数字环"对话框（见图 3-99）。

图 3-99　"配置数字环"对话框

选中某个分系统，点击"配置网管通道"，进入"网管通道配置"对话框，如图 3-100 所示。

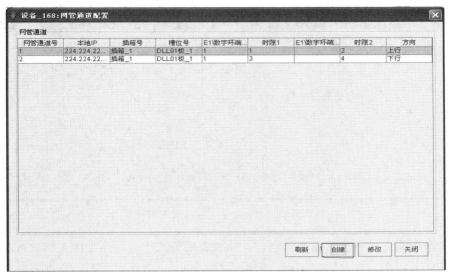

图 3-100　网管通道配置

在图 3-101 中点击"创建",进入"网管通道配置"对话框,如图 3-101 所示。

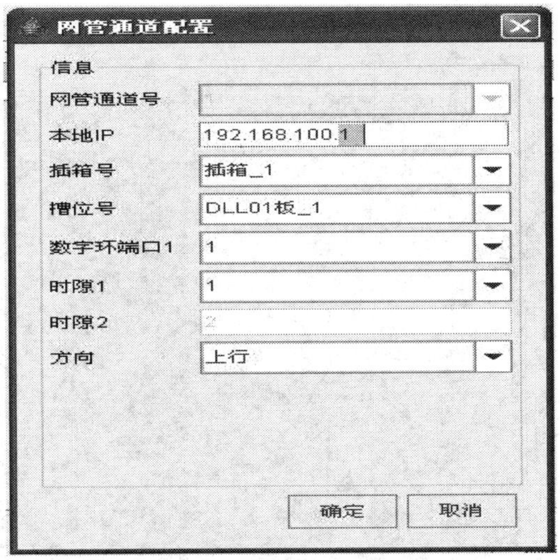

图 3-101　"网管通道配置"对话框

根据规划的网管通道数据,分别创建该分系统的数字环的上、下行网管通道数据。

注意:此时,网管通道只配置了分系统的主用主控板数据。主用主控板数据配置完成后,需要将数据同步到备用主控板,同步的方式有两种:

(1)分系统全部改为联机,通过网管界面,待主备主控分别能够连接到网管上时,将主用数据复制到备用主控板,或向备用主控板下载数据,达到数据同步的目的。

具体方法:进入该设备配置界面,在"设备维护"→"数据维护"中,通过拷贝命令或全部下载命令,同步备用主控板的数据,如图 3-102 所示。

图 3-102　同步备用主控板的数据

（2）切换车站主控板的主备用状态，让原来备用的主控板升为主用，然后再配置一次。

此时，打开一个命令提示符界面，运行命令"ping 192.168.10.7"，检查分系统是否已经接入网络。

若显示如图 3-103 所示，则表示分系统与主系统侧的网络已经联通，网管应该能管理到该分系统，可以进行其他数据的配置。

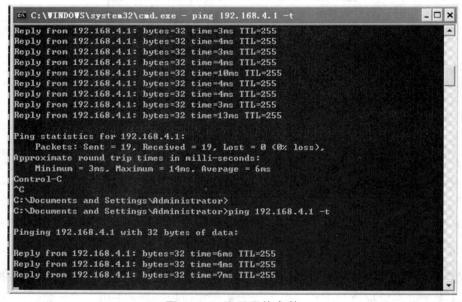

图 3-103　配置网络参数

若出现如图 3-104 所示的情况，则需要做一些检查。

有很多原因会导致网络不通，这里只列举其中的几种：

（1）物理连接问题：系统间的物理连接、传输。

（2）数据原因：传输设备数据错误、数字环数据配置错误、主系统和分系统的车站号配置错误等。

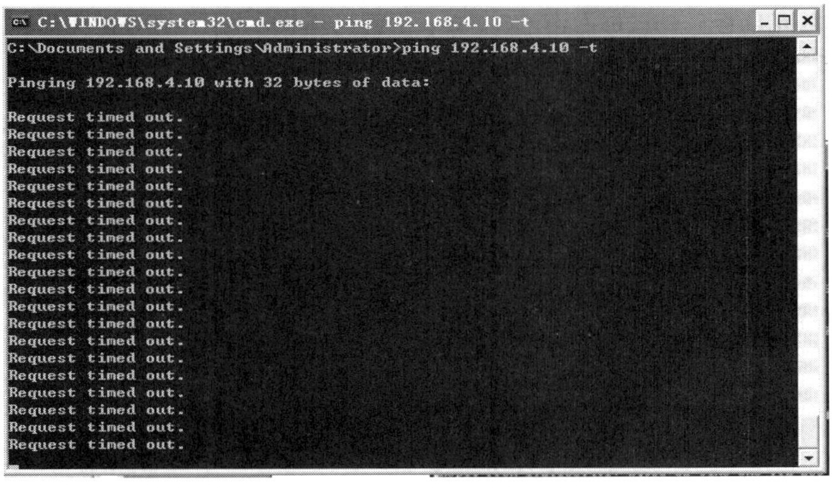

图 3-104　配置网络参数

注意事项：

（1）通过数字环配置分系统网络参数时，必须先配置主系统的数字环数据（网络参数、网管通道、拓扑图等）。

（2）必须保证各系统的接线、节点号等配置正确。如不正确，网络参数无法配置成功。

（3）为保证网管通道能配置成功，要求在配置网管通道参数前用数据清除命令将车站的数据清空。

配置网络参数时可能会出现网络不通的情况，此时应：

（1）检查系统与传输间的物理连线。

（2）检查数字环板上车站号的拨码开关是否正确。

（3）检查数字环的拓扑图配置是否正确。

（4）检查数据是否按规划好的数据配置。

（5）检查网络参数是否冲突。

网络通后，在网管上将该车站的配置方式由脱机改为联机。待网管登录上分系统后，先做保存数据的操作，以免异常关电造成主控板上的数据丢失。

5. 需要 DCU 板的网管通道

以上配置网管通道的说明是在网管通道数量≤15 个时，仅用 MPU 板上自带的 15 个 HDLC 通信链路时而言的；当系统所需要配置的网管通道数量大于 15 个时，则需要用到 DCU 板（网管通道板）。

MDS 系统的 MPU 板本身自带了 15 个网管通道，当需要用到的网管通道大于 15 路时，需增加 DCU 板，MPU 上的网管通道和 DCU 板上的网管通道可以同时使用。DCU 板的作用是相当于一个路由器，包括一个以太网端口和多个 HDLC 端口，每个端口相当于一个网卡，对应一个 IP 地址，DCU 板采用 RIP 协议，负责各个端口 IP 包的接收、路由以及转发。对于一个 HDLC 端口，绑定 E1 中的两个时隙一起使用，相当于提供了 128 K 的传输通道。

通过 DCU 板的网管通道配置方式与本任务第五节第 4 条中的配置方式基本相同，只是增加了对 DCU 板的相关配置。

铁路综合调度通信系统

（1）增加 DCU 板后，鼠标右击 DCU 板，选择"单板属性"，在弹出界面（见图 3-105）中配置相应数据，其中默认网关为 MPU 的浮动 IP 地址。

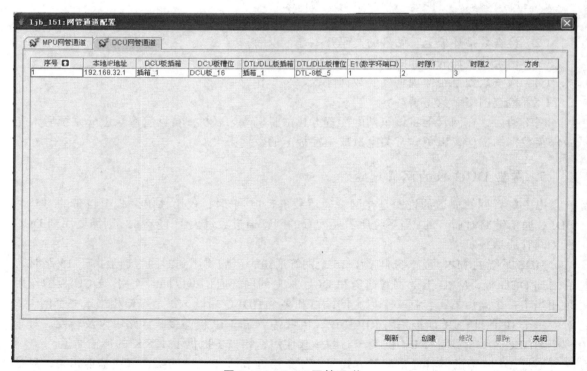

图 3-105   单板属性

（2）在网管的"业务数据配置"→"网管通道"→"DCU 网管通道"界面下配置相应的网管通道数据，如图 3-106 所示。

注意：作为网管通道的时隙不能配置到中继线话路中。其余配置与本任务第五节第 4 条相同。

序号	本地IP地址	DCU板插箱	DCU板槽位	DTL/DLL板插箱	DTL/DLL板槽位	E1(数字环端口)	时隙1	时隙2	方向
1	192.168.32.1	插箱_1	DCU板_16	插箱_1	DTL-8板_5	1	2	3	

图 3-106   DCU 网管通道

六、数字中继数据配置 DSS1 信令（含时钟配置）

1. 功能描述

要求在 2 个局间通过数字中继 DSS1 信令连接实现通话，如 MDS 系统与 GSM-R 的 MSC 对接时，会经常遇到 DSS1 信令互通。举例：

MDS 交换机字冠 5200×××，对方局的字冠号码为 186×××××××。

2. 配置步骤

（1）安装 DTL 板、MPU 板、ASL 板、DSL 板等。

（2）设置 DTL 板单板属性，如图 3-107 所示。

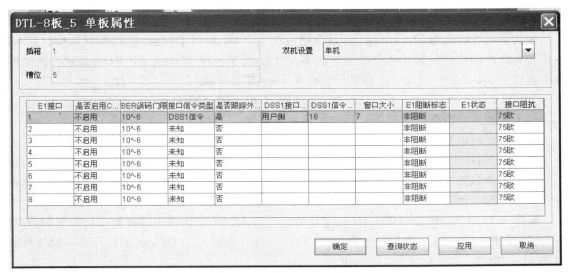

图 3-107　配置 DSS1 信令

"是否启用 CRC"：与对方交换机协商一致。

"接口信令类型"：选择 DSS1 信令。

"是否跟踪外时钟"：如果该 MDS 系统需要通过该 E1 跟踪其他系统时钟，则选择"是"，否则选择"否"。

注：当 MDS 交换机系统跟踪外部时钟时，可同时采集同一槽位 DTL 板的不同 E1 端口或同一槽位 DLL 板的不同数字环的参考时钟，优先跟踪端口号小的 E1 接口。

"DSS1 接口类型"：与对方协商一致，对方若为网络侧，则本 MDS 配置为用户侧。

"DSS1 信令时隙"：一般都默认为 16TS。

其余选项可以默认，无须修改。

（3）设置 MDS 系统参考时钟。

菜单路径："参数配置"→"参考时钟"。

在此界面中设置时钟来源，使本局时钟跟踪第（2）步中设置的 DTL 板的某 E1 的时钟，如图 3-108 所示。

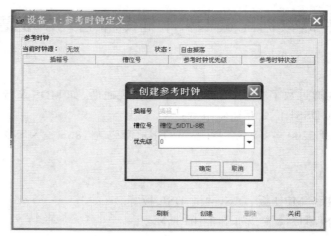

图 3-108 创建参考时钟

因为只有在控制层的 1~6 槽位，每个槽位有 1 个 8K 线到主控板，主控板可选择这些 8K 线作为系统的同步时钟源。每个槽位的数字中继板/数字环板当中的一个 E1 可被选为时钟源输出到这个 8K 线上。因此，选择槽位号应从 1~6 槽位中选择。

"优先级"：分为 6 级，可以选择优先跟踪哪个槽位的时钟源。

（4）添加用户数据，分配用户号码，详见第二节。

（5）中继路由数据配置。

① 批量创建中继线。

在"业务数据配置"→"路由配置"→"中继配置"中的"中继线配置"书签下，点击本界面底部的"批量创建"按钮，再点击"添加"按钮，进入如图 3-109 所示的界面。

因为 0 时隙作为同步时隙，16 时隙作为信令时隙，所以话路中继线数可以批量创建 30 条，起始话路时隙为 1，信令类型为 DSS1 信令，选择好对应的 DTL 板的插箱号、槽位号和 E1 接口，其他配置项采用默认值即可。

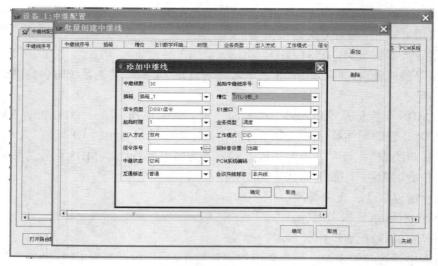

图 3-109 添加中继线

配置完毕后显示如图 3-110 所示。

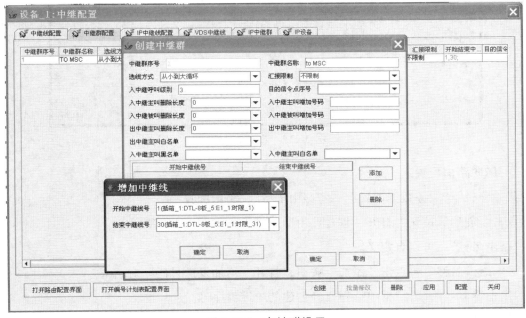

图 3-110 中继配置

② 中继群设置。

在"业务数据配置"→"路由配置"→"中继配置"中的"中继群配置"书签下，点击"创建"按钮，如图 3-111 所示。

图 3-111 中继群设置

"中继群名称"：可以自定义。

"入中继主叫删除长度""入中继主叫增加号码""入中继被叫删除长度""入中继被叫增加号码""出中继主叫删除长度""出中继主叫增加号码"：可以根据实际需要对出入局的主被叫号码进行增删改。

其余项可以按照默认值，无须更改。

点击"添加"按钮，创建本中继群包括的"开始中继线号"和"结束中继线号"。按"确定"键保存。

配置完毕后显示如图 3-112 所示。

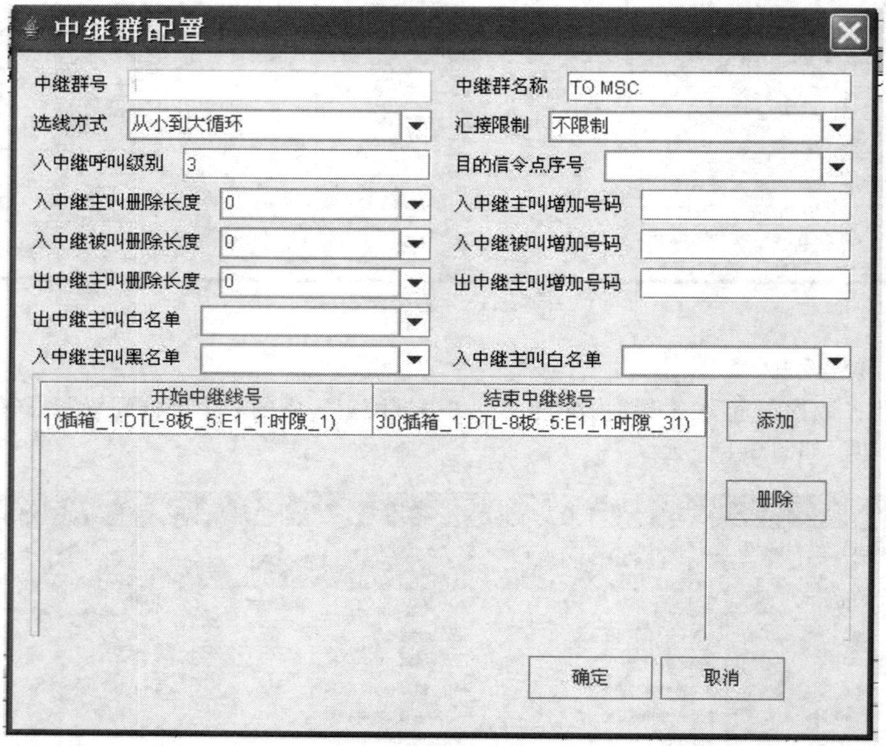

图 3-112　中继群配置

③ 局向路由配置。

菜单路径："业务数据配置"→"路由配置""路由配置"。

点击"创建"按钮，打开"创建路由"对话框，如图 3-113 所示。

"路由名称"：可以自定义。

输入路由名称，再点击"添加"按钮，打开"增加发送号码"对话框。

"出中继群号"：下拉框中选择已经创建的中继群序号。

"发送号码"：一般为出局号码的字冠，如本例填写"186"。

图 3-113　创建路由

④ 编号计划配置。

菜单路径："业务数据配置"→"路由配置"→"编号计划表"中，点击"创建"按钮，进入如图 3-114 所示的界面。

图 3-114　创建编号计划表

"字冠号码"：填写本 MDS 出局时需要拨叫的对方局的号码字冠。

"后续号码长度"：若对方号码长度固定，可以不勾选"变长"，在下边输入框中填入除字冠号码以外的后续号码长度。这种方式为"整体发码"方式。

若对方号码长度不固定，可选择"变长"，这种方式为"重叠发码"，即号码是一位一位发送。

"字冠类型"：选择默认的本地即可。

"路由号"：选择已经配置过的对应路由号。

注：① 局向路由配置中输入的"发送号码"应该和编号计划中"字冠号码"是对应的。

② 编号计划中"字冠号码"可以理解为本 MDS 出局时拨叫的号码字冠。

③ 局向路由配置中输入的"发送号码"可以理解为从本 MDS 出中继时给对方发送出去的号码字冠。

以上步骤完成后，对方局相应的数据也设置完成之后，双方就可以互通了。

七、数字中继数据配置 No.7 信令

1. 开局前与对方局协商的内容（见表 3-9）

表 3-9　配置 No.7 信令

序号	准备项
1	源信令点编码 OPC
2	目的信令点编码 DPC
3	信令链路编码 SLC
4	信令链路编码发送 SLC
5	信令链路的物理分布
6	电路识别码 CIC
7	选线方式

2. 假设条件

（1）本局用户号码：710×××。

（2）对方局用户号码：20×××。

（3）本地信令点编码（OPC）：24 位编码方式，点码为 81.122.1。

（4）目的信令点编码（DPC）：24 位编码方式，点码为 81.122.2。

（5）CCS 板在控制层的 2 槽位，使用 CCS 板 4 条信令链路（1~4）中的第 1 条链路（即 CCS 板链路号为 1），信令链路编码（SLC）为 3。

（6）DTL 板在控制层的 1 槽位，仅使用 DTL 板的第 1 个 E1 与对方局对接，此 E1 的 PCM 系统编码为 5，其中 E1 中的 0 时隙作为同步时隙，1 时隙作为承载信令链路的通道，2 ~ 31 时隙为话音时隙，对应的 CIC 为 162 ~ 191。

（7）MDS 系统跟踪对方局提供的时钟。

（8）选线方式：本局主控 No.7 中继电路中的奇时隙，对方局主控偶时隙。

3. 配置步骤（见表 3-10）

表 3-10　配置步骤

序号	配置内容	步骤描述	参见章节
1	MTP 信令配置	配置信令链路（包括编码、物理分布）	① 信令链路配置
		配置链路组	② 信令链路组配置
		配置本地信令点	③ 本地信令点编码
		配置目的信令点	④ 目的信令点编码
2	配置电路中继	配置 No.7 电路中继线	① 批量创建中继线
		配置 No.7 电路中继群	② 中继群设置
3	配置局向路由	配置 No.7 电路局向路由	③ 局向路由配置
4	配置编码计划	配置 No.7 出局字冠编号计划	④ 编号计划配置

（1）安装单板。

按要求在相应的槽位上安装 MPU 板、DTL 板、CCS 板和 ASL 板，如图 3-115 所示。

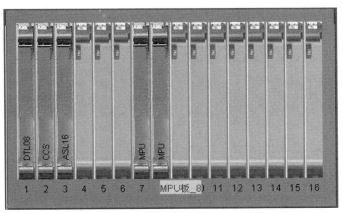

图 3-115　安装单极

（2）设置单板属性。

通过设置单板属性设定信令链路和中继电路的承载方式。鼠标右键点击 DTL 板，选择单板属性，进入如图 3-116 所示的界面，按要求设置第 1 个 E1 接口，设置接口信令类型为 No.7 信令，设置是否作为参考时钟，其他为默认值。

图 3-116　设置单极属性

（3）设置 MDS 系统参考时钟。

菜单路径：“参数配置”→“参考时钟”。

在此界面中设置时钟来源，使本局时钟通过第 1 槽位的 DTL08 板的第 1 个 E1 跟踪外局时钟，设置如图 3-117 所示。

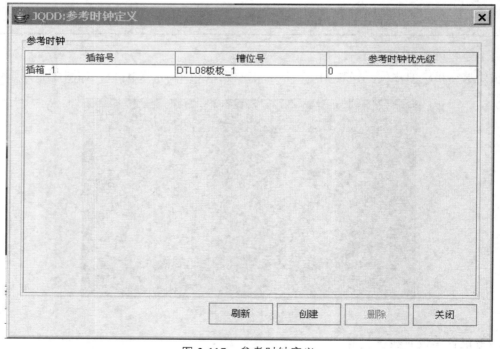

图 3-117　参考时钟定义

（4）本地用户配置。

菜单路径：“业务数据配置”→“用户数据配置”。

批量创建 16 个用户号码：710000 ~ 710015，如图 3-118 所示。

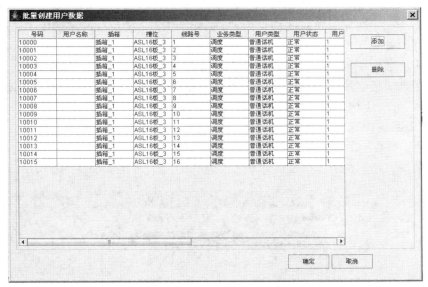

图 3-118　本地用户配置

（5）No.7 MTP 信令配置。

① 信令链路配置。

菜单路径："业务数据配置"→"信令配置"→"七号信令配置"。

选择"信令链路配置"书签，点击"创建"按钮，弹出如图 3-119 所示的界面。

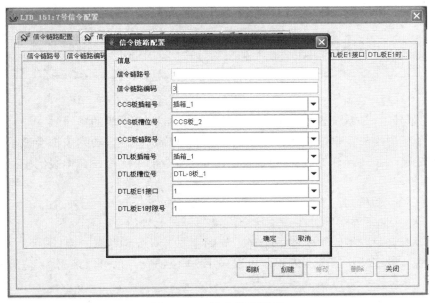

图 3-119　信令链路配置

"信令链路号"：是系统根据已创建的信令链路数自动生成的顺序号。

"信令链路编码"：根据双方协商好的填写，这里填"3"。

CCS 板负责处理信令链路上的数据，该信令链路在 CCS 板上的信息由 CCS 板插箱号、槽位号、链路号三项决定。这里我们设为"1 插箱"的"2 槽位"的"第 1 个链路"。

本界面同时配置了信令链路的物理分布中的信息。对 No.7 信令的信令链路而言，DTL 板的作用只是将数据在 CCS 板和 DTL 中继线间透明地传输到对局，不做任何处理。承载该信令链路的中继线信息由 DTL 板插箱号、槽位号、E1 接口、E1 时隙号四项决定。这里我们设为"1 插箱"的"1 槽位"的"第 1 个 E1"的"第 1 个时隙"。

② 信令链路组配置。

菜单路径："业务数据配置"→"信令设置"→"七号信令配置"。

选择"信令链路组配置"书签，点击"创建"按钮，弹出如图 3-120 所示的界面。

图 3-120　信令链路组配置

"链路组序号"：是系统根据已创建的信令链路组数自动生成的顺序号。

在"信令链路序号"框内输入信令链路号，然后确认，下方的列表框会显示出该组中已加入的信令链路。按照同样方法，可向该组中加入多条信令链路，在本案例中只需要配置一条链路。

③ 本地信令点编码。

菜单路径："业务数据配置"→"信令设置"→"七号信令配置"。

选择"本地信令点编码"书签，会显示如图 3-121 所示的界面。

"信令点编码长度"：信令点编码既可以采用 24 位编码，也可以采用 14 位编码，其编码原则是：

国际网必须采用 14 位编码；国内网的编码方式由电信主管部门确定，例如，中国信息产业部规定，中国的国内网采用 24 位编码。

"本地信令点编码"：按规划好的填写，如"81.122.1"。

在"本地信令点编码"界面,设置好数据后,需点击"保存"按键确认。

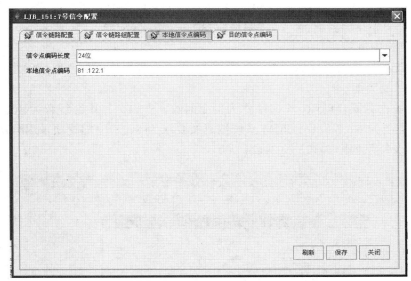

图 3-121 No.7 信令配置

④ 目的信令点编码。

菜单路径:"业务数据配置"→"信令设置"→"七号信令配置"。

选择"目的信令点编码"书签,点击"创建"按钮,弹出如图 3-122 所示的界面。

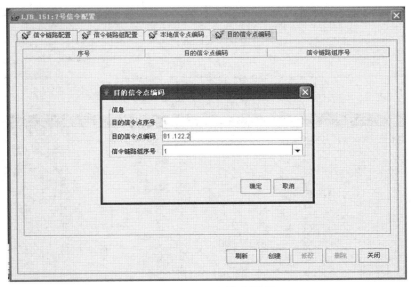

图 3-122 No.7 信令配置

"目的信令点序号":是系统根据已创建的目的信令点数自动生成的顺序号。

"目的信令点编码":根据对方提供的信令点编码填写,如"81.122.2"。

在"信令链路组序号"下拉框内选择上一步② 信令链路组配置中创建的链路组序号。

（6）No.7 中继配置。

注意：No.7 中继配置必须在完成第（5）No.7 MTP 信令配置后才能配置。

菜单路径："业务数据配置"→"路由配置"→"中继配置"。

① 批量创建中继线。

在"中继配置"界面下选择"中继线配置"。点击本界面底部的"批量创建"按钮，弹出如图 3-124 所示的界面。

因为 0 时隙作为同步时隙，1 时隙作为信令时隙，所以话路中继线数为 30，起始话路时隙为 2，信令类型为 No.7 信令，PCM 系统编码按要求为 5，其他配置项采用默认值即可。添加中继线界面及结果如图 3-123 和 3-124 所示。

图 3-123　添加中继线

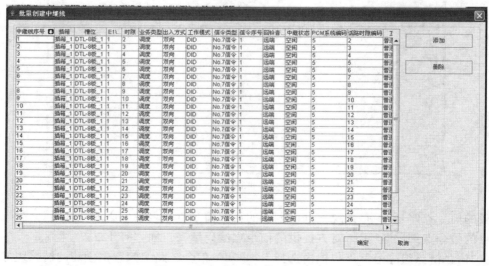

图 3-124　配置完毕后显示界面

② 中继群设置。

在"中继配置"界面下选择"中继群配置"书签，点击本界面底部的"批量创建"按钮，弹出如图 3-125 所示的界面。

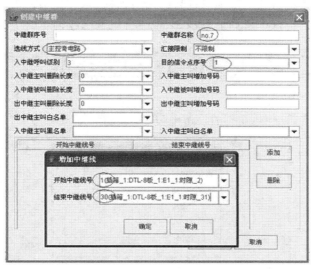

图 3-125 中继群设置

"中继群名称"：可以自定义。

"选线方式"：与对方协商是"主控奇电路"还是"主控偶电路"。

"目的信令点序号"：下拉框的内容是④ 目的信令点编码中配置已经生成的目的信令点序号，表示这些中继线的目的局，这里选择"1"。

点击"添加"按钮，创建本中继群包括的"开始中继线号"和"结束中继线号"分别为 1 和 30。按"确定"键即可。

配置完毕后显示界面如图 3-126 所示。

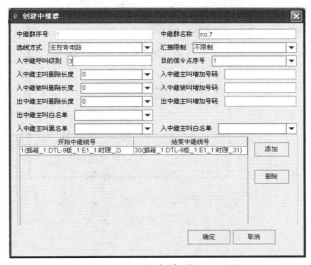

图 3-126 配置完毕后显示界面

（7）局向路由配置。

菜单路径："业务数据配置"→"路由配置"→"路由配置"。

点击"创建"按钮，打开"创建路由"对话框，输入路由名称。

再点击"添加"按钮打开"增加发送号码"对话框，如图 3-127 所示。

"出中继群号"：下拉框中选择上一步② 中继群设置已经创建的中继群序号。

图 3-127　增加发送号码

（8）编号计划配置（见图 3-128）。

图 3-128　创建编号计划表

八、模调/选号作为调度业务备份

当通过数字通道的调度业务不可用时，可以通过模调做备份。

其中调度侧通过 MIL 板上的四线音频或二线音频插板，车站侧通过 MIL 板上的选号插板。

1. 模调连接方式（见图 3-129）

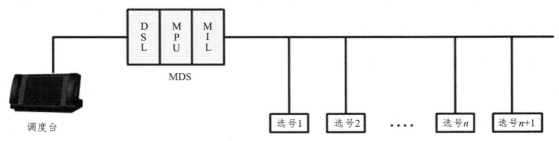

图 3-129　模调连接方式

2. 选号号码配置规则

1）YD 类（SCMF）

YD 号码分为三类：单呼号码、组呼号码、全呼号码。

单呼号码：1~42。

组呼号码：43~49。组呼成员表如表 3-11 所示。

表 3-11　组呼成员

组呼号	成员号
43	1~5，36
44	6~10，37
45	11~15，38
46	16~20，39
47	21~25，40
48	26~30，41
49	31~35，42

全呼号码：50。

号码必须填两位，如"5"应该写"05"。

2）GC 类（DTMF）

支持选号号码，范围为 01~99（号码必须填两位，如"5"应该写"05"）。

3）DC 类（FSK）

42 对应全呼，00 ~ 41 对应单呼。

3. 常连接模调与 2100 占用模调的区别

常连接模式：调度台话路一直接在线上，选号用户占上线后，直接可以与调度台通话。

2100 占用模式：与常连接模式不同的是，调度台话路没有一直接在线上。当选号用户呼叫调度台，选号侧发一个 2 100 Hz 单音。模调测检测到 2 100 Hz 单音后，调度台振铃，当摘机后选号用户可以接通调度台话路。

4. 常连接方式模调配置方法

配置步骤如下：

1）增加调度台

正常方式配置一个调度台，并配置号码。

2）设置模调

MDS 中可以用四线或二线音频做模调侧（用四线时需要用调度分配器）。

设备管理界面：在 MIL 单板上面，单击右键，选 "设备属性"（见图 3-130）。

图 3-130　单极属性

3）调度台与模调的绑定

点击 "业务数据配置" → "模调配置" → "创建"，如图 3-131 所示。

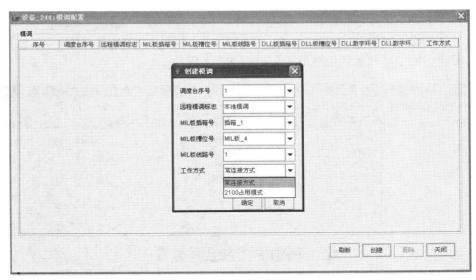

图 3-131 创建模调

"调度台序号"：实现模调功能的调度台序号。

"远程模调标志"：分为本地模调、远程模调方式，这里选择"本地模调"。

"MIL 板插箱号""MIL 板槽位号""MIL 板线路号"：选择哪个模调端口。

"工作方式"：分为常连接方式或 2 100 占用模式，这里选择"常连接模式"。

4）配置中继、路由、编号计划

（1）配置一条模拟信令的中继线。

点击"业务数据配置"→"路由配置"→"中继配置"→"中继线配置"→"批量创建"，如图 3-132 所示。

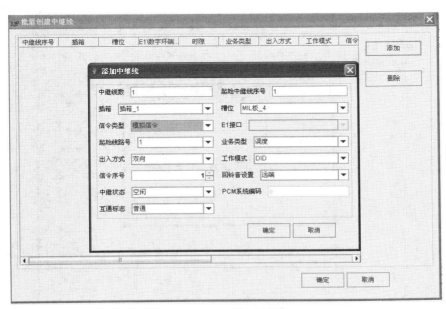

图 3-132 添加中继线

（2）在中继群中添加模拟信令中继线。

点击"业务数据配置"→"路由配置"→"中继配置"→"中继群配置"→"批量创建"。

把上面建立的中继线加到中继群中，如图 3-133 所示。

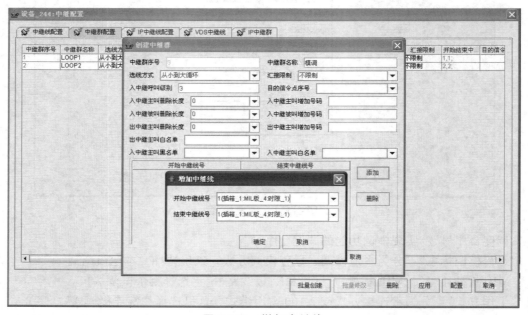

图 3-133　增加中继线

（3）增加路由。

点击"业务数据配置"→"路由配置"→"路由配置"→"创建"。

把上面建立的中继群加到新建的路由中，如图 3-134 所示。

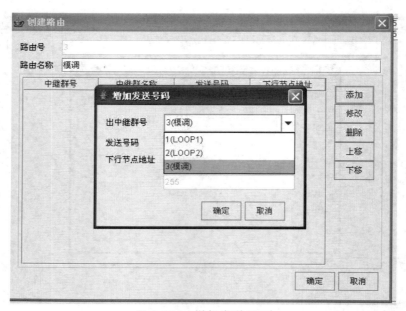

图 3-134　增加发送号码

"出中继群号"：选择模调对应的中继群。

"发送号码"：不填写。

备注：一般应用时路由会优选数字通道的路由,第二路由选择模拟备份的路由,如图3-135所示。

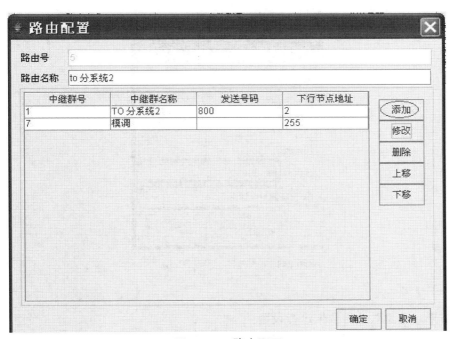

图3-135　路由配置

（4）编号计划。

点击"业务数据配置"→"路由配置"→"编号计划表",如图3-136所示。

图3-136　创建编号计划表

填写到分系统的字冠号码,选择包含模拟备份路由的路由序号。

5）调度台按键配置

点击“调度台配置”→“调度台按键配置”。

配置调度台按键，在“模调号码”一栏填入号码，号码为编号计划中模调线路号码+选号音频码（2位，不足两位，以0补齐）。

“用户类型”：选择“电话用户”，如图3-137所示。

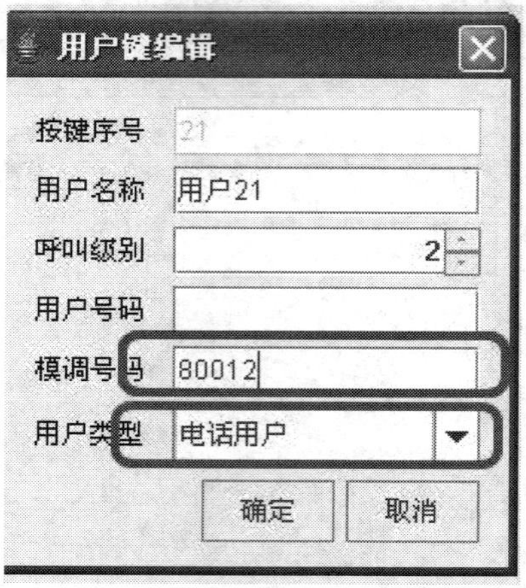
用户键编辑
按键序号
21
用户名称
用户21
呼叫级别
2
用户号码
模调号码
80012
用户类型
电话用户
确定
取消

图3-137 选择“用户类型”

6）选号属性配置

在车站侧，需要对选号数据进行设置：

（1）选号号码及方式配置。

设备管理界面：在MIL单板上面，单击右键，选择“设备属性”（见图3-138）。

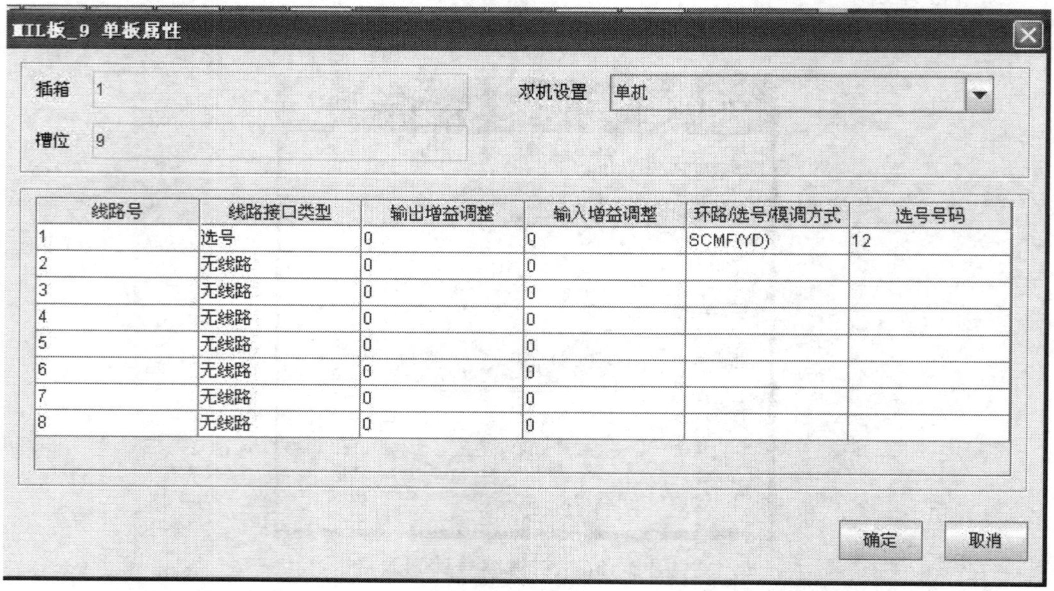
MIL板_9 单板属性
插箱
1
槽位
9
双机设置
单机
线路号
线路接口类型
输出增益调整
输入增益调整
环路/选号/模调方式
选号号码
1
选号
0
0
SCMF(YD)
12
2
无线路
0
0
3
无线路
0
0
4
无线路
0
0
5
无线路
0
0
6
无线路
0
0
7
无线路
0
0
8
无线路
0
0
确定
取消

图3-138 单极属性

注意："环路/选号/模调方式"一定要与模调的"环路/选号/模调方式"一致。
"选号号码"：模调要呼出的小号（2位）。
（2）选号号码及热线号码的配置。
点击"业务数据配置"→"用户数据配置"→"选号用户"（见图3-139）。

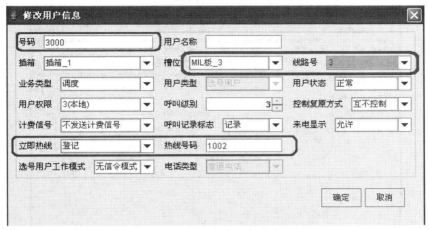

图 3-139　修改用户信息

"起始号码"：填选号用户的号码（车站侧拨这个号码可以呼到调度台）。
"热线号码"：选号用户被选中后，转到的热线用户号码（如车站值班台）。
"槽位"与"线路号"一定要选正确。

5. 2100 占用方式模调配置方法

2100占用方式与常连接方配置流程基本一致。只要注意以下几点不同处：
（1）区别一：模调配置。
调度台与模调的绑定部分
"工作方式"：选择"2100占用模式"，如图3-140所示。

图 3-140　工作方式

（2）区别二：中继群配置。

中继群应该按图 3-141 进行配置。

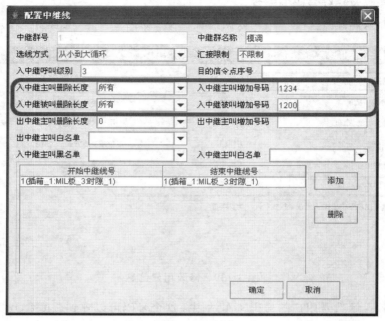

图 3-141　中继群配置

"入中继主叫增加号码"：填写调度台所要显示的主叫号码。

"入中继被叫增加号码"：填写模调所绑定调度台号码。

（3）区别三：调度台配置模调用户按键。

与常连接模式不同，号码应该填到"用户号码"栏内，如图 3-142 所示。

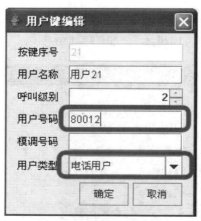

图 3-142　用户键编辑

（4）区别四：调度台增加模调按键。

"用户号码"：必须与区别二中继群配置中的"入中继主叫增加号码"相同。

"用户类型"：选"模调用户"，如图 3-143 所示。

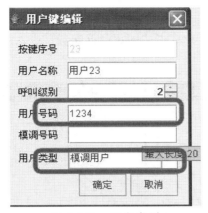

图 3-143　用户类型

（5）区别五：选号配置。

"选号用户工作模式"：选择"2100 信令模式"，如图 3-144 所示。

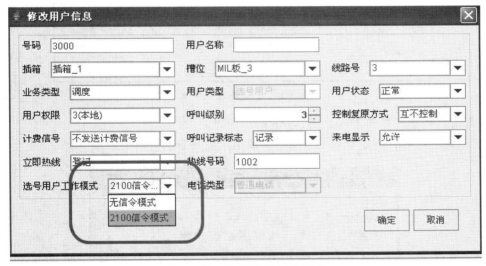

图 3-144　选号用户工作模式

九、无线大三角业务（固定会议、半固定接续）

1. 功能描述

要求各数字环分系统及主系统的无线列调台通过数字环的透明通道互通。

各数字环的透明通道在主系统用固定会议方式汇接，然后再与主系统的无线列调台的通道互通。

2. 数据配置

（1）确定固定会议的成员（通道）：通道数量、通道的物理位置。

（2）配置固定会议。

① 在"业务数据配置"菜单点击"固定会议配置"进入固定会议配置界面，如图 3-145 所示。

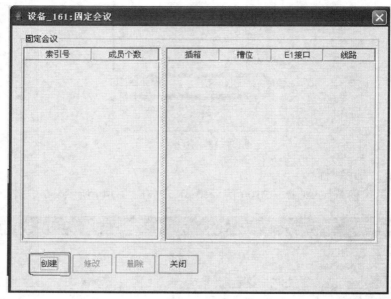

图 3-145　固定会议配置

② 点击"创建"按钮进入如图 3-146 所示的界面。

创建固定会议时，固定会议的索引号、成员个数是自动计算的。

图 3-146　固定会议

③ 点击"添加"按钮添加固定会议成员，如图 3-147 所示。

图 3-147　增加用户

按之前规划好的通道信息，依次添加到固定会议中。

④ 删除成员：目前删除成员的操作只能在图 3-146 所示的界面中处理。首先选中要删除的成员，然后点击"删除"按钮。

⑤ 修改固定会议信息。

点击"修改"按钮，进入如图 3-146 所示的操作界面，可进行添加或删除操作。

⑥ 删除固定会议。

在图 3-145 的左侧，选中待删除的固定会议，然后点击"删除"按钮，可以将固定会议删除。

注意事项：

a. 会议资源：在配置固定会议前要先检查是否有会议资源。如果没有会议资源，固定会议将不能配置成功。

b. 添加成员：添加成员时要先将该成员相关的业务数据删除，否则无法添加。

应用举例（以图 3-148 为例配置天线三角业务）：

（1）确定通道数量，确定通道物理位置。

为了说明方便，这里定义左侧数字环为 1 环，右侧数字环为 2 环，通道数量 3。

主系统无线调度台的通道：物理位置 1、插箱 3、槽位 1 线。

1 数字环通道：物理位置 1、插箱 1、槽位 1 环 1 时隙。

2 数字环通道：物理位置 1、插箱 1、槽位 2 环 1 时隙。

（2）配置固定会议。

在主系统，先在创建固定会议界面按前面的步骤将 3 个通道信息加入会议中。

（3）规划数字环通道。

环 1 使用数字环时隙 2，环 2 使用数字环时隙 2。

（4）配置车站侧半固定接续。

配置各个车站的半固定接续。

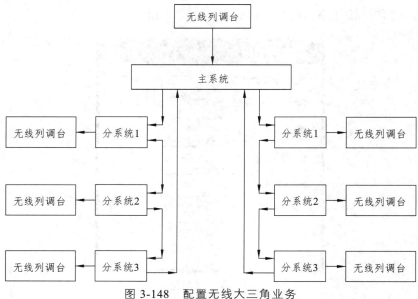

图 3-148　配置无线大三角业务

十、交换机双中心功能配置

1. 功能描述

组网方式如图 3-149 所示。

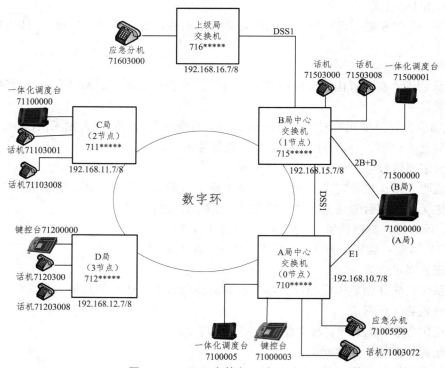

图 3-149　配置交换机双中心功能

说明：

（1）A 局中心交换机和 B 局中心交换机分别作为主用和备用交换机。

（2）中心交换机 A 和 B 采用不同的局号、相同的编号方案。

（3）双接口调度台可以采用 U 口 + U 口、U 口 + E1、E1 + E1 的方式，本例采用与中心交换机 A 局用 E1 连接，与 B 局用 2B+D 连接，调度台与中心交换机 A 局之间的接口作为主用接口。

（4）调度台主备用接口的电话号码除了局号之外的其他号码都相同，本例中在 A 局设为 71000000，在 B 局设为 71500000。

（5）只有在调度台和 A 局的应急分机都无法接通的情况下才能接通位于上级局交换机的应急分机。

（6）中心交换机 A 局和 B 局的数字环节点号分别设置为 0 和 1（即最小和次小）。

2. 数据配置

（1）第一路由：某用户呼叫双接口调度台，即 71000000，如用 C 局的用户呼叫 71000000，第一路由选择经过 A 局直接上调度台〔调度台与 A 局用 E1（DTL 板）连接〕。

数据配置：在 A 局将 E1 连的调度台号码设为 71000000 即可，如图 3-150 和 3-151 所示。

图 3-150 单板属性

（2）第二路由：如果该 E1 断，用户仍然是拨 71000000，在配置中将 71000000 的应急分机设为 B 局设置的调度台号码，即 71500000，呼叫经过 A 局通过 DSS1 到 B 局，B 局与调度台通过 2B+D（DSL 板）连接。

如果是 A 局整个系统断电/两块主控板坏，B 局将会升为临时主站，用户拨 71000000，而 71000000 的 A 局已关电，升为临时主的 B 局会分析该号码 71000000，而在 B 局的路由设置中将 710 局向的路由设为：第一路由选择至 A 局的 DSS1 中继群，第二路由选择 B 局的环回中继群。

铁路综合调度通信系统

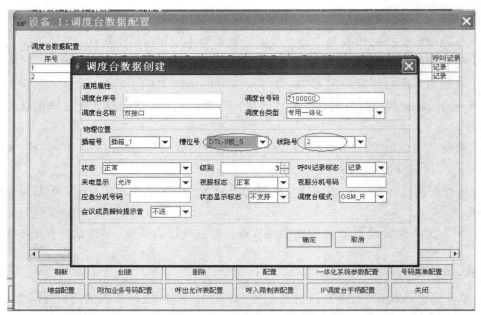

图 3-151　调度台数据创建

数据配置：

① 将 B 局用 2B+D 连的调度台号码设为 71500000 即可。

② A 局做一个出局码为 715 的路由，选择 dss1 对应的中继群。

③ 在 B 局的路由设置中将 710 局向的路由设为：第一路由选择至 A 局的 DSS1 中继群，第二路由选择 B 局的环回中继群。

B 局设置如图 3-152 ~ 3-154 所示。

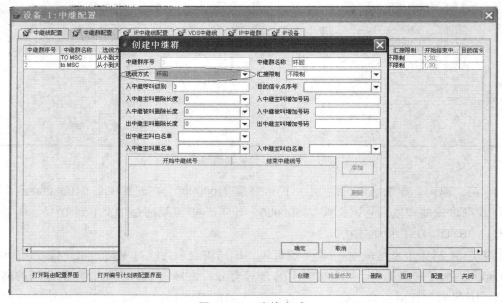

图 3-152　选线方式

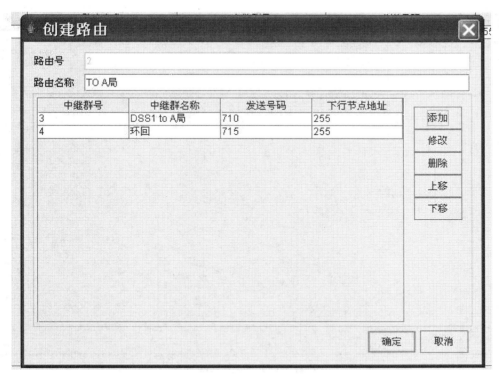

图 3-153 路由设置

图 3-154 编号计划表

（3）第三路由：如果调度台与 A 局连接的 E1 和与 B 局连接的 2B+D 都断掉，或是调度台/适配器关电/故障，呼叫将转到 A 局下设的应急分机。

数据配置：将 B 局配置的调度台号码 71500000 的应急分机设为 A 局所属的某电话号码，并在 B 局配置编号计划为 A 局应急分机的号码（号码写全），选择路由为 B 到 A 的 DSS1 的路由，如图 3-155 和 3-156 所示。

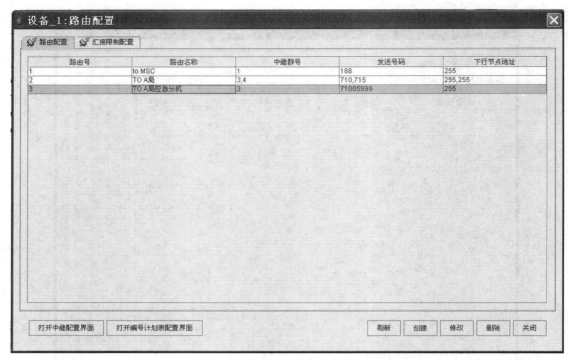

图 3-155　路由配置

图 3-156　编号计划表配置

（4）第四路由：如果 A 局交换机故障/断电，调度台也出现故障/断电，即呼叫也无法转到 A 局下设的应急分机，此时，B 局升为临时主站，呼叫经过 B 局，接至位于上级局的应急分机。

数据配置：在上一步的基础上，即编号计划为 A 局应急分机的号码，所选路由增加第二路由为 B 到上级局的 DSS1 路由，如图 3-157 所示。

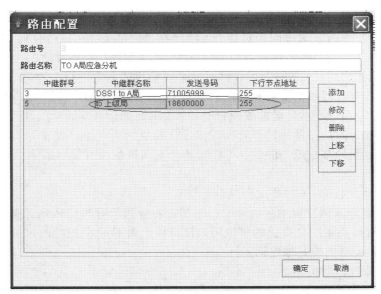

图 3-157 路由配置

至此，双中心的数据配置完成。

3. 故障切换说明

（1）局部自动切换和自动恢复的故障情形。

① A 局主中心交换机的数字环故障。

a. 数字环板拔出。

b. 数字环板软件死机。

c. 数字环的 2 个 2M 口传输都中断。

② A 局主中心交换机的 2B+D 故障。

a. 数字用户板（2B+D 板）拔出。

b. 数字用户板（2B+D 板）软件死机。

c. 调度台的 2B + D 线路中断。

③ A 局主中心交换机的数字中继故障。

a. 数字中继板（30B+D 板）拔出。

b. 数字中继板（30B+D 板）软件死机

c. 数字中继（30B+D）的 2M 口传输中断

当发生以上故障时，双中心系统会自动局部切换，当故障恢复时，相应的局部切换会恢复到正常状态。

（2）全局自动切换和自动恢复的故障情形。

a. 整个交换机断电（A 局断电）。

b. 互为热备的两块主控板全部拔出（A 局）。

c. 互为热备的两块主控板软件全部死机。

当发生以上故障时，双中心系统会自动全局切换，当故障恢复时，全局恢复到正常状态。

（3）通过人工切换，手动恢复。

① 在系统均正常时，通过网管对某个数字环接口、某个 30B+D 接口、某个 2B+D 接口设置为"人工阻断"状态，以实现局部切换；当将"人工阻断"状态解除后，则局部切换恢复。

② 在系统均正常时，通过网管可以针对整个交换机的所有接口设置为"人工阻断"状态，以实现全局切换；当针对整个交换机的所有接口解除"人工阻断"状态后，则全局切换恢复。

③ 在系统已经出现一些"局部故障自动切换"时，无论局部故障的涉及范围有多大，系统不自动全局切换，而是需要通过网管针对整个交换机的所有接口设置为"人工阻断"状态，以实现全局切换；当局部故障消除后，可针对整个交换机的所有接口解除"人工阻断"状态，则全局切换恢复。

（4）调度台本身故障：（如调度台关电）。

某个调度台或全部调度台本身故障时，系统会将呼入的呼叫将转到对应调度台的应急分机上（该应急分机接在主用交换机的模拟用户接口板上），应急分机此时也可以通过拨号呼叫车站电话或 GSM-R 手机等其他电话。

（5）出现灾难性故障的情形。

当出现"（2）全局自动切换和自动恢复的故障情形"中之一故障的同时，还出现某个调度台或全部调度台本身故障（或者说调度台的双接口都故障）时，这相当于主用交换机及调度台都被毁坏了（也就是说发生了灾难性故障），这时备用交换机会将本该呼叫到调度台的呼叫通过 30B+D 接口转移至上级局交换机上，从而实现了"上级局接管"。

十一、与 GSM-R 互联时的虚拟组呼

1. 功能描述

当 MDS 系统作为 FAS 交换机与 MSC 对接时，当组呼的预定义用户中调度身份用户超过 5 个，且 FAS 用户为 2 个以上时，采用虚拟组呼的形式，由 FAS 侧组织 FAS 用户的组呼，如图 3-158 所示。

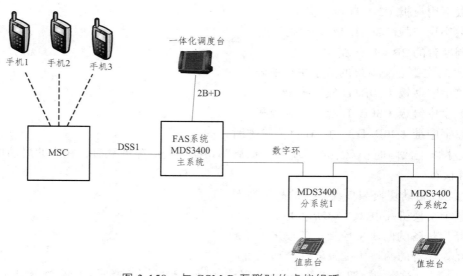

图 3-158 与 GSM-R 互联时的虚拟组呼

举例：（1）FAS 侧发起组呼，呼叫成员包含 FAS 用户和移动用户，送到 MSC 侧，主叫为 70011002，被叫为 50****600。

（2）MSC 发起组呼，呼叫多个 FAS 侧成员，主叫为 50****600，被叫为 70011002。

其中：70011002 为虚拟用户号，用来标识全部 FAS 用户。

2. 数据配置

（1）在调度台按键中定义一个用户键，号码为 50*****600，如图 3-159 所示。

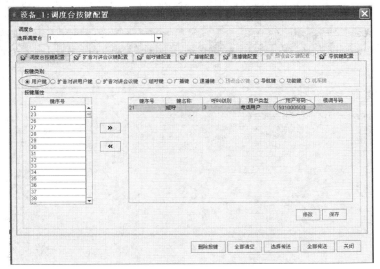

图 3-159　定义一个用户键

（2）在"业务数据配置"→"组呼/全呼配置"的组呼配置中配置一个虚拟组呼，如图 3-160 所示。

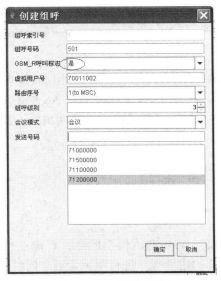

图 3-160　创建组呼

"组呼索引号"：网管默认生成。

"组呼号码"：填写该组呼的组呼号码的前几位，即 50***。

"GSM-R 呼叫标志"：选择"是"。

"虚拟用户号"：即用来标识全部 FAS 用户的号码，应告知 MSC 侧，如 70011002。

"路由序号"：填至 MSC 的路由号，对应的该路由配置如图 3-161 所示，发送号码为空。

"呼叫级别"：根据设计的级别要求填写。

"会议模式"：根据实际选择。

"发送号码"：必须填所有的需要呼叫的 FAS 侧用户的号码加上该调度台本身的号码。

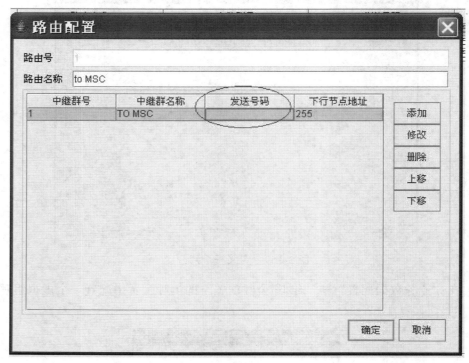

图 3-161 路由配置

配置完成后，呼叫的流程：当 FAS 侧调度员发起组呼时，调度员按下该用户键，号码为 50*****600，MDS 系统在组呼表中检测到该号码，将 FAS 侧的成员直接呼叫起来，通过 MSC 的路由直接送给 MSC 分析，MSC 侧就把无线用户呼叫出来，此时组呼就实现了。

十二、集中录音功能配置

1. 功能描述

对 MDS3400 系统中的电话（ASL 电话和 SIP 电话）、调度台（DSL 调度台和 IP 调度台）、中继线（不包括 IP 中继线的其他中继线）进行集中录音。同时，能够显示录音用户的主被叫号码。

对需要录音的终端需要提供 4 线音频接口与录音仪连接，将 4 线音频出的一对线连接录音仪。同时录音仪与后台之间需要在同一个网络上。

2. 数据配置

（1）MIL 板配置如图 3-162 和 3-163 所示。

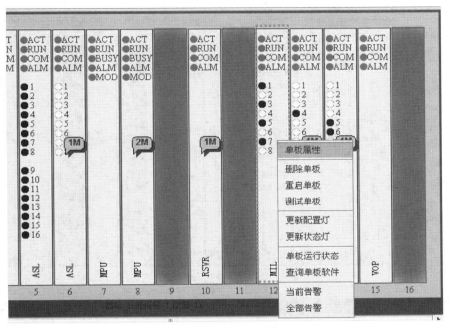

图 3-162 单极属性

图 3-163 单极属性

对于使用录音仪，MIL 板的线路接口类型需要配置成 4 线音频。

（2）录音仪的配置如图 3-164 和 3-165 所示。

路径："参数配置"→"录音仪配置"。

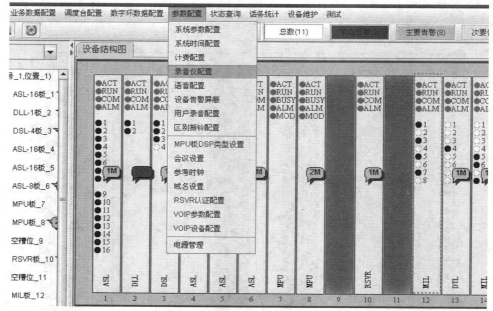

图 3-164　录音仪配置

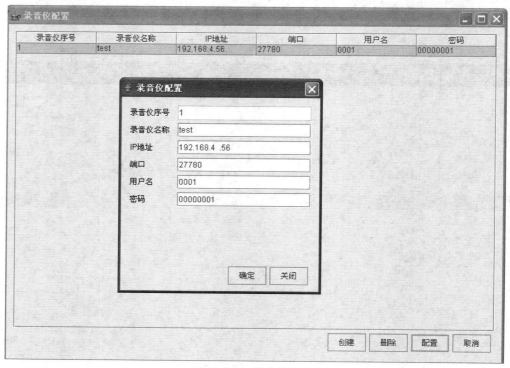

图 3-165　录音仪配置

"IP 地址"：填入录音仪的实际 IP 地址。

"端口"：固定为 27780。

"用户名""密码"：由录音仪提供，这里分别为 0001，00000001。

（3）用户录音配置如图 3-166 所示。

路径：主界面的"参数配置"→"用户录音配置"。

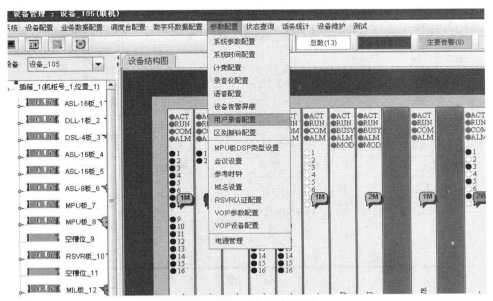

图 3-166　用户录音配置

① 电话用户录音配置如图 3-167 所示。

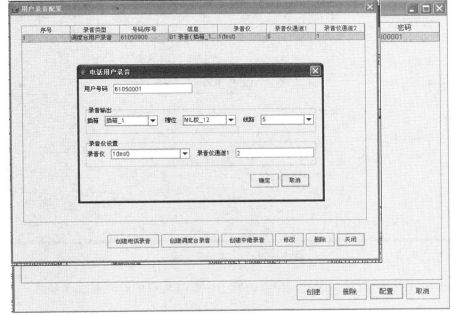

图 3-167　电话用户录音

"用户号码"：为需要录音的号码。

"录音输出"：选择 MIL 板的 4 线音频线路。

"录音仪设置"：选择前面已经配置的录音仪序号，录音仪通道的数目是从 0 通道开始的，实际连接时 4 线音频连接在哪个通道上则填写几。

② 调度台录音配置如图 3-168 所示。

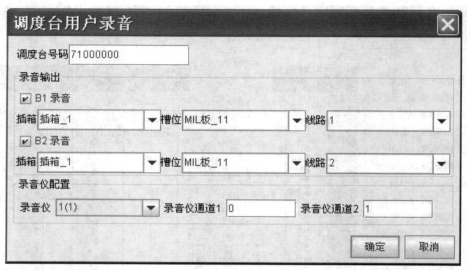

图 3-168　调度台录音

③ 中继线录音配置如图 3-169 所示。

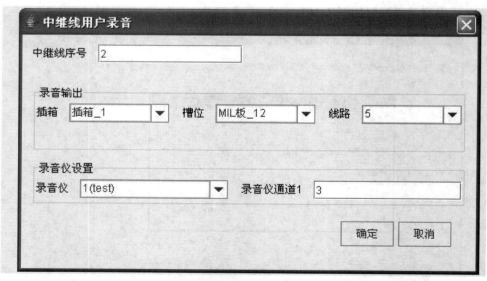

图 3-169　中继线用户录音

"中继线序号"：对应路由配置→中继配置→中继线配置中的中继线序号。

复习思考题

1. 简述创建设备、创建插箱、安装单板过程，并总结中间遇到的难题和解决方法。

2. 简述本局用户、调度台号码配置（本局内呼叫）过程，并总结中间遇到的难题和解决方法。

3. 简述调度台配置按键数据过程，并总结中间遇到的难题和解决方法。

4. 简述 MDS3400 数字环呼叫过程，并总结中间遇到的难题和解决方法。

5. 简述通过数字环组网的网管通道远程配置网络参数过程，并总结中间遇到的难题和解决方法。

6. 简述数字中继数据配置 DSS1 信令（含时钟配置）过程，并总结中间遇到的难题和解决方法。

7. 简述数字中继数据配置 No.7 信令过程，并总结中间遇到的难题和解决方法。

8. 简述模调/选号作为调度业务备份过程，并总结中间遇到的难题和解决方法。

9. 简述无线大三角业务（固定会议、半固定接续）过程，并总结中间遇到的难题和解决方法。

10. 简述交换机双中心功能配置过程，并总结中间遇到的难题和解决方法。

11. 简述与 GSM-R 互联时的虚拟组呼过程，并总结中间遇到的难题和解决方法。

12. 简述集中录音功能配置过程，并总结中间遇到的难题和解决方法。

项目四 调度系统维护及故障处理

任务一 系统维护

【知识要点】

（1）系统维护基本要求。
（2）日常维护项目。
（3）月（季）维护项目。

【任务目标】

（1）理解调度通信系统维护内容和要求。
（2）理解日常维护项目和月（季）维护项目，会根据设备情况制订维护计划。

一、基本要求

1. 环境要求

工作温度：0 ~45℃。
存储温度：- 5 ~+50℃。
工作湿度：40%~70%。
存储湿度：20%~90%。
大气压力：70~106 kPa。
环境噪声：≤60 dB（A）。
空气洁净度：直径大于 5 μm 的灰尘的浓度≤3 × 104 粒/m³，灰尘应为非导电、非腐蚀、非导磁的电磁干扰，场强≤140 dBμV/M，频率范围 0.01 ~ 110 000 MHz。

2. 工作电源及地线

电压标称值：- 48 V。

电压波动范围：－40～－57 V。

电源杂音：（衡重电压杂音计测：）≤2.5 mV。

单插箱功率：≤300W。

主控板功率：≤15 W。

铃流板功率：≤40 W。

中继板功率：≤8 W。

扩展板功率：≤2 W。

驱动板功率：≤3 W。

U 口板功率：≤4 W。

共电板功率：≤20 W（全摘机）。

接口板功率：≤5 W。

通信板功率：≤5 W。

供电接地要求：

采用联合接地的方式。

工作地：从直流配电柜引入。根据功耗确定线径，一般不小于 6 mm²。

保护地/防雷地合一：从机房联合接地体引入。一般不小于 16 mm²，最长不大于 30 m，MDS3400 选用 25 mm²。

机柜内三地合一。

保护地线上严禁接头，严禁加装开关或熔断器。

接地线两端的连接点应确保电气接触良好、牢固，当采用螺栓连接时，应设防松螺帽或防松垫圈，并应做防腐蚀、防锈处理。

不得利用其他设备作为接地线电气连通的组成部分。

交流系统的接地：通信机房一般默认为 TN-S 方式，即交流的 PE 要和机柜牢固搭接。

一次电源的直流输出正极要和机柜保护地相连。

当 MDS3400 的主控层带 3 个以上的扩展层，扩展层需要分布在不同机柜时，同样需要注意共地：

（1）两个机架的工作地要连在一起接-48v 电源的正极；

（2）保护地分别接机房保护地；

（3）两个机柜的结构地也应用连接件搭接或铜线连接。

接地电阻：工作地线（电源地线）≤4 Ω；保护地线（机壳接地）≤4 Ω。

过压保护及过流保护：设备内设有二级过压及过流保护，防护性能满足 CCITT 红皮书 K.20 建议要求。

二、日常维护项目

下面介绍机房环境、日常运行状况、网管系统、日常例行维护等日常维护。

维护工具：万用表、工具包（一字、十字螺丝刀、烙铁、焊锡、尖嘴钳、偏口钳）、卡刀、压钳、二条 2M 自环头（用于数字板自环测试）、带二种测试头的手把器电话。

1. 机房环境日常维护（见表4-1）

表4-1　日常维护

机房环境维护项目	操作指导	参考标准
环境状况	查看机房环境告警，包括供电系统、火警、烟尘等	应该一切正常，无外部告警产生
	查看机房的防盗网、门、窗等设施是否完好	防盗网、门、窗等设施应该完好无损坏。
温度状况	观测机房内温度计指示	可在短期正常运行机房的环境温度在+5～+40℃为正常；可在长期正常运行的温度范围为+15～+30℃，否则为不正常
湿度状况	观测机房内湿度计指示	可在短期正常运行的机房湿度在20%～85%为正常；可在长期正常运行的温度范围为30%～65%，否则为不正常
防尘状况	观察机房内设备外壳、设备内部、地板、桌面	所有项目都应干净整洁，无明显尘土附着，此时防尘状况好，其中一项不合格时为防尘状况差

2. 日常运行状况维护（见表4-2）

表4-2　日常运行状况维护

运行状态维护项目	操作指导	参考标准
检查主控板的状态	检查主控板主备、运行、告警指示灯	2个都为主或2个都为备用则为故障；运行灯闪正常；告警灯应灭
检查各单板的状态	检查各单板的主备、运行、通信、告警指示灯	主用单板主备灯应亮；运行灯闪正常；通信灯状态应亮；告警灯应灭

3. 网管系统日常维护（见表4-3）

表4-3　网管系统日常维护

网管系统维护项目	操作指导	参考标准
显示网管系统运行状态	检查网管系统与设备的连接状态	应显示连接正常
告警记录查询	检查网管系统告警窗口显示的告警信息	告警状态指示正常，应无多余告警
操作记录查询	可在网管系统操作记录窗口根据条件对所有的操作记录进行浏览查看	查询结果并与实际情况相符，并能打印

4. 日常例行维护（见表 4-4）

表 4-4　日常例行维护

维护项目	操作指导
电源情况	检查电源是否有断路现象等
运行情况	检查设备运行是否正常
工具仪表及资料	清点工具仪表和维护用的资料不应有短缺和损坏，否则应做出说明
值班内容	对本班的工作进行总结；对本班发现的故障和上一班遗留故障的描述及处理方法
遗留问题	对本班未能解决的故障的详细描述和解决的程度，故障的严重性描述
班长核查	班长对本班交接工作的再核查，使工作正常进行和故障顺利解决，保证机房正常运行

三、月（季）维护项目

下面介绍调度台、系统、数据、机柜部分、电源部分、地线部分、备品备件等月（季）度维护。

1. 终端系统月（季）度维护（见表 4-5）

表 4-5　终端系统月（季）度维护

终端维护项目	操作指导	注意事项
设备表面清洁	包括主机、触摸屏、键盘、鼠标、耳机等	制定严格的操作规程，避免误动开关或接触电源
调度台呼叫测试	呼叫用户	能正常通话

2. 系统月（季）度维护（见表 4-6）

表 4-6　系统月（季）度维护

系统维护项目	操作指导	注意事项
设备表面清洁	包括机架、维护桌面等	制定严格的操作规程，避免误动开关或接触电源
计算机病毒检查	使用正版有效杀毒软件，确保计算机无病毒感染	计算机杀毒软件定期升级

3. 数据月（季）度维护（见表4-7）

表4-7　数据月（季）度维护

数据维护项目	操作指导	参考指标
数据备份	参见《FH98-G调度指挥系统网管使用手册》	

4. 机柜部分月（季）度维护（见表4-8）

表4-8　机柜部分月（季）度维护

机柜部分维护项目	参考标准
机柜风扇检查	风扇单元运转良好，无异常声音（如叶片接触到箱体）
机柜清洁检查	机柜表面清洁、机框内部灰尘不得过多等；平常应关闭机柜的前后门

5. 电源部分月（季）度维护（见表4-9）

表4-9　电源部分月（季）度维护

电源部分维护项目	操作指导	参考指标
电源线连接	仔细检查各电源线连接	连接安全、可靠；电源线无老化，连接点无腐蚀

6. 地线部分月（季）度维护（见表4-10）

表4-10　电源部分月（季）度维护

地线部分维护项目	操作指导	参考标准
地线连接	检查各地线、局方地线排连接是否安全、可靠	各连接处安全、可靠，连接处无腐蚀；地线无老化；地线排无腐蚀，防腐蚀处理得当
地阻测试记录	用地阻仪测量地阻并记录	联合接地≤1Ω

7. 备品备件月（季）度维护（见表4-11）

表4-11　备品备件月（季）度维护

维护项目	操作指导
备品备件检查	清查备品备件库，必需的备品和备件应无短缺和损坏，否则应该申请购买。

复习思考题

1. 系统维护的基本要求是什么？
2. 系统日常维护项目包括哪些内容？
3. 系统月（季）维护项目包括哪些内容？
4. 根据 MDS3400 系统特点，请制订一份维护计划。

任务二　系统告警及处理

【知识要点】

（1）系统告警。
（2）告警处理。

【任务目标】

（1）理解调度通信系统告警出现的原因和对应的解决办法。
（2）理解系统告警处理的一般方法和处理流程。

一、系统告警

调度指挥系统按照告警类别分为 4 种，分别是设备告警、通信告警、维护告警和电源告警。

1. 设备告警

1）硬件故障

告警描述：某块电路板出现硬件故障时在该槽位上报硬件故障的告警。

告警原因：某电路板出现硬件故障。

解决办法：更换该硬件单板。

2）单板拔出或掉电

告警描述：某块电路板拔出时或掉电时在该槽位上报该告警。

告警原因：某电路板被拔出或者掉电。

解决办法：

（1）重新插牢该单板；

（2）更换单板。

3）单板类型不匹配

告警描述：某槽位实际所插的单板和数据配置中该槽位配置的单板类型不一致时上报该告警。

告警原因：某槽位插入的单板与配置的数据不一致。

解决办法：

（1）检查该槽位所插单板与配置数据是否一致；

（2）注意铃流板只能插在 15、16 槽位。

4）子板类型不匹配

告警描述：接口板上实际所插的小插板与数据配置中的小插板类型不一致时在该槽位上报该告警。

告警原因：接口板上插的小插板与数据配置的小插板类型不一致。如实际插的是环路小插板，而数据中配置的为四线音频小插板。

解决办法：检查该槽位的接口板上所插的小插板类型与配置数据是否一致（检查办法：可以在网管"设备配置"→"槽位配置"中选中该接口板右键单击选择"子板信息"来查询实际所插的小插板类型，看是否与数据配置的一致）。

5）板卡单双机配置冲突

告警描述:相邻的奇偶槽位在网管上配置的单双机配置与实际跳线不符时会出现该告警。

告警原因：

（1）相邻的奇偶槽位在背板上跳了主备用跳线，但网管上的数据配置成单机；

（2）相邻的奇偶槽位在背板上未跳主备用跳线，但网管上的数据配置成双机。

解决办法： 检查背板上的主备用跳线是否与网管上配置的单双机一致。

6）主备切换失败

告警描述：作为主备双机运行的主控板或其他单板无法进行切换时上报该告警。

告警原因（可能的原因）：

（1）备用板故障；

（2）主用板故障；

（3）背板的主备用跳线设置问题；

（4）作为主备的两单板的程序不一致；

（5）背板故障。

解决办法：

（1）告警源若不是主控板，检查背板的主备用跳线；

（2）检查两单板程序是否一致；

（3）若以上没有问题，更换备用板；

（4）更换主用板。

7）铃流故障

告警描述：铃流板出现故障时，影响该插箱的模拟用户或磁石用户的振铃。

告警原因（可能的原因）：

（1）铃流板故障。

（2）铃流板未插牢。

解决办法：

（1）检查铃流板是否在位。

（2）如果不行，更换铃流板。

8）参考时钟故障

告警描述：当本系统配置为跟踪外系统时钟，但没有跟踪上的时候会在中继板或数字环板上报该告警。

告警原因（可能的原因）：

（1）外时钟丢失；

（2）与外时钟系统相连的 2M 故障；

（3）接外时钟的中继板或数字环板故障；

（4）主控板的时钟模块故障。

解决办法：

（1）检查 2M 电缆等传输问题；

（2）检查接外时钟的中继板或数字环板；

（3）若仍不行，切换 MPU 或更换 MPU。

9）网管连接网元失败

告警描述：当网管与某设备之间连接不上时会上报该告警。

告警原因：

（1）网管本身的 IP 地址与直连的设备的主控板不在同一个网段；

（2）在网管上创建设备时设置的 7、8 槽位主控 IP 地址与实际主控板的 IP 地址不一致；

（3）在网管上创建设备时设置的设备类型与实际的设备类型不一致；

（4）通过网管通道连接的设备，出现网管通道数据设置不正确、E1 线路中断、车站 DLL 拨码开关设置不正确等情况。

解决办法：在网管主机上通过 Ping 命令，Ping 设备主控的 IP 地址，若能 Ping 通，查看设备类型设置。

若 Ping 不通，考虑以下情况：

（1）查看 E1 线路是否正常；

（2）查看网管 IP 是否配置正确；

（3）查看网管的默认网关是否设置为 MPU 板的浮动 IP；

（4）查看 MPU 的 IP 地址和浮动 IP 是否设置；

（5）检查网管通道配置的是否正确；

（6）如果涉及车站的网管通道配置，则检查拓扑图是否发送，车站号是否设置正确。

2. 通信告警

1）主控与插箱间 ICCP 通信中断

告警描述：当主控板与扩展插箱间通信中断时会上报该告警。

告警原因（可能的原因）：

（1）扩展板或驱动板故障；

（2）扩展电缆故障；

（3）背板故障。

解决办法：

（1）检查扩展层是否掉电；

（2）如果没掉电，考虑更换扩展板或驱动板；

（3）如果不行，更换扩展电缆；

（4）如果不行，更换扩展板槽位，验证控制层对应槽位是否有问题。

（5）更换控制层背板，或扩展层背板。

2）主控与单板间 ICCP 通信中断

告警描述：当主控板与各单板通信不上时会上报该告警，此时单板上的 COM 灯不亮。

告警原因（可能的原因）：

（1）单板故障或拔出；

（2）主控板或驱动板故障；

（3）背板故障。

解决办法：

（1）更换单板；

（2）如果不行，考虑先切换主控板或驱动板，然后更换主控板或驱动板。

3）主备通信链路中断

告警描述：主用主控板和备用主控板通信链路中断时会上报该告警。主控板上有两条主备通信链路 1 和 2，当两条都出现故障时，通信链路就会中断，此时会上报该告警。

告警原因（可能的原因）：

（1）备用板故障或拔出；

（2）主用板故障；

（3）背板故障。

解决办法：

（1）对备用单板进行拔插操作，尝试复位备用单板，待备用单板正常启动，尝试主备倒换；

（2）如果不行，更换备用板；

（3）如果不行，更换主用板。

4）通信链路故障

告警描述：主用主控板和备用主控板通信链路故障时在对应的主控板上会上报该告警。

主控板上有两条主备通信链路 1 和 2，有一条通信链路出现故障即会上报该告警，如 7:1、7:2，代表 7 槽位第一条或第二条通信链路出现故障。

告警原因（可能的原因）：

（1）备用板故障或拔出；

（2）主用板故障；

（3）背板故障。

解决办法：

（1）对备用单板进行拔插操作，尝试复位备用单板，待备用单板正常启动，尝试主备倒换；

（2）如果不行，更换备用板；

（3）如果不行，更换主用板。

5）E1 接口 LOS

告警描述：当本端 E1 接收不到信号时会在对应的该单板上报该告警。

告警原因（可能的原因）：

（1）2 M 线缆故障；

（2）传输故障；

（3）两端没共地，时钟不同步；

（4）可能接触不良；

（5）对端设备故障。

解决办法：

（1）对本端进行自环，检测物理连接，检查本端的收和对端的发；

（2）检查 E1 接口线缆；

（3）如果不行，更换电缆；

（4）检查传输设备是否告警；

（5）检查对端设备是否故障。

6）E1 接口远端告警

告警描述：当本端 E1 的发故障或对端收不到信号时，会在本端对应的单板上报该告警。

告警原因（可能的原因）：

（1）2 M 线缆故障；

（2）传输故障；

（3）两端没共地，时钟不同步；

（4）可能接触不良；

（5）对端设备故障。

解决办法：

（1）对本端进行自环，检测物理连接，检查本端的发和对端的收；

（2）检查 E1 接口线缆，可用万用表测量故障点；

（3）如果不行，更换电缆；

（4）检查传输设备是否告警；

（5）检查对端设备是否故障。

7）DSS1 二层链路中断告警

告警描述：当通过 DSS1 信令与对端局互通时，链路未建立成功时上报该告警。

告警原因（可能的原因）：

（1）数据配置错误，两端都配置成网络侧或都配置为用户侧；

（2）物理通道正常，但链路没建上。

解决办法：

（1）检查两端的数据配置，一端设为网络侧，另一端需设为用户侧；

（2）一般都是 16TS 为信令时隙，但有些设备可以修改信令时隙，查看两侧是否都用同一时隙作为信令时隙。

8）数字环邻站与拓扑图不符

告警描述：当数字环上检查到的邻站与拓扑图配置的不相符时上报该告警。

告警原因（可能的原因）：

邻站掉电或关电或 DLL 板故障。

解决办法：

（1）检查网管数字环拓扑图数据和实际连接顺序是否一致；

（2）确认邻站是否出现掉电或 DLL 拔出等故障。

9）主站检测不到从站

告警描述：当数字环上主系统检测不到某个分系统时，会在主系统上报该告警，表明检测不到哪个分系统。

告警原因（可能的原因）：

（1）数字环拓扑图设置与拨码开关的车站号不符；

（2）从站掉电或关电或 DLL 故障；

（3）车站上下行 2 M 故障。

解决办法：

（1）检查网管数字环拓扑图设置的顺序与车站的 DLL 拨码开关是否一致；

（2）检查 2 M 线缆；

（3）更换从站 DLL 板；

（4）确认是否掉电。

10）调度台连接中断

告警描述：当调度台与后台 DSL 板/U 口板未连接成功时，在对应的单板上报该告警。

告警原因（可能的原因）：

（1）与调度台连接的 2B+D 线缆故障或 2M 线缆故障；

（2）调度台故障；

（3）连接调度台的板子（DSL、DTL）故障；

（4）后台供电功率不足。

解决办法：

（1）检查 2B+D 线连接，更换 2B+D 线；

（2）更换调度台；

（3）更换连接调度台的板子（DSL、DTL）；

（4）对于键控台，直接外接 – 48 V 直流电。对于一体化调度台和 KDT 调度台，采用 220 V 供电。

11）DSP 初始化失败

告警描述：当 DSP 插板未插入或故障时会报该告警。对会议或收发号会产生影响。

告警原因（可能的原因）：

（1）DSP 小插板未插；

（2）DSP 小插板故障；

（3）实际所插 DSP 小插板与数据配置的类型不一致。

解决办法：

（1）检查 DSP 插板是否在位；

（2）更换 DSP 小插板。

3. 维护告警

1）单板软件升级失败

告警描述：通过网管给单板升级时，升级不成功会上报该提示。

告警原因（可能的原因）：

（1）软件本身问题；

（2）单板故障。

解决办法：

（1）更换单板；

（2）有条件更换其他软件程序。

2）主备 MPU 数据不同步

告警描述：当检测到主备 MPU 板数据不一致时会在主控板上报该告警。

告警原因（可能的原因）：主备 MPU 数据不一致，系统并不是实时检测主备数据是否同步。

解决办法：通过网管下载数据来保证主备主控的数据一致。

4. 电源故障

目前支持艾默生 4805、4815 型号的电源的管理。当电源出现直流过压、直流欠压、交流停电、交流过压、交流欠压、电源通信故障等情况时，网管上会上报该告警。

二、告警处理

1. 处理故障流程

1）了解故障现象

故障现象反映最直接的应是调度员、值班员或终端用户，他们最了解情况，所以接到故障电话时，应仔细询问现场使用情况。

2）分析故障与处理方法

根据掌握的故障现象分析出故障点在前台还是在后台、是软件（数据）有错误还是硬件（板件）损坏，这样才能有的放矢。根据故障点决定处理方法。

2. 故障处理经验举例

1）DSL板（值班台）的故障处理

【例】 某车站值班员反映值班台不能用。

（1）了解故障现象。

① 询问值班员前台是否有馈电；

② 如果有电前台通信灯闪烁是否正常；

③ 如果正常按某一单呼按键是否有回铃音。

（2）分析故障与处理方法。

如果有馈电则说明后台供电没有问题；如果没有则说明后台供电有问题或接线盒有问题，或者前台与接线盒插头有问题。

如果前台通信灯闪烁正常，则说明前台与后台通信正常，不是硬件或硬件连接问题；如果通信灯闪烁不正常（通信灯灭或闪烁速度较快），则说明是 2B+D 线（前台与后台的通信线路）有问题或数据有问题。

如果前两条都正常，则按某一单呼按键试验，如果有回铃音但不能呼叫出用户，则说明数据正常，很有可能是外线或对端用户的问题，应做相应处理；如果无回铃音或按键按下去绿灯很快就灭了，则是数据问题，应检查数据是否正确。

2）模拟用户板的故障处理

【例】 某一站场用户反映电话不能使用。

（1）了解故障现象。

① 询问此用户话机是否有馈电；

② 如果有馈电，能够听到什么声音。

（2）分析故障与处理方法。

如果话机没有馈电，则说明是模拟用户板此路有问题，也可能外线连接或话机本身有问题。如果有馈电，则说明此用户板、外线连接没有问题；能听到忙音或没有声音，则是用户数据问题，或是主控板的音源问题。

3）选号的故障处理

【例一】车站值班员反映用模拟调度按键不能与调度通话。

（1）了解故障现象。

询问车站值班员，按下模拟调度按键，此按键的绿灯是否常亮。

（2）分析故障与处理方法。

如果此按键没有常亮说明是数据问题，需要检查数据；如果此按键常亮，则很有可能是此路选号有问题，可以先将此路跳到其他路试验一下，以判断是否为选号板故障。

【例二】调度工区反映调度台用模拟叫不到某车站。

（1）了解故障现象。

了解在外线端能否听到呼叫信号。

（2）故障与处理方法。

在外线端能听到呼叫信号，则说明数据没有问题，应到车站机房听外线端是否能听到调度侧发来的呼叫信号，如果能，则很有可能是此路选号有问题，可将此路外线接到正常的一路上试验或者用替换法判断是选号板故障还是线路问题。

4）磁石插板的故障处理

由于此板接口特性为收发铃流，只要收发端能测出铃流，即可正常通信，否则应为数据问题或者硬件问题，将磁石插板更换即可。

5）车站调度台无法呼出

故障描述：某车站值班台呼叫其他用户，呼叫不通。

解决方法：

（1）车站值班台可以呼叫本地用户。

交换机或值班台数据配置错误，需要重新检查并修改数据。

（2）车站值班台所有用户都无法呼出。

① 前台电源指示灯不亮，则电源有问题，需要重新加电或更换设备。

② 接线不良，需要重新接线。

③ 该车站有值班台通信告警，则调度台通信有问题，需要做如下操作：

- 网管发命令，重启该单板；
- 本地重新上电；
- 检查前后台接线。

④ 硬件故障，建议更换硬件。

6）模调单呼变多呼

故障描述：在进行 YD 类模调单呼时，有一些分机号码，在拨打其中一个分机号码时，会有多个分机同时振铃，形成了组呼和全呼的现象。

解决方法：该问题并不是交换机本身存在的问题，而是使用者对模调配置认识错误而导致的误解。在模调配置的过程中，对于 YD 类的模调，1～42 的号码为分机号，43～49 的号码为组呼号，50 号为全呼号。若使用者将 43～50 的号码也认为是分机号的话，会出现上述的错误理解。

7）分系统车站上连接的网管无法对本车站设备进行维护

故障描述：主系统上已经连有一个可以对整个设备进行维护的网管，现在其中一个分系统车站上连接一个网管，用来对这个分系统进行维护，但该网管登录不上去，无法管理。

解决方法：若要在分系统上接一个网管，来对该分系统进行维护，必须要在主系统的网管中，将该分系统的设备属性配置成"不管理"状态，然后分系统的网管才可登录上去进行维护。

8）分系统脱管，电话可以打通

故障描述：MDS3400 设备中的某一分系统脱管，网管无法对其进行配置和管理，但可以呼叫到该分系统中的用户。

解决方法：用 4096 长度的数据包 Ping 该分系统浮动 IP，看是否可以 Ping 通及有无丢包，若能 Ping 通，则说明交换机底层连接没有问题，而是网管连接上的问题，此时重启网管服务。若不能 Ping 通，则交换机底层连接有问题，可以尝试远程复位分系统。

9）数字环上站间呼叫时通时不通

故障描述：站间呼叫时有时能呼通，有时呼不通；呼叫调度业务也是时通时不通。

解决方法：检查数据，除半固定接续、网管通道用到的时隙外，其余时隙是否在中继线配置中都配置上了，并在中继群中都将这些中继线添加上了（这里说的时隙是主控侧交换网的时隙）。例如：网管通道占用了 1、2、3、4TS，半固定接续用到 5、6TS，那么除 0、16TS 外，其余时隙应该全部配置为中继线，如果没有配置全，便会出现有时呼叫不通的现象。

10）呼叫某车站听忙音

故障描述：呼叫某车站值班台时，听忙音，而不是回铃音。

解决方法：有可能是该车站的音源出现问题，如果遇到呼叫某车站时听忙音或听空号音等不正确的声音，考虑是该车站主控板上的音源有问题。一般系统默认的是远端送回铃音，即被叫侧送的回铃音，如果回铃音不正确，则考虑是被叫侧的主控板音源问题，可以通过切换主控板试验用另一块主控板是否可以。

11）电话或调度台拨*114 时听不到任何声音

故障描述：电话或调度台拨*114 查询自身号码时，没有任何声音。

解决方法：语音文件没有下载到主控板，需要通过 FTP 工具将语音文件下载到主控板。

12）键控台重启

故障描述：DSL 板接 48 键控台，在用 0.5 线径电缆接接线盒电源线时，前台距离后台不足 300 m，在不通话时，台子显示正常，只要一发起呼叫，48 键操作台就重启。

解决方法：测量不发起呼叫时电压为 – 52 V，一发起呼叫就变为 – 33 V，而 MDS 中给前台供电由 DSL 板产生输出，这样当外接设备功率大时，DSL 板就提供不了所需的功率，这样就导致前台一呼叫就不断重启。因此，解决此问题要么更改设备电路，要么从电源设备直接放一路 – 48 V 直流电。

13）无法呼叫互通厂家交换机的用户

故障描述：MDS3400 系统与其他厂家交换机互通时，MDS 系统的用户拨打其他厂家交换机的用户拨不通，而对方用户拨打 MDS 系统的用户可以拨通。

解决方法：

（1）检查数据（如路由配置中的发送号码）。

（2）若消息已通，能振铃但不能通话，跟踪信令：看建立通话后，对方是否回 CONNECT ACK 消息，若没有，需要协商修改软件。

14）单板单双机配置冲突

故障描述：主系统上配置 2 块模拟用户板，网管上将这 2 块模拟用户板配置成为单机，但网管上报这 2 块用户板单双机配置冲突。

解决方法：

（1）硬件检查：背板上单、双机配置管脚跳线没有跳上（单机不跳，双机跳），配置是正确。

（2）数据检查：网管上单板配置正确。

（3）跟踪板卡消息：板卡上报单双机标志为双机。

（4）再次查背板跳线：发现背板的双机配置管脚碰到了一起。

（5）将管脚掰开，并重启单板，问题就解决了。

15）FH98-TL 的维护台管理不了 FH98-TL 分系统

故障描述：MDS 主系统连接 FH98-TL 分系统时，MDS 网管和 FH98-TL 维护台部署在一台计算机，FH98-TL 的维护台管理不了 FH98-TL 分系统。

解决方法：

（1）检查数据、配置是否有问题。

（2）检查 FH98-TL 网管与 DCL 板间的物理连接。

（3）FH98-TL 分系统在与 MDS 主系统的接线处向 FH98-G 网管自环，收发正常。

（4）在 FH98-TL 网管串口处向 MDS 设备自环，通过监视窗口观察，收发正常。

（5）监视 FH98-TL 网管接收消息发现：不停地有乱消息接收。

（6）使用中 FH98-TL 网管与 MDS 设备之间的串口连线长度达到 20 m，并且线比较细。根据串口的电气特性，串口连线最长不能超过 15 m。

（7）更换一个根网线后，FH98-TL 网管能正常收后台消息，但 FH98-TL 消息不能发到后台。

（8）更换 DCL 的第二个串口，收发正常，DCL 的第一个串口有问题。

（9）建议：在使用串口时，其连线不能超过 15 m，如果连接距离超过 15 m，需要更换线径比较粗的连线，最好是屏蔽线缆。

16）数字环会议功能异常

故障描述：数字环主系统无法与分系统开会。

解决方法：

检查是否配置 DSP 会议资源：数字环主系统和分系统都需要在网管上配置相应的 DSP 会议资源，即将 MPU 板的 DSP 类型设置为会议类型。

检查是否配置调度台按键：设置完会议资源，还需要在网管上设置调度台的会议按键，并将所有会议成员号码添加到会议按键中。

17）MDS 车站呼不通 98TL 调度台

故障描述：MDS 主系统与 FH98TL 互联时，MDS 车站呼叫 98TL 调度台时呼不通。

解决方法：检查 MDS 车站编号计划没有问题。检查 MDS 主系统编号计划时发现，出局字冠号码的后续号码长度的配置出错了，比实际的长度少了一位。更改后问题解决。

18）IP 通话时，语音单通

故障描述：两个 MDS3400 系统，采用 IP 组网方式组网。每个 MDS3400 系统都接有 ASL 用户，当两个 MDS3400 系统各自的 ASL 用户通过 IP 中继通话时，其中一个 MDS3400 系统的 ASL 用户，不论是主叫还是被叫，都听不见对方的声音，语音单方向有音。

解决方法：经过检查，发现听不到语音的一台 MDS3400 系统中的 VOP 板上的 DSP 小板的 MAC 地址的配置有误，没有配置成出厂要求的 MAC 地址，而是 ff:ff:ff:ff:ff:ff，由于 MAC 错误，收不到对方发送来的语音信号，而发出的语音信号对方可以收到，所以会出现语音单方向有音的情况。

19）模调无法呼叫选号

故障描述：模调呼叫选号时没有反应，选号呼叫模调正常，音质也正常。

解决方法：

（1）与好的车站互换单板和号码，硬件没有问题。

（2）更换 DB37 电缆，线缆没有问题。

（3）互换调度分配器分出的线路，调度分配器没有问题。

（4）二线音频不通过调度分配器，直连模调，设备没有问题。

（5）检查地线，发现机柜的地线没有和背板地线连接，机箱地线未接。

（6）连好地线，问题解决。

20）通播变会议

故障描述：ASL 用户组织数字环通播时，会议成员之间可以相互听到，感觉是会议方式组织的会议。

解决方法：

与 ASL 电话有关，换了一个 ASL 电话后该现象消失。

ASL 电话机做主席时可能会造成回声，导致会议成员之间感觉可以相互听到。遇到这种问题时，可以先测试本局中的通播情况，如果本局用户通播没有问题，则说明是数字环的问题。在同一数字环下的成员，如果数字环中继配置会议共线方式为共线，通播的会议成员之间也是会议方式。

若本局通播问题依旧存在，则是电话的问题，改用其他电话或者调度台组织通播，问题便可解决。

21）分系统跟踪不上主系统

故障描述：数字环分系统车站跟踪不上主系统车站。

解决方法：经检查发现，主系统的数字环板插在扩展层中，此种情况下，时钟会被反向，所以分系统就跟踪不上了。需要将主系统的数字环板的逻辑重新升级一下，将时钟的逻辑再反向一下就可以了。

22）切换主控板后，DCU 板管辖的车站脱管

故障描述：当主系统的主用主控板切换到备用板主用时，DCU 板管辖的车站脱管。

解决方法：经检查发现，备用主控板上没有以太网小插板，当此主控板作主用时，网管到 DCU 板之间的通道被切断，所以 DCU 网管通道连接的车站全部脱管。

23）数字环邻站之间通话没有声音

故障描述：数字环临站之间呼叫，被叫可以振铃，但应答后互相听不到对方声音。

解决方法：调换车站的上下行 E1 线，问题便可解决。

说明：

数字环临站间呼叫时，出现能振铃、但应答无声的情况，原因一般有两个：① 终端的手柄或麦克风坏了；② 上下行 E1 接反了。

24）扬声器没有声音

故障描述：在通话过程中，大屏幕操作台扬声器中听不到对方声音。

解决方法：大屏幕操作台的"附加业务"参数设置中，将耳机使能了，取消耳机功能，将扬声器使能便可解决问题。

说明：

（1）如果使用耳机，将"喇叭"的钩去掉，将"左耳麦/左手柄"勾上。

（2）如果使用外置扬声器，将"喇叭"勾上，将"左耳麦/左手柄"的钩去掉。

复习思考题

1. 常见的系统告警有哪些？
2. 系统告警有处理级别吗？
3. 告警处理的基本流程是什么？
4. 不同告警级别对应的处理方法有什么不同？

任务三　维护管理功能配置方法

【知识要点】

（1）信令跟踪功能。

（2）数据维护。

（3）单板软件升级、软件版本查询。

（4）硬件信息查询、主备状态查询。

（5）告警信息查询。

（6）操作记录查询。

（7）登录用户名、密码修改。

（8）数据备份/恢复。

（9）主备切换。

【任务目标】

（1）理解网管系统的维护管理功能。

（2）理解数据配置和数据管理的区别。

一、信令跟踪功能

功能描述：信令跟踪功能可以帮助维护人员、开通人员分析定位问题。对于 No.7 信令、DSS1 信令与其他设备对接时遇到的呼叫问题，通过信令跟踪功能，方便查找原因，对维护、开通起到比较大的辅助作用。

使用方法：

（1）点击网管主界面的主菜单栏"信令分析"→"信令监控"，进入"信令监控"窗口，如图 4-1 和 4-2 所示。

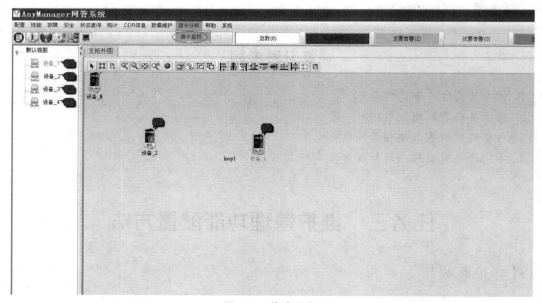

图 4-1　信令监控

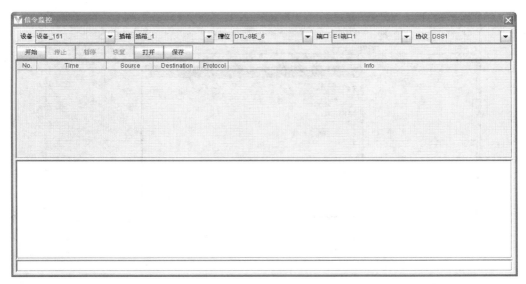

图 4-2 "信令监控"界面

（2）在"信令监控"窗口中，选择要跟踪的接口和协议，点击"开始"启动信令跟踪。

（3）信令跟踪开始后，点击"暂停"和"恢复"按钮，可以暂停跟踪和继续进行跟踪。

（4）在"信令监控"窗口中，点击"停止"按钮，可以停止信令跟踪。如果没有停止信令跟踪，就退出"信令监控"窗口，系统自动停止信令跟踪。

（5）信令跟踪停止后，点击"保存"按钮，可以保存已跟踪的信令跟踪消息，如图 4-3 所示。

图 4-3 保存信令跟踪消息

（6）在"信令监控"窗口中，点击"打开"按钮，可以打开已保存的信令跟踪文件，如图 4-4 所示。

图 4-4　打开信令跟踪文件

【例】 DSS1 信令分析（见图 4-5）。

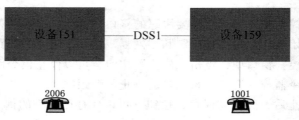

图 4-5　DSS1 信令

1. Q.931 消息内容

（1）呼叫建立消息：

- 建立 SETUP。
- 建立确认 SETUP ACKNOWLEDGE。
- 呼叫进程 CALL PROCEEDING。
- 提醒 ALERTING。
- 连接 CONNECT。
- 连接证实 CONNECT ACKNOWLEDGE。
- 进展 PROGRESS。

（2）呼叫清除消息：

- 拆线 DISCONNECT。
- 释放 RELEASE。
- 释放完成 RELEASE COMPLETE。

（3）信息传递消息：

- 恢复 RESUME。
- 恢复证实 RESUME ACKNOWLEDGE。
- 恢复拒绝 RESUME REJECT。

- 暂停 SUSPEND。
- 暂停证实 SUSPEND ACKOWLEDGE。
- 暂停拒绝 SUSPEND REJECT。

（4）其他消息：

- 信息 INFORMATION。
- 通知 NOTIFY。
- 状态 STATUS。
- 状态询问 STATUS ENQUIRY。

2. 呼叫流程

（1）整体发送方式。

整体发送方式是指呼叫建立消息 SETUP 中包含网络处理该呼叫所需的全部信息，特别是必须完整地包含被叫用户号码信息。

呼叫流程如图 4-6 所示。

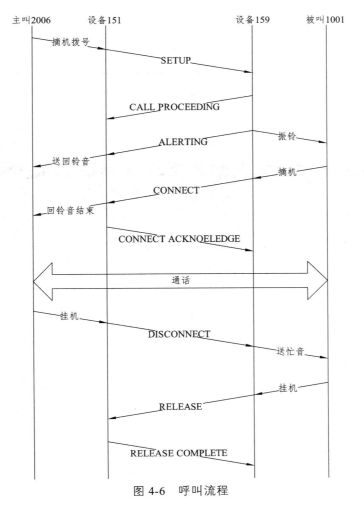

图 4-6　呼叫流程

监控示例：

① 选择要跟踪的设备和接口（插箱、槽位和端口），点击"开始"，如图 4-7 所示。

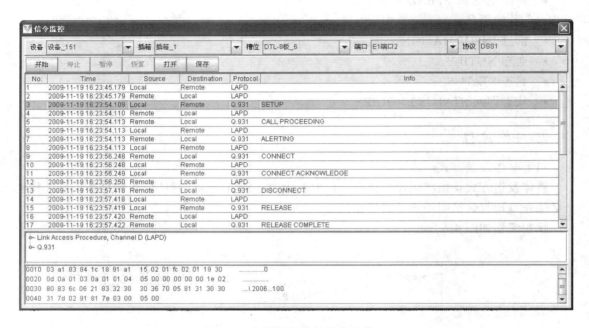

图 4-7　选择要跟踪的设备和接口

② SETUP 消息（见图 4-8 和 4-9）。

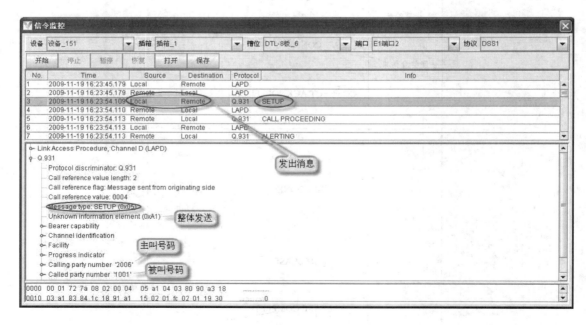

图 4-8　SETUP 消息

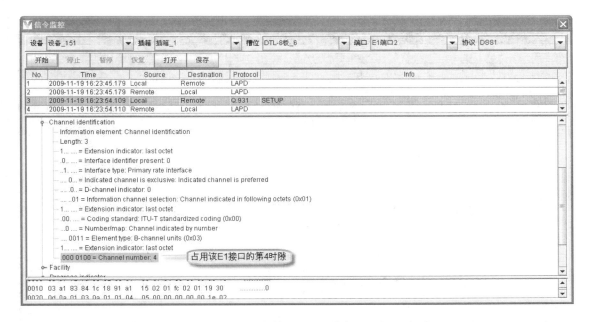

图 4-9　SETUP 消息

③ CALL PROCEEDING 消息（见图 4-10 和 4-11）。

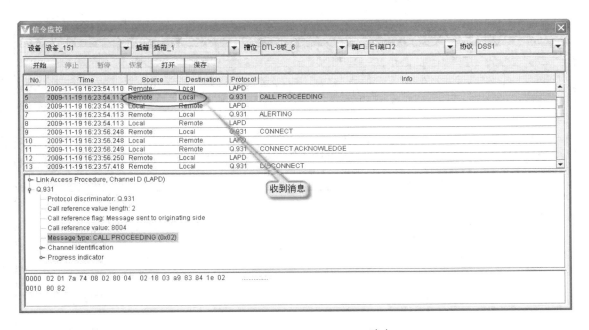

图 4-10　CALL PROCEEDING 消息

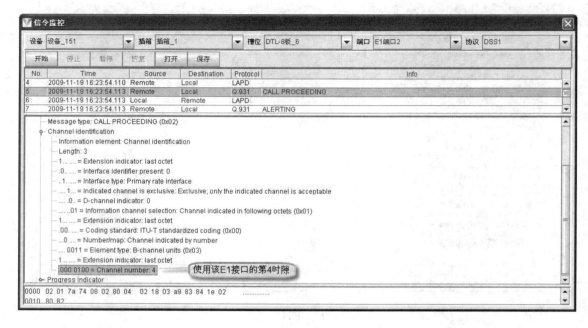

图 4-11　CALL PROCEEDING 消息

④ ALERTING 消息（见图 4-12）。

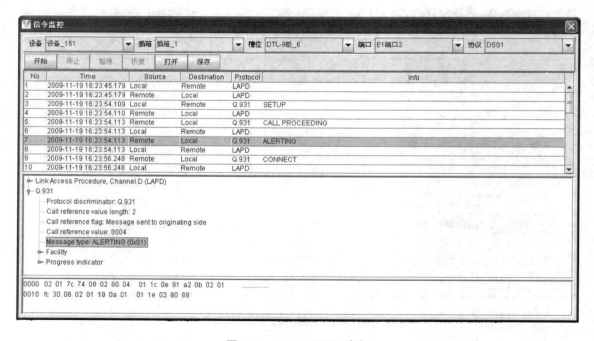

图 4-12　ALERTING 消息

⑤ CONNECT 消息（见图 4-13 ）。

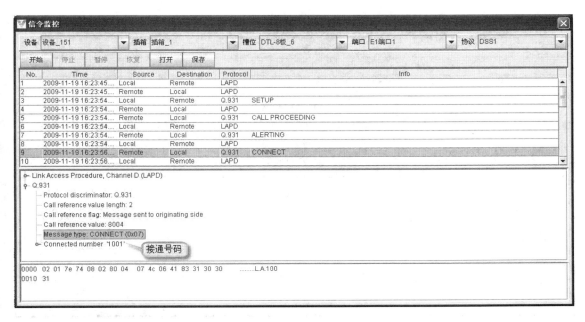

图 4-13　CONNECT 消息

⑥ CONNECT ACKNOWLEDGE 消息（见图 4-14 ）。

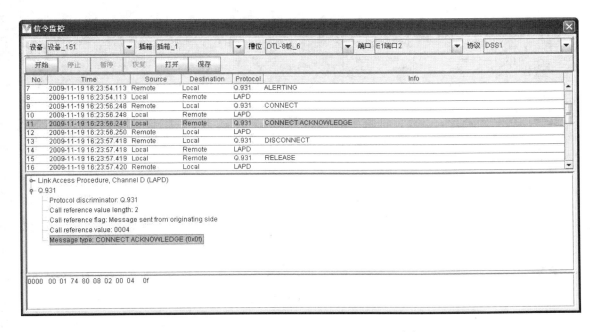

图 4-14　CONNECT ACKNOWLEDGE 消息

⑦ DISCONNECT 消息（见图 4-15 和 4-16）。

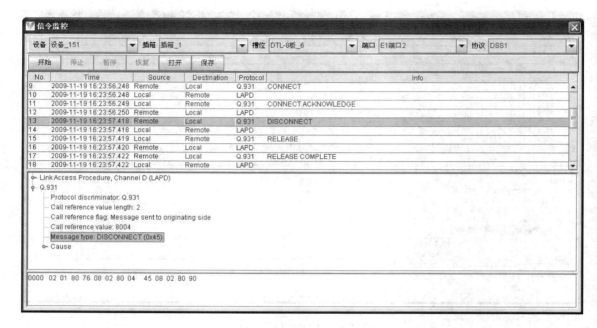

图 4-15　DISCONNECT 消息

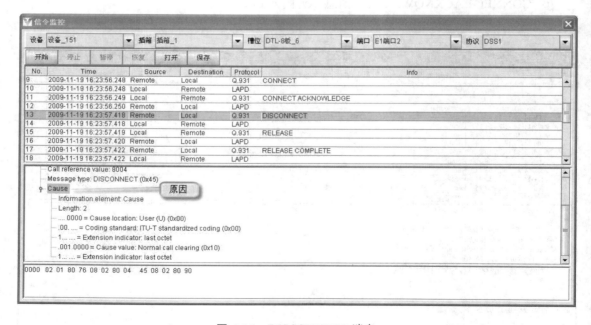

图 4-16　DISCONNECT 消息

⑧ RELEASE 消息（见图 4-17）。

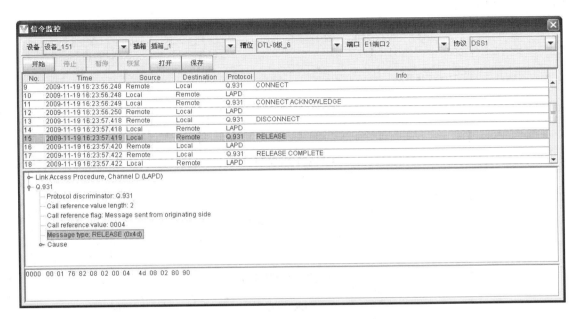

图 4-17　RELEASE 消息

⑨ RELEASE COMPLETE 消息（见图 4-18）。

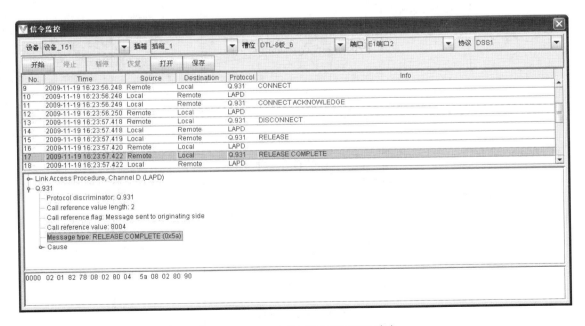

图 4-18　RELEASE COMPLETE 消息

（2）重叠发送方式。

重叠发送方式是指呼叫建立消息 SETUP 中包含部分被叫用户信息，被叫用户号码分多次通过 INFORMATION 消息发送。

呼叫流程如图 4-19 所示。

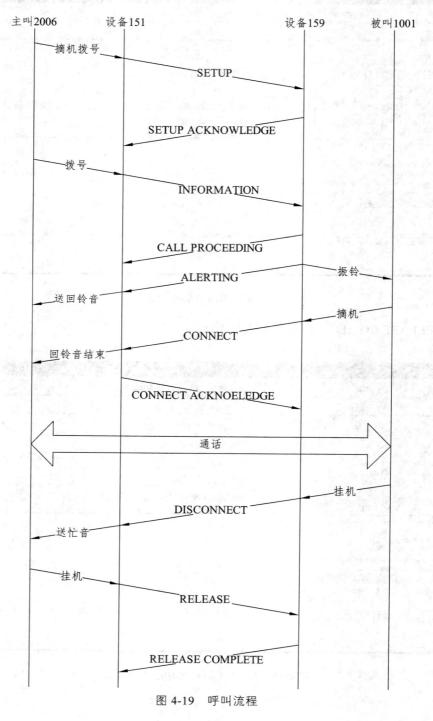

图 4-19　呼叫流程

监控示例：

① 选择要跟踪的设备和接口（插箱、槽位和端口），点击"开始"（见图 4-20）。

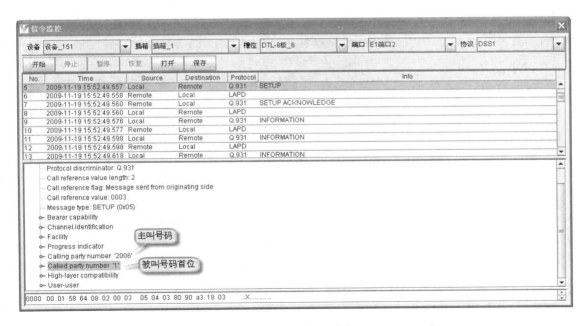

图 4-20　选择要跟踪的设备和接口

② SETUP 消息（见图 4-21）。

图 4-21　SETUP 消息

③ SETUP ACKNOWLEDGE 消息（见图 4-22）。

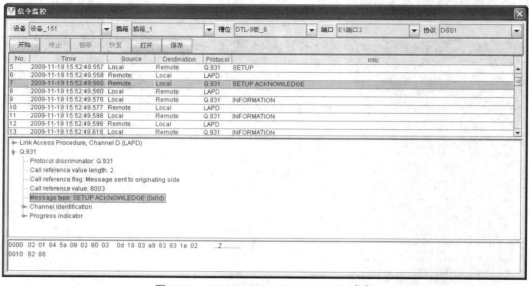

图 4-22　SETUP ACKNOWLEDGE 消息

④ INFORMATION 消息（见图 4-23）。

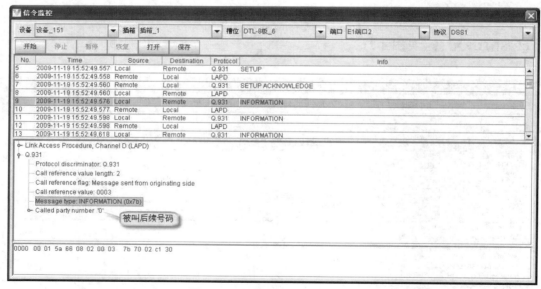

图 4-23　INFORMATION 消息

⑤ 其他消息与整体发送方式相同。

3. 呼叫参考

呼叫参考的用途是在接口上识别消息所涉及的呼叫。呼叫参考包含呼叫参考标记和呼叫参考值。

呼叫参考标记用于识别呼叫的主被叫。主叫方总是置呼叫参考标记为"0"，被叫方总是置呼叫参考标记为"1"。

呼叫参考值在呼叫开始时分配，并且保持到呼叫结束（呼叫暂停的情况除外）。同一个呼叫的相关消息均使用相同的呼叫参考值。

如图 4-24 所示，发出的 SETUP 消息的呼叫参考为 0x0004，其中，呼叫参考标记为 0，呼叫参考值为 0x0004。如图 4-25 所示，收到的 CALL PROCEEDING 消息的呼叫参考为 0x8004，其中，呼叫参考标记为 1，呼叫参考值为 0x0004。被叫方发出的消息中的呼叫参考减去 0x8000，即为主叫方发出的消息中的呼叫参考。

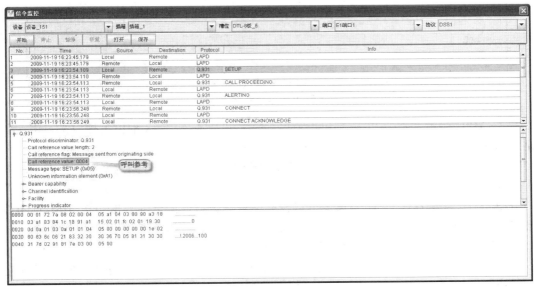

图 4-24　SETUP 消息的呼叫参考

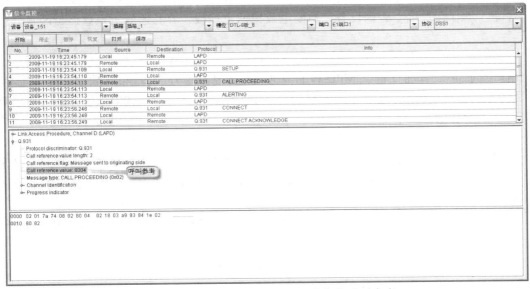

图 4-25　CALL PROCEEDING 消息的呼叫参考

二、数据维护

路径："设备维护"→"数据维护"（见图 4-26）。

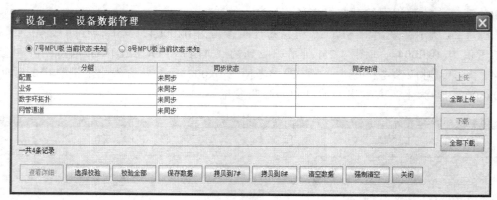

图 4-26　设备数据管理

"7 号 MPU 当前状态""8 号 MPU 当前状态"：可以查看 7、8 槽位主控板是主用、备用还是未知状态。"未知"即网管未成功登录到设备。

"选择校验"：可以对任何一个数据表单独进行校验，比较网管侧数据和设备侧 7 或 8 槽位主控板数据是否一致。

"校验全部"：选择 7 号 MPU 板，可以校验网管侧数据库的全部数据和 7 号 MPU 主控板的数据是否一致。选择 8 号 MPU 板，可以校验网管侧数据库的全部数据和 8 号 MPU 主控板的数据是否一致。如有不一致，网管界面上会以红色标识出来。

"保存数据"：可以分别选中 7 号 MPU 板或者 8 号 MPU 板，来分别保存 7、8 槽位主控板的数据。

注意：主控板侧数据每 2 h 自动保存一次。当进行下载、修改、增加、删除数据等操作后，注意手动保存数据。否则设备突然断电或拔插主控板，容易造成主控数据与网管数据不一致。

"拷贝到 7#"：即将 8 槽位 MPU 板的数据直接复制到 7 号 MPU 板，数据直接覆盖。

"拷贝到 8#"：即将 7 槽位 MPU 板的数据直接复制到 8 号 MPU 板，数据直接覆盖。

"清空数据"：将设备侧即 7 或 8 号槽位 MPU 板的数据清空，其中保留了网管通道及数字环拓扑图的数据不被清除。

"强制清空"：将设备侧即 7 或 8 号槽位 MPU 板的数据全部清空。

注意：此操作前一定要慎重，尤其对于网管通道连接的设备，不要进行强制清空操作。

"全部上传"：选中 7 号 MPU 板或 8 号 MPU 板，将全部数据从 7 或 8 槽位主控板传送至网管系统。

"全部下载"：选中 7 号 MPU 板或 8 号 MPU 板，将网管侧数据下载到 7 或 8 槽位主控板。

三、单板软件升级、软件版本查询

路径："设备维护"→"单板软件"（见图 4-27）。

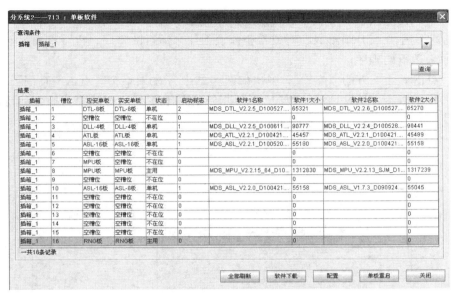

图 4-27　单极软件

点击"查询",可以查询本插箱所有单板软件的版本。

"状态":可以看到该单板是主用状态、备用状态还是单机运行状态。

"启动标志":每个单板的软件保存至两个区,启动标志为"1",则表示当前运行的是区域 1 的程序。启动标志为"2",则表示当前运行的是区域 2 的程序。

"软件 1 名称":即为区域 1 存放的软件程序名称。

"软件 2 名称":即为区域 2 存放的软件程序名称。

【例】为某单板升级软件程序。

选中该单板,右键单击"软件下载",或单击界面下方的"软件下载",如图 4-28 所示。

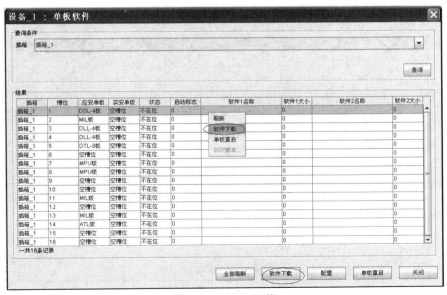

图 4-28　软件下载

注意：下载完成后，需要重新启动该单板才能生效。

恢复原来程序：当升级不成功时或希望恢复为原来运行的程序，也可以通过"配置"按钮恢复到原来运行的程序。

方法：点击界面下方的"配置"，弹出如图 4-29 所示的对话框，点击"查询"，可以看到当前运行的程序版本，选择"1"或"2"，点击"设置启动"，可以恢复为原来运行的程序。

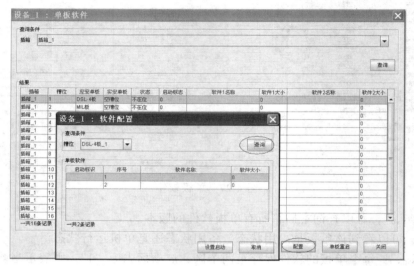

图 4-29　软件配置

注意：配置完成后也需要重新启动该单板才能生效。

四、硬件信息查询、主备状态查询

路径："设备配置"→"槽位配置"（见图 4-30）。

图 4-30　槽位配置

点击"查询"，可以查询到该插箱所有单板的硬件发布日期、PCB 版本号、逻辑版本。
对于主备用的单板，可以点击界面右侧的"切换"按钮进行主备切换。

（1）对于 MIL 板，还可以查询到母板上所插的是哪种小插板，如图 4-31 所示。
在 MIL 板上单击右键，选择子板信息，可以查询到 MIL 板上所插子板的信息。

图 4-31　子板信息

（2）对于 MPU 板，可以查询到该 MPU 板上是否插有以太网小插板、DSP 信息等（见图 4-32 和 4-33）。

图 4-32　MPU 硬件信息

图 4-33　以太网交换机

五、告警信息查询

1. 当前告警

设备当前的告警会在界面下方的"告警"栏显示出来（见图 4-34）。

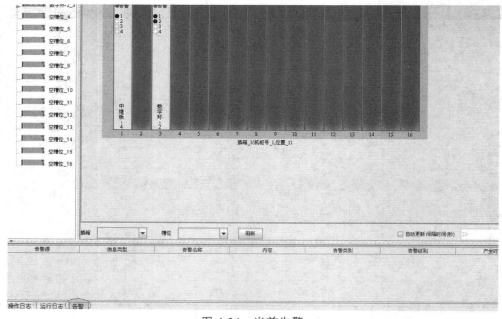

图 4-34　当前告警

同时也可以在各个单板上点击右键,查询该单板上当前存在的所有告警,如图 4-35 所示。

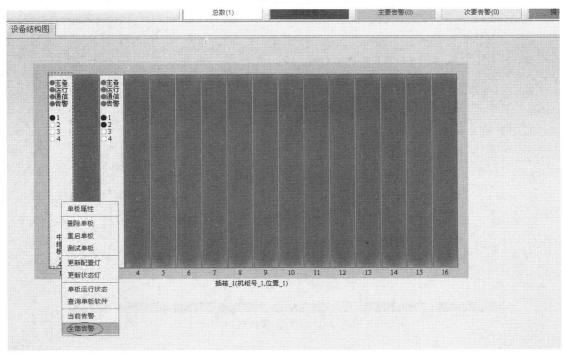

图 4-35　全部告警

2. 历史告警查询

路径:"主界面"→"故障"→"故障管理"(见图 4-36)。

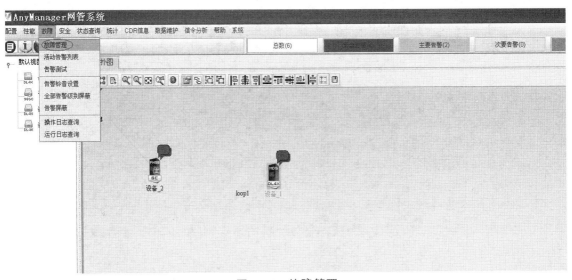

图 4-36　故障管理

可以选择设备、时间段等分类信息,对历史告警进行查询,如图 4-37 所示。

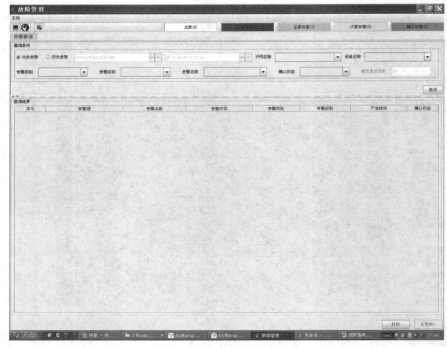

图 4-37 告警信息查询

六、操作记录查询

系统管理人员可以对不同用户的操作记录进行查询。

路径:"主界面"→"故障"→"操作日志查询"(见图 4-38)。

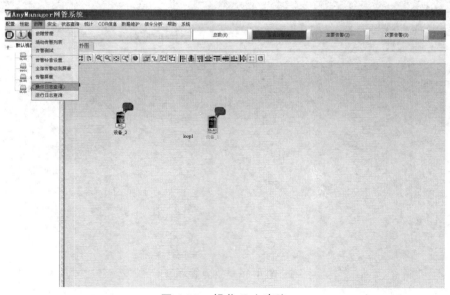

图 4-38 操作日志查询

管理员可以通过设定查询条件（如用户、操作时间分类等）来查询不同用户的操作记录，如图 4-39 所示。

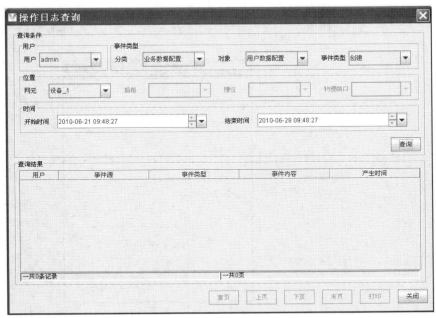

图 4-39 "操作日志查询"对话框

七、登录用户名、密码修改

系统管理员可以对不同的登录用户名进行增加、删除及修改密码等操作。

路径："主界面" → "安全" → "EMS 用户"（见图 4-40）。

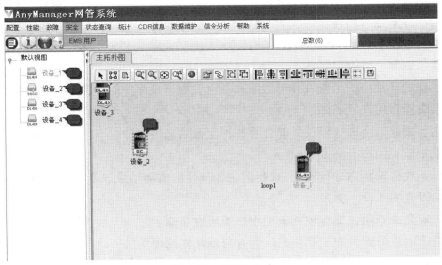

图 4-40 EMS 用户

铁路综合调度通信系统

登录用户名、密码修改界面如图 4-41 所示。

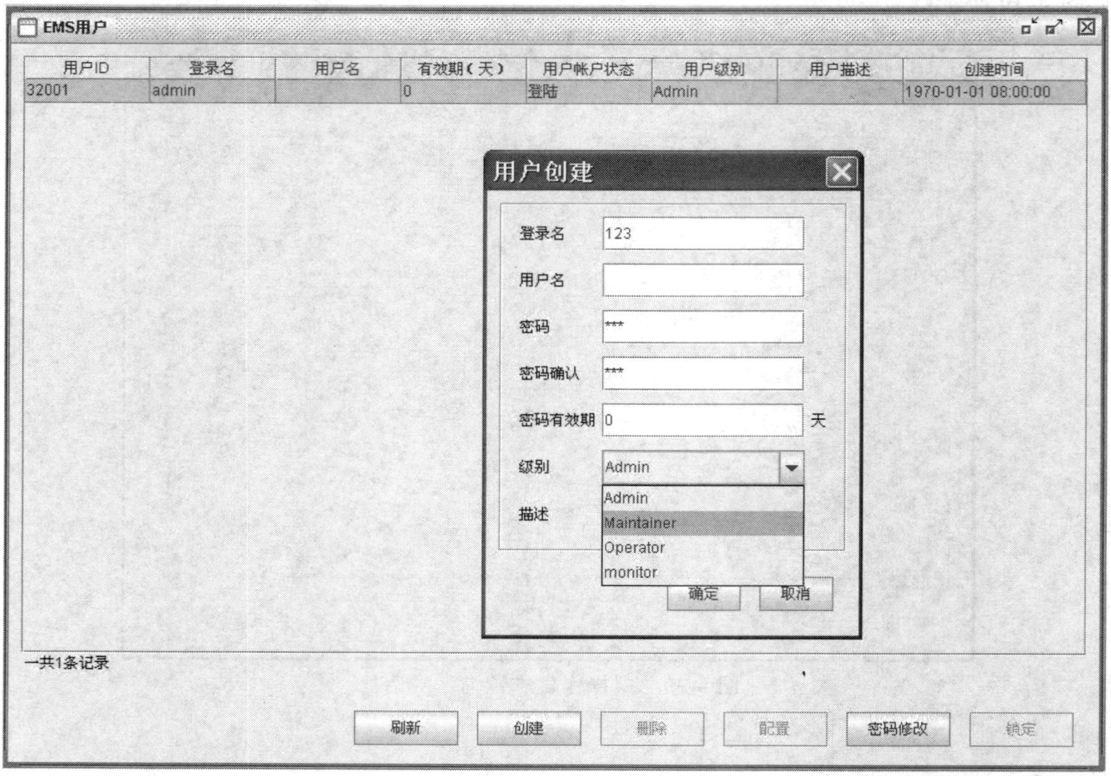

图 4-41　登录用户名、密码修改

EMS 用户分为 4 个级别：Admin、Maintainer、Operator 和 Monitor。操作权限分别如下：

（1）系统管理用户 admin

负责对网管系统的管理，可以进行网络控制，各级用户口令设置，增加、修改或删除用户及日志管理等安全管理操作。

（2）系统维护用户 maintainer

有创建、删除、修改权限。

负责系统的日常维护工作，并可访问和备份管理信息库中的数据。

（3）系统操作用户 operator

无创建、删除、修改权限，只能查看各种配置信息。

（4）系统监视用户 monitor

只能对系统告警状态进行监视，观察浏览各种性能监测结果以及对各种报告的访问结果。这些操作均以查阅（读）为主。

其中，较高级别用户拥有较低级别用户的所有功能。

各功能项权限分配（划"√"的项为有权限操作的项）：

（1）配置功能特性见表 4-12。

表 4-12　配置功能特性

主项	子项目	admin	maintainer	operator	monitor	测试
子网管理	创建		√			
	删除		√			
	设置		√			
数字环配置	创建	√				
	删除	√				
	配置: 包含:(环节点:添加/ 修改/删除/强制删除/ 上移/下移)	√				
设备配置复制	复制		√			
	回滚		√			
设备属性配置	查询			√		
	创建网元		√			
	删除网元		√			
	设置网元属性		√			
	设备重启		√			
	设备校时			√		
插箱配置	创建		√			
	删除		√			
	属性		√			
	自动识别		√			
槽位配置	槽位查询			√		
	全部刷新			√		
	自动识别		√			

主项	子项目	admin	maintainer	operator	monitor	测试
槽位配置	自动安装		√			
	安装单板		√			
	删除单板		√			
	重启单板		√			
	切换单板		√			
	测试单板(含软硬件自检)		√			
	设置单板运行状态		√			
	设置各个单板属性("确定"按钮)		√			
	刷新			√		
	软件下载	√				
	DSP 信息			√		
	子板信息			√		
网元数据配置 (本部分权限指创建、删除、配置、刷新等功能)	用户数据配置		√			
	编号计划表		√			
	用户权限限制表		√			
	信令配置		√			
	中继配置		√			
	路由配置		√			
	参考时钟		√			
	区间号码		√			
	DSP 类型		√			
	组呼/全呼配置		√			
	模调配置		√			
	网管通道配置	√				
	振铃组		√			
	会议设置		√			

主项	子项目	admin	maintainer	operator	monitor	测试
网元数据配置（本部分权限指创建、删除、配置、刷新等功能）	No.7 信令设置		√			
	区别振铃配置		√			
调度台配置	调度台数据配置		√			
	调度台按键配置		√			
	调度台选项		√			
网元数据维护	保存数据		√			
	清空数据	√				
	强制清空	√				
	上传/全部上传	√				
	下载/全部下载	√				
	复制到 7#/8#	√				
	数据校验				√	
单板软件	查询单板				√	
	全部刷新				√	
	软件下载		√			
	软件设置		√			
	单板重启		√			
语音下载	下载		√			
系统参数配置	修改系统参数（确认按钮）	√				

（2）安全管理特性见表 4-13。

表 4-13　安全管理特性

主项	子项目	Admin	Maintain	Operator	monitor	测试
EMS 安全管理对象	登录/退出				√	
	添加用户	√				
	删除用户	√				
	查询用户属性		√			
	修改用户属性	√				
	修改密码	√				
	锁定	√				

（3）故障管理特性见表 4-14。

表 4-14　故障管理特性

主项	子项目	Admin	Maintain	Operator	monitor	测试
故障管理	设置查询条件/查询			√		
	告警确认		√			
	告警删除		√			
	告警同步		√			
	告警屏蔽设置		√			
活动告警列表	告警确认/删除		√			
告警铃声设置	测试		√			
	确认		√			
EMS 事件查询	查询条件/查询			√		

八、数据备份/恢复

数据备份/恢复在现场也是应用较多的操作，推荐使用 MySQL Administrator 工具，对常规数据和历史数据进行备用。该工具对数据导入/导出都很方便，因此常采用 MySQL Administrator 辅助维护网管的数据。

安装文件：mysql-gui-tools-5.0-r12-win32.msi。

下载地址：http://www.mysql.com/products/tools/administrator/。

1. 安　装

安装界面如图 4-42 所示。

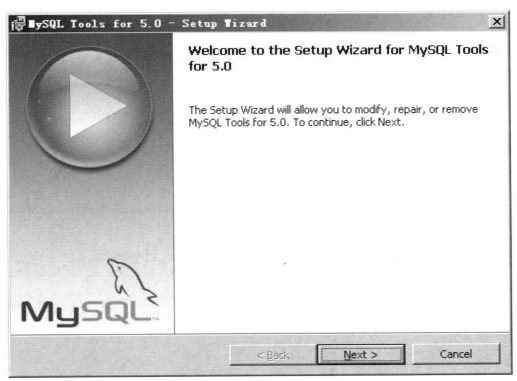

图 4-42　安装

点击"Next"即可，安装比较简单，安装完成之后，MySQL 工具会在开始菜单中出现，如图 4-43 所示。

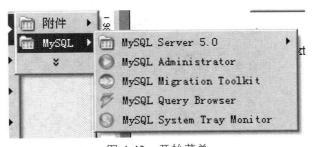

图 4-43　开始菜单

常用的是 MySQL Administrator 和 MySQL Query Browser 工具。

2. 数据备份和恢复

打开 MySQL Administrator，出现如图 4-44 所示的界面。

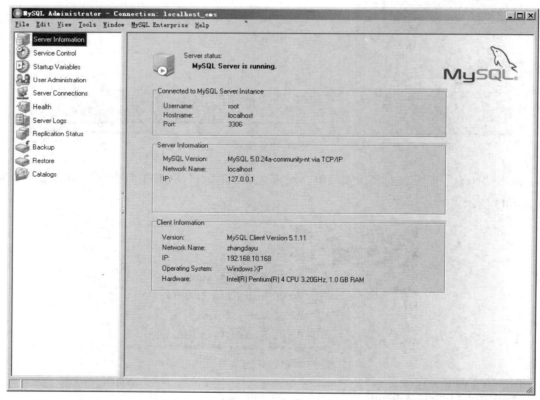

图 4-44　登录界面

　　输入正确的 Username，Password 和 Server Host，即可连接到 MySQL 数据库上（见图 4-45）。Username 和 Password 都为 root。

图 4-45　主界面

（1）备份数据。

　　选择 Backup，然后在"New Project"创建一个备份的工程，选择数据库和表，最后执行"Execute Backup Now"，即可导出备份文件×××.sql，如图 4-46 所示。同时也提供了要备份

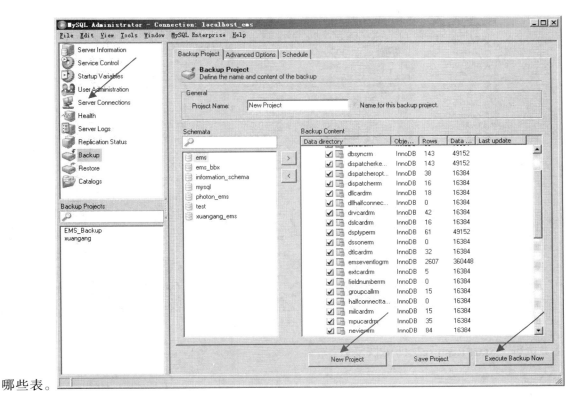

哪些表。

图 4-46　备份界面

（2）恢复数据（见图 4-47 和 4-48）。

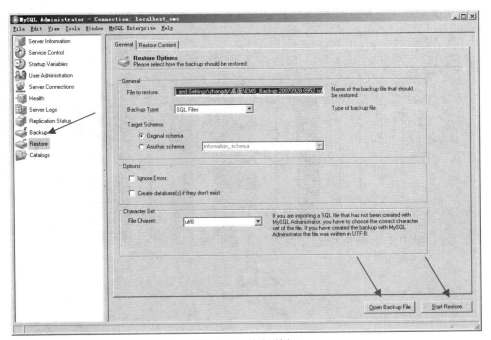

图 4-47　恢复数据

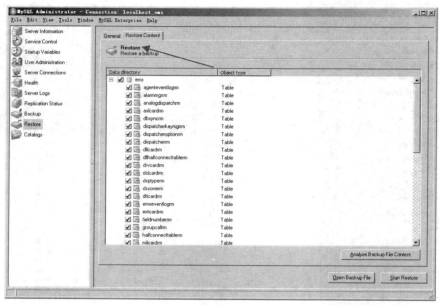

图 4-48　显示备份文件的内容

执行 "Start Restore" 即可恢复数据。

九、主备切换

对于所有可以作为主备用的单板，在该单板位置点击右键，点击 "单板运行状态"，可以查看该单板当前是作为主用工作模式还是备用工作模式（见图 4-49）。

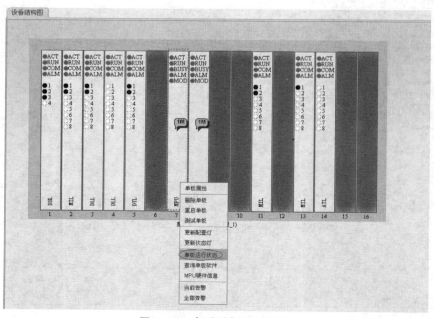

图 4-49　查看单极运行状态

通过主备设置可以完成对该单板的主备切换。如查询到当前状态为主用，可以在主备设置处选择"备用"，来完成对该单板的主备切换。

复习思考题

1. 网管系统有哪两大功能？
2. 数据配置和维护管理有什么区别？
3. 维护管理功能包括哪几部分？

参考文献

[1] 王邲. 数字调度通信系统[M]. 北京：中国铁道出版社，2011.

[2] 沈尧星，陈金华，周军民. 数字调度通信问答[M]. 北京：中国铁道出版社，2012.

[3] 沈尧星.铁路数字调度通信（修订版）[M].北京：中国铁道出版社，2006.

[4] 邵汝峰，蒋笑冰. 铁路移动通信系统[M]. 北京：中国铁道出版社，2011.

[5] 钟章队、李旭、蒋文怡. 铁路综合数字移动通信系统（GSM）[M]. 北京：中国铁道出版社，2003.

[6] 汪光华. 视频监控系统应用[M]. 北京：中国政法大学出版社，2009.

[7] 郑毛祥. 通信电源[M]. 北京：中国铁道出版社，2011.

[8] 铁道部. TB/T 3052—2002 列车无线调度通信系统制式及主要技术条件[S].

[9] 国家铁路局. TB/T 3204—2018 铁路应急通信接入技术条件[S].北京：中国铁道出版社，2018.

[10] 国家铁路局. TB/T 3160.1-2016 铁路调度通信系统 第 1 部分：技术条件[S].北京：中国铁道出版社，2016.

[11] 铁道部. TB/T 3161—2007 旅客列车数字广播系统[S].